城市红色记忆丛书

北平 我的 1949

刘未鸣　韩淑芳／主编

中国文史出版社

CHINA CULTURAL AND HISTORICAL PRESS

图书在版编目（CIP）数据

北平：我的 1949 / 刘未鸣，韩淑芳主编 .—北京：
中国文史出版社，2020.10
（"城市红色记忆"丛书）
ISBN 978-7-5205-2171-0

Ⅰ .①北… Ⅱ .①刘… ②韩… Ⅲ .①革命史—北京
Ⅳ .① K291

中国版本图书馆 CIP 数据核字（2020）第 144506 号

责任编辑：牛梦岳

出版发行：**中国文史出版社**

社　　址：北京市海淀区西八里庄路 69 号院　　邮编：100142
电　　话：010-81136606　81136602　81136603（发行部）
传　　真：010-811366553
印　　装：廊坊市海涛印刷有限公司
开　　本：787mm×1092mm　　　1/16
印　　张：21
字　　数：320 千字
版　　次：2021 年 3 月北京第 1 版
印　　次：2022 年 7 月第 2 次印刷
定　　价：59.80 元

编辑说明
EDITORIAL

（一）本套丛书旨在纪念中华人民共和国成立 70 周年及重要城市解放 70 周年，将视线重点投向新中国成立前后八个具有代表性的大城市的解放过程，通过亲历者的回忆，再现中国共产党领导下的伟大的人民解放战争，赞颂为建立新中国牺牲奉献的无数英雄儿女。

（二）丛书秉持"亲历、亲见、亲闻"原则，依托全国各级政协文史资料及有关党史、军史的亲历者回忆文章，全景呈现了 70 多年前城市解放重获新生的历史场景。

（三）鉴于原始资料来源纷杂，为增强丛书的可读性与连贯性，并统一全书体例，在编辑过程中对部分选文的标题、内容作了删减和修改，均在文中以注释方式作了说明。

（四）城市解放主题图书涉及内容广泛而复杂，由于编者水平、资料掌握情况和时间所限，难免存在不足之处，还望广大读者多批评指正。

编　者

2019 年 9 月

目 录
CONTENTS

第一章 围城：北平城里不平静

方亭：古城里的秘密电波　　003
⊙作者时为中共北平地下电台译电员

三套"人马"和两个据点 / 004

组成"家庭"，建立掩护 / 005

掩人耳目的"富裕人家" / 006

用多变来对付敌人 / 007

自觉遵守严格的纪律 / 009

关键时刻发挥了作用 / 010

解放前夕的两次虚惊 / 012

电报内容的零碎记忆 / 013

王甦：北平地下敌工斗争片断　　016
⊙作者时为中共北平地下党学委人员

策反铁甲车总队 / 016

军统北平站站长 / 018

真实的潜伏与牺牲 / 020

佘涤清、杨伯箴：解放前夕的北平学运　**021**

⊙佘涤清时任中共北平地下党学委书记。杨伯箴时任中共北平地下党学委委员

"七五"血案与"八一九"撤退 / 021

北平学运的经验 / 023

陆禹：发动工人迎接北平解放　**029**

⊙作者时任中共北平地下党工委委员

发动组织工人运动 / 029

"饿工"斗争 / 031

护厂斗争与最后的胜利 / 032

章长善、王仪坤：电话所里的一次罢工　**034**

⊙作者时为北平电务段交换所负责人

静待时机，准备战斗 / 034

欺人太甚，罢工开始 / 035

全段罢工，决不妥协 / 036

遵从指示，取得胜利 / 037

徐盈：笼城中的北平文化界　**039**

⊙作者时任天津《大公报》驻北平办事处主任

笼城安定　学术高扬 / 039

"不干涉主义"似在抬头 / 041

国内局势混乱 / 042

古城北平何处去 / 043

廖静文：北平解放前夕的徐悲鸿　**045**

⊙作者为徐悲鸿夫人

决不离开北平 / 045

冒险呼吁和平 / 047

白石老人的插曲 / 049

终于等到春天 / 050

第二章　抉择：北平和谈与和平解放

崔月犁：争取傅作义将军起义前后　053
⊙作者时任北平地下党学委（学生工作委员会）秘书长

北平解放前夕的形势 / 053

争取傅作义将军起义 / 055

三个非常重要的人物 / 058

王克俊：傅作义的历史时刻　063
⊙作者时任国民党华北"剿总"副秘书长兼政工处少将处长

历史节点，关键抉择 / 063

三次出城，秘密和谈 / 066

北平和平解放的前夕 / 070

翻开历史新篇章 / 072

李腾九：我所知道的北平和谈内幕　075
⊙作者时任国民党华北"剿总"联络处少将处长

《平明日报》里的地下党 / 075

向傅先生进言 / 077

无果而终的初次和谈 / 080

第二次和谈与《会谈纪要》/ 082

决定性的第三次和谈 / 083

周北峰：参加北平和谈的经过　085
⊙作者时任国民党华北"剿总"土地处少将处长，傅作义与中共第二次、第
三次和谈代表

和谈之前 / 085

蓟县谈判——草签会谈纪要 / 088

通县谈判——签署协议 / 096

北平和平解放 / 098

北平和平解放通电 / 100

杜任之：参与见证北平和平解放　　101
⊙ 作者时为华北文法学院教授，政治系主任

我与傅作义将军的关系及留平经过 / 101

和平解放北平的酝酿阶段 / 103

疏通谈判渠道的经过 / 107

和平解放北平的曲折与斗争 / 109

和平解放北平的伟大胜利 / 115

王之相：解放前夕与三位将军的会谈　　118
⊙ 作者时为华北文法学院俄国语文学系教授

与马占山的初次会面 / 118

与马占山、邓宝珊的交谈 / 120

与傅、马、邓三人的见面 / 122

傅冬：我在父亲身边做"卧底"　　124
⊙ 作者系傅作义之女，时为中共地下党员

第一次加入中国共产党 / 124

在父亲身边"卧底"与第二次入党 / 125

初次试探父亲 / 125

致毛主席求和电 / 126

毛主席"元旦六条"的由来 / 128

不寻常的一顿饭 / 129

王乔年："华北人民和平促进会"代表团出城
　　谈判经过　**130**

⊙ 作者系北平解放前夕"华北人民和平促进会代表团"成员之一

　　"华北人民和平促进会"代表团 / 130

　　代表团出城经过 / 132

　　代表团回城之后 / 139

何思源：我参加和平解放北平的经过　**141**

⊙ 作者于 1946 年 11 月至 1948 年 6 月任国民党北平市市长

　　寻找一条明路 / 141

　　逐渐破灭的幻想 / 143

　　为和平奔走及遭遇 / 145

　　"傅作义服从人民" / 148

刘瑶章：和平解放前后的北平市政府　**151**

⊙ 作者时任国民政府北平市市长

　　傅作义起义，接受和平改编 / 151

　　和平解放，影响全国 / 153

焦实斋：从"华北总部"到"北平联合办事处"　**156**

⊙ 作者时为傅作义"华北剿总"秘书长，后任"北平联合办事处"傅作义方
　面代表

　　应邀参加"华北总部"工作 / 156

　　参加北平联合办事处的一些情况 / 159

第三章　重生：起义、改编与接管

朱大纯：第三十五军北平和平改编经过　**165**

⊙ 作者时任国民党第三十五军军长，改编后任中国人民解放军第四十九军副
　军长

安春山：退守北平接受和平改编前后　**168**

⊙ 作者当时系国民党第一○四军中将军长

兵临城郊的一次军事会议 / 168

反复考虑初谈求和 / 170

严密部署确保和谈安全 / 172

和谈失密发生干扰 / 173

和谈危机 / 174

接受和平条件 / 176

宣布接受改编方案 / 178

周之同：执行北平警备任务的日子　**182**

⊙ 作者时为中国人民解放军东北野战军第四十一军一二一师三六三团政委

向北平进军 / 182

担负警备北平任务 / 183

筹备入城式 / 184

交接北平防务 / 185

进驻北平与入城式 / 186

强化北平治安 / 188

人民的军队 / 189

向江南进军 / 191

黄翔：第九十二军在北平和平起义经过　**192**

⊙ 作者时为国民党第九十二军中将军长

调防北平前后 / 192

准备起义 / 195

宣布和平协议的前后 / 197

郑海楼：第二七三师在北平和平解放前后　**200**

⊙ 作者时为国民党第一○一军第二七三师少将师长

撤出保定 / 200

再由涿县继续北撤 / 202

困守北平 / 203

黄剑夫：从康庄突围到北平接受和平改编　　**206**
⊙ 作者时任国民党第十六军第二十二师少将师长

康庄突围经过 / 206

固守北平与和平解放 / 209

何宝松：第一五七师参加北平和平解放的经过　　**213**
⊙ 作者时任国民党第六十二军第一五七师少将师长

留驻北平经过 / 213

孤城落日 / 214

人心所向 / 215

徐宗尧：组织军统北平站和平起义的前前后后　　**217**
⊙ 作者时任国民党军统北平站少将站长

保密局的如意打算 / 217

成立冀辽热察边区特别站 / 218

接收保密局北平站 / 219

北平站的秘密组织和公开组织 / 223

郑介民的使命和何思源宅被炸 / 224

销毁档案释放政治犯 / 225

傅作义召开军统头子的一次短会 / 226

北平支台和北平交通支台的冲突 / 228

侦破王蒲臣布置的三个潜伏组织 / 229

初次会见冯基平 / 231

接受改造，前途光明 / 233

刘涌：接管国民党北平市警察局　　**235**

⊙ 作者时任中共北平市委秘书处处长，负责北平警察局接管工作

前期筹划 / 235

奔赴北平 / 236

正式接管 / 239

彭城："粮老虎"落网记　　**242**

⊙ 作者时任北平市第二任工商管理局局长

飞涨的粮价 / 242

猖狂的"粮老虎" / 243

投机者的下场 / 244

于坚：接管北平文博单位片段　　**248**

⊙ 作者时为华北大学政治研究室研究生，时任文管会（文化接管委员会）文
物部成员，后任故宫博物院副院长

接管前的准备 / 248

并非虚构的趣闻 / 251

进入北平 / 252

接管点滴 / 253

韩明阳：接收北平南苑机场　　**258**

⊙ 作者时任北平军事管理委员会航空处军代表组组长

夜冲南苑机场 / 258

抢运航空器材 / 259

除夕之夜 / 260

物归原主 / 262

"土八路"飞得真漂亮 / 264

着装引起的误会 / 265

张文松：北平解放初期琐记 **267**

⊙作者1949年前后任北平市委文化工作委员会书记，中共北京市委政策研

究室主任

入城前后 / 267

紧张的昼夜 / 269

召开各界人民代表会议 / 271

陪同苏联专家参观视察 / 272

封闭妓院的决定 / 273

徐树滋：新华广播电台成立前后见闻 **274**

⊙作者时为北平广播电台工作人员

接受秘密任务 / 274

保护电台，迎接解放 / 275

见证开国大典 / 277

第四章 进京：革命踏上新征程

苏进：回忆北平入城式 **281**

⊙作者时任东北野战军特种兵第一副司令兼参谋长

张友渔：我被任命为北平市副市长 **284**

⊙作者时任中共北京市委副书记、书记处书记，市政府常务副市长

未赴天津又到北平 / 284

我与北平的不解之缘 / 286

早已开始的工作 / 286

王敬：《人民日报》（北平版）的诞生 **290**

⊙作者时为《人民日报》（北平版）记者

从北平解放前夕谈起 / 290

总编辑范长江 / 295

培养锻炼青年记者 / 297

紧张而愉快的生活 / 301

沙里：新政协召开前后琐忆　303
⊙作者时为华北大学学生，中央统战部接收小组组长

北平春来早 / 303

群贤毕至 少长咸集 / 305

震撼人心的盛典 / 307

邢海帆：难忘的开国大典受阅飞行　312
⊙作者时为北京南苑机场飞行队代理队长，开国大典受阅飞行总领队

领受受阅任务 / 312

紧张的飞行训练 / 314

难忘的开国大典飞行 / 316

阎金声：我所知道的新中国开国大典工程　317
⊙作者时为北平建设局企划处工作人员

天安门广场的整修 / 317

升起第一面五星红旗 / 318

第 一 章

围城：北平城里不平静

方亭[*]：古城里的秘密电波

抗日战争胜利后，蒋介石在美帝国主义支持下，从峨眉山上杀下来，抢夺人民的胜利果实。处在革命根据地包围之中的北平，被国民党抢去。当时，我党正与国民党举行和平谈判。根据党中央"针锋相对，寸土必争"的方针，为了开展地下工作，城工部在北平设立了学委、工委、平委、铁委、文委等五个工作委员会。这时，刘仁同志把赵振民从天津调回正驻在北平西郊的城工部。1946年7月，又从张家口（当时城工部驻地）把他派往北平。1946年七八月间，城工部在解放区的电台开始发报，北平建立了收讯点，每天都能收到"家"中的信息。在解放区的报务员是艾山同志，她负责发报，北平城内的赵振民负责收报。双方每天保持联系，为正式通报做准备。

1946年6月26日，蒋介石在美帝支持下，撕下了"和平"的假面具，叫嚷三个月要"消灭"共产党、解放军，以大举围攻中原解放区为起点，猖狂发动了全面内战。解放区的军民对敌人的进攻是有准备的。1946年10月，城工部从张家口撤退。在炮火连天的行军路上，艾山也未中断与赵振民的电讯联系。

---

[*] 作者时为中共北平地下电台译电员。

三套"人马"和两个据点

1947 年初，根据形势的发展和地下斗争的需要，李雪奉刘仁同志之命来到北平正式建立地下电台，准备北平地下电台与解放区正式通报。而要建立电台，首先要有人和设备。

最早派来的报务员是赵振民，只他一个人显然是不够的。根据刘仁同志指示的精神，地下电台逐步地配备了三套"人马"，即有三个报务员，三套设备，而且分别设在三个地点。有了三套"人马"，就不怕电台发生故障，也能防止敌人的彻底破坏。继派李雪回北平之后，1948 年 4 月，刘仁同志把艾山派到北平。在这以前，1947 年上半年，地下党学委曾在北平国民党中央社兼七区管理局稽查台的报务员、地下党员王超同志转到地下电台做报务员。这样，地下电台就有了三个报务员。译电员岑铁炎同志由佘涤清同志直接领导。1948 年 7 月初，我被派进城来，任地下电台的译电员。

有了人，还要有收发报机，电台才能成为电台。那时在国民党统治区，虽然可以买到些通信器材，而发报机则是"违禁"的非卖品。怎么办？只有自力更生。

为了解决自己制作发报机的问题，李雪经组织同意，用地下的工作经费，在西四北大街开设了一个龙云电料行，作为电台的一个据点。学委崔月犁同志（兼管机要工作）介绍来一个人，名叫刘志义，让他出面当电料行经理。他在北平有广泛的社会关系，家住在一个尼姑庵中，这样很有利于掩护。赵振民最初就是利用刘志义住的尼姑庵作为掩护，与解放区电台试验通报的。电料行的"股东"是李雪，赵振民当"伙计"。这位神通广大的"股东"和这个安分守己的"伙计"，利用电料行提供的各种方便，躲在后院，自己动手组装了四部发报机，三部留在北平用，另一部设法运到天津，供天津地下电台用。

有了发报机，收报机就比较好办了，可以通过关系买到。刘志义买来一部，又托人在天津买了一部，共用了二两黄金。第三部是李雪用买来的一部短波收音机改装而成的。

除了龙云电料行之外，地下电台还有另一个据点，就是开设在西单商场的九九照相馆。这是地下党"倒"来的一个现成的照相馆。李雪是九九照相馆的"掌柜"，电台交通员张彬同志任会计，另一位交通员吴宽德同志借晚上值班看房子为名在这里存身。白天，他在西单商场北门外摆个临时小摊卖香烟糖果，暗地里则中转电报。崔月犁的交通员徐书林同志以"买"香烟为名，经常来取送电报。我也一度来这里买过"糖果"。

这个照相馆还有另一个用途，就是准备在北平停电时，把电台用的蓄电池拿到这里来充电。尽管后来没有派上用场，但也说明地下电台做了充分准备以应付可能发生的各种不测。

组成"家庭"，建立掩护

地下电台的工作人员，都由党组织安排了可靠的关系做掩护。

赵振民刚到北平时，地下党通过关系给他找了个公开的职业，在国民党联勤总部所属的北平汽车修理厂电工车间当电工。他换了两次住处都不够理想。后来他"失业"了，又到龙云电料行当"业务员"。这时，崔月犁同志介绍了余谷似同志做赵振民的掩护人。余谷似的家从 1946 年起便成为我们地下党的一个联络点。她的一儿一女都在晋冀鲁豫解放区工作，都是共产党员。她的儿子余琦同志，1948 年在解放战争中英勇牺牲了。这位革命的老妈妈和她的一个小孙子余翔，与赵振民共同组成了一个美好的"家庭"，赵振民成了余谷似的"表侄"。他们第一次定居在旧鼓楼大街一一八号。余谷似不但做饭、搞家务，观风、放哨，必要时还和小余翔"跑交通"送电报。1949 年初，在北平解放前夕，余谷似经过斗争的考验，光荣地参加了中国共产党。

艾山 1948 年 4 月进城住在李雪父亲家。不久迁往地安门内北箭亭十二号，和王珏同志及其母亲组织一个"家庭"。后来，王珏去了解放区，她的母亲搬到李雪家中去住。于是，地下党安排我的母亲方渭英当艾山的"姨母"，组成了一个新的家庭。艾山的父亲在香山慈幼院教过小学，我母亲在香山慈幼院当过保育员，我和艾山自幼是同学，是"世交"，因此，她和"姨母"相处得十分融洽。

王超向在 1947 年底与黄君硕同志搭伴一块住，组成了一个"家"。他们先是住在牛街沙栏胡同，不久又搬到宣武门外西草场十二条。

这样，三个报务员都有了"家"，有了可以进行工作的合法的容身之处。

我在解放区还没被派出来时，刘仁同志就为我找好了"家"。1948 年 6 月，刘仁同志把在城工部工作的石中同志的父亲钱缄三老人请来泊镇（城工部驻地），当面把我托付给这位老人。6 月底，钱缄三老人以我"表叔"的名义，偕同我一起经天津转回北平。生活在这陌生的"家"中，我成了最被疼爱的一个。钱家住在西城按院胡同四十六号。我来后不久的一天，在"家"门口不远碰到一个姓马的中学同学，她也住在这条胡同里。我应付了她几句，赶快借故走开了。地下工作最忌遇到不知底细的熟人。为了免除以后可能遇到的"麻烦"，我向组织反映后，征得钱老夫妇的同意，全"家"又搬到西城武定侯胡同去住了。

李雪和丁文夫妇住在西交民巷兵部洼。地下党学委派沈千同志做他们的"交通"。沈千切断了同学委方面的联系，和她父亲成了李雪夫妇可靠的保护人。

我们这些"家庭"，是由于革命的需要而建立起来的。我们虽然不是一家人，却互相关心，亲密无间，胜似一家人。

掩人耳目的"富裕人家"

我们这些"家"，都布置得像个样子，用来掩人耳目。拿赵振民、余谷似一"家"来说吧。余谷似那时在西单亚北糖果店有股份，住房挺宽敞，外人看来生活也颇富裕。她故意把一张美国大使司徒雷登的照片挂在墙上，作为挡箭牌。开马车行的保长一来串门，余谷似就和他东拉西扯地谈生意经，故意显示自己是个有家业、有根底的人。为了逃避国民党抓兵，地下党组织拿出一两黄金做报酬，由余谷似通过关系，设法给赵振民买了一张国民党骑兵上士的身份证做护身符。

艾山和我母亲后来的住房，原是一个国民党空军飞行员的新婚居室。我们一个地下关系在这个飞行员一家匆匆南逃之前，从他们手里连房子带家具一起买了过来。新翻修的房屋，一律西式家具，摆设得也挺漂亮。

像我们这种深居简出、不惹是生非、规规矩矩的"富裕人家"，愚蠢的敌人怎么会无缘无故地去注意呢？

李雪是地下电台的负责人，电台的设置、经费的筹措、技术的指导、机器的维修等，都由他一手包办。必要时，他还负责地下电台与解放区的联系，多次来来往往。他经常戴着一副墨镜，骑着一辆摩托，在北平城内风驰电掣般奔跑。势利眼的国民党军警大概把他当成了有钱人家的阔少，从没有怀疑到他头上。

用多变来对付敌人

在地下工作中，电台是极为秘密的，是完全"非法"的，也是敌人千方百计要破坏的目标。1948 年春，李雪从解放区回来，传达刘仁同志的指示说："国民党有十辆载有仪器的吉普车在北平城内进行流动侦察，你们不吃饭、不睡觉也要把电台保护好。"为了保护好电台，我们采取了一系列的技术措施来对付敌人。

我们主要的对策是多变。电台的波长、呼号和密码经常变换。三个报务员都各搬过几次家，变更住处，因为电台在一个地方待的时间过久就容易被发现。1948 年 9 月以前，发报量不太大时，三个电台轮换作业，收发报时间相互错开，来往电报的电文也都很短。多变就使敌人很难抓住我们电台的活动规律，不易发现我们的电波信号。即使一时听到了可疑信号，又很快消逝了，再也找不到。

另外，还规定送到电台来的电报和从电台送出去的电报，一律密写。由于电文很短，可以写在一张小而薄的纸片上，因此携带起来就方便，万一遇到紧急情况也可以及时处理。当时密写的方法很简便，用稀米汤或面汤写在白纸上，干后不露痕迹；收电人只要用碘酒一擦，字迹就显现出来了。我们在取送电报的路上，几次碰到军警临时检查，都平安无事地闯过去了。

此外还规定，地下电台收发报一律使用密码。我们用的电报密码，是在刘仁同志亲自参与下，由电台人员精心编制的。刘仁同志从 1946 年起，先后和李雪、何钊苦心研究过几套密码，并且从搜集到的若干版本字典中选定四角号码字典作为电码本。1948 年夏，刘仁同志把我从中共中央华北局机关调回城工部，决定派我进城搞译电，何钊便是我的老师。她从 1946 年起便在刘仁同志身边当译电员。她先教我如何按照我们的特殊要求使用四角号码字典，又教我译电方法。学会这些以后，她告诉了我一套新的密码用法，确定我进城以后换用这套新密码。刘仁同志说，搞密码要利用合法的条件，例如，一些公开卖的小说、歌本、字典等，都可以作为密码工具。我到北平后，在西单商场书摊上买了两套同名的章回言情小说（书名忘了），四册一套。书的内容很无聊，我随意确定了其中一册中的一页若干行做密码底，然后密写通知何钊，连同那一套小说一块儿通过地下交通送回城工部。何钊核对校正后，通知了我。此后，我就使用这套密码正式开始工作了。何钊后来进城又带了另一套密码她自己用。

另外，报务员把收发报机都收藏得很严密。艾山把收发报机藏在床边壁橱的夹层里，上边堆满衣物。赵振民则在墙上凿了一个洞，里边藏着机器，外边钉着挂衣架。王超向的电台藏在电话机木板后面的墙洞里。电台使用的天线，也都设法加以伪装。

我们的地下电台没有发生过电影中那种扣人心弦、引人入胜的惊险镜头，没有格斗，也没有枪击。我们有的只不过是平凡琐碎的工作，小心谨慎的行动和对党的事业的忠诚。在蒋介石集团重要的巢穴北平，我们的三处地下电台，一处也未被敌人发现，这似乎是一个"奇迹"。其实，"奇迹"并不奇怪。这是因为：除了采取以上种种技术措施之外，我们电台工作人员还自觉地执行了党的地下工作纪律，从政治上保证我们能够坚定不移地贯彻党中央"隐蔽精干，长期埋伏，积蓄力量，以待时机"的正确方针。

自觉遵守严格的纪律

地下电台的同志进城之前，刘仁同志都亲自个别谈过话。他讲形势讲任务，讲地下工作的方针，谆谆告诫我们要严格遵守地下工作纪律。讲到后来，他还对我们进行革命气节教育，要我们做好充分的思想准备，准备可能被捕，甚至牺牲。艾山被派回北平之前，刘仁同志和她做了一次长谈，除了交代任务，告诉她地下工作应注意的事项外，还严肃地对她说："到敌占区去，环境是残酷的，很可能被捕。但不要怕，最多不就是一个死嘛！你如果牺牲了，我们给你开追悼会。"艾山和当时在场的城工部电台译电员何钊和卡笛同志，以及刘仁同志的夫人甘英同志，听了这铿锵有力、掷地有声的话语，都十分激动，深深受到了教育。我们共产党人这种不怕牺牲的革命精神，比起古人那种"风萧萧兮易水寒，壮士一去兮不复还"的低沉悲壮格调，要高昂得多、自豪得多。我在临行之前，刘仁同志和我也长谈了一次，他谈完话以后，交给我两个金戒指，嘱咐我说："万一出现危险而又与组织失去联系时，用这两个戒指做路费，设法返回根据地。"党的领导为我们的安全考虑得多么无微不至啊！

我们都严格地遵守刘仁同志亲自为我们制定的地下电台工作的纪律。我们所有电台的工作人员，尤其是报务员、译电员，一概不参加群众活动，不去公共场所，不看影剧，不看进步书刊，不与外界发生联系，三个电台之间也不发生横的关系，并且暂时停止过组织生活。这些要求，我们都不折不扣地一一照办。

刚到北平，我定期和崔月犁同志的交通员魏宝贤同志联系，但他的名字我是解放以后才知道的。后来我和另一个交通员联系，每天互相传送电报。我们不知道彼此的姓名和地址，只能在街巷接头，每次都约定三个时间、三个地点，以防万一有什么变故而中断联系。第一次接不上头，可以依次按原规定再碰头。有一阵，我和他天天见面，西四北大街路西一带的胡同，西单北太平桥以北附近的胡同，都被我们走遍了。我们素不相识，见面也不过三言两语。一连两三个月，他是我唯一能够看到的自己的同志，可是双方从来不互相打听，直到临近解放的时候，我才知道他名叫张彬。艾山也一度和张彬交换电报，别说真名实姓，连个假名姓也不通报，艾山只好暗暗把他叫作"猴子"（张彬同志很瘦），张彬向组织提到艾山时便称她为"小辫子"。

我幼年丧父，母亲守寡，把我这个独生女儿抚育长大。我去解放区已经四年半，回到了阔别多年的北平，是多么想见一见亲爱的妈妈啊！但是，我母亲虽然"近在咫尺"，却又"远在天边"，因为地下电台工作人员除了必要的工作关系之外，是不允许发生任何别的关系的，包括亲人在内。我抑制住了对母亲的渴念。

再拿我和艾山的关系来说吧。北平解放前两个月，组织上为了工作的方便，批准我和艾山住在一起。我是译电员，艾山是报务员，电报由她收发，由我译成文字，但电报内容她却丝毫也不知道。那时，我和艾山已是十几年的同学、朋友和同志，情同手足，十分知己；但是，每当译电报看到令人兴奋的消息时，我只能把喜悦深深藏在心头，而不能向她吐露一个字。

搞地下电台工作，因为活动范围有限，接触的人很少，不能读书学习，缺乏文娱生活，因此，有时不免产生寂寞的感觉，希望能到集体中去，特别是到火热的群众斗争中去。但是，每当这种思想一冒头，我们都能自觉地克服。有一次，艾山路过北大红楼，听到墙内沸腾的革命歌声和口号声，她是多么向往那战斗的生活啊，多么想进去看一眼啊！这时，她想起了离开解放区时和刘仁同志的一段谈话。艾山问："如果在大街上遇到学生游行，我怎么办？"刘仁同志回答："搞群众运动不是你的任务。你的任务是收发电报，保护电台。"艾山想到这里，想到地下工作的纪律，想到肩上的重任，便很自觉地克制了自己的激动心情，从那十分吸引人的地方匆匆走开了。我们那时都很年轻，做到这点是不容易的。

关键时刻发挥了作用

遵照党中央关于地下工作的十六字方针，刘仁同志对于地下电台的指导思想是十分明确的，他要求地下电台必须在关键时刻发挥作用。平日，凡是时间允许可以回解放区口头汇报，或能利用地下交通传递情况的，都不发电报，尽可能保存电台的力量。为了保持电台畅通，每天定时联络，但工作量较少。我们工作最紧张的时期是北平解放前两三个月。

这时，辽沈战役已经胜利结束，我军歼敌 47 万余人；淮海战役正在进行，我军团团围住了国民党精锐部队 50 多万人；平津战役也在酝酿，蒋介石王朝处在迅速崩溃之中。被孤立在华北地区的国民党军队还有 60 多万人。在我军巨大军事胜利的震撼下，敌人急忙收缩兵力，在北平、天津、塘沽、张家口、新保安一带，摆成了一字长蛇阵，企图垂死挣扎。正当国民党官兵纷纷拥入城内、敌人一片慌乱的气氛中，12 月 1 日，译电员何钊忽然进城来了。进城之前，刘仁同志对她说："平津很快要解放，需要电台更加发挥作用了，你准备好密码立即进城。虽然胜利在望，但斗争还很残酷。这就是打仗上战场。"何钊刚刚到，人民解放军就实现了对北平的战略分割包围，平津交通线就被我军切断了。在这种情况下，地下党跑交通的活动已很困难，电报就成为解放区领导机关与北平地下党主要的联系手段。电报大量增加，而停电和戒严却更加频繁。电台领导考虑到原来的联络交通方式已跟不上形势发展的需要，决定：为加强时效性，减少电报中途往返，把人员适当集中以适应特殊形势的需要，这样就不得不打破报务员和译电员不能见面的规定，命我搬到东单洋溢胡同三十六号艾山的"家"中来住。我和我的母亲也团聚了。这时，王超向的电台撤销，也合并在这里一起工作。交通员吴宽德来给我们做饭。一个新的战斗小集体组成了。我们甭提有多高兴了。革命同志欢聚一堂，关起门来我们低声哼着解放区的歌曲，我们的"家"成了小解放区了。

形势越来越紧张了。北平城里已能听到隆隆的炮声，敌人在市内各要道口构筑了工事，堆上沙袋，拉上铁丝网，战争气氛笼罩着古城。我们也在忙于备战：一方面储备大量干电池，以备电源断绝以后能照常通报；另一方面还买了许多粮食，什么黄豆、咸菜、煤柴等生活必需品，都存了一批，准备长期坚持。余谷似变卖了自己的首饰、字画，购进面粉等物品。有了粮草，打起仗来就不愁断炊了。

我们做好了物质上的充分准备，精神上的准备更不待说了，地下电台的同志早就急不可耐地渴望迎接更紧张的战斗了。

解放前夕的两次虚惊

我刚搬到洋溢胡同来的时候，两个译电员合在一起工作，我天天到何钊那里去上班，早去晚回。她住在沙滩北边腊库胡同四十九号李雪父母家里。我每天到了大门口，只要看到墙头露出的竹竿上挑着的纸灯笼，这是平安无事的标志，我就敲门进去。如果纸灯笼不见了，就是报警信号，不过这种信号一次也没有出现。那时每天晚八点北平全城戒严，行人一概不许通行，大街小巷一片漆黑。一天，我从何钊那里出来迟了，快到戒严时间还没有回到"家"。平日没有过这种情况，"家"里的同志急得团团转，以为我出事了，李雪那天正好在我们"家"，赶忙派人到何钊那里去探听情况。艾山把收发报机装在提箱里准备马上转移，她刚刚要动身，我进门了，大家心上的石头才落了地。从此以后，组织上决定：外出"上班"不太安全，让我在"家"里工作；赵振民和余谷似也在半年前乔迁到地安门帽儿胡同十二号安了"家"，离腊库胡同不算远，何钊就近到他们"家"里去"上班"。张彬则每天跑这两个电台取送电报。

不久以后，又发生了一场虚惊：

1949 年 1 月初的一天，早上 8 点左右，我们的电台正在工作，忽然听到敲门声，掀起窗帘一看，门外站着地方保甲和防护团的四个人。我和艾山猝不及防，急忙从里屋出来，并把门掩上，然后打开外屋门让进这伙人。我们一看没有国民党的军、警、宪，心里先踏实了一点，和他们一交谈，才知道来意是看中了我们住的这所产权还有纠葛的房子，心里就更有底了。于是，我们便和这几个人周旋起来，说原来住在这儿的空军军官是我们的朋友，在北平我们还有一些军界的关系。这时，我母亲坐在床上也诉起"苦"来，说自己的儿子也是飞行员，因为她患关节炎行动困难，没有来得及坐飞机走……我们从容地瞎编一气，真把这几个家伙唬住了。当时，发报机的天线伪装成收音机的天线，凌空从外屋拉进里屋，这几个草包站在里屋门口不远，天线就在他们头顶上，他们竟没有注意。等我们把这几个愚蠢的家伙打发走后，收发报机还摆在里屋的床上呢！交通员张彬来取送电报正赶上这幕"演出"，他不敢贸然进屋，便紧张地和吴宽德商量对策。那几个家伙走后，我们真有点后怕，但又忍不住哈哈大笑。这场虚惊表明，我们没露什么"马脚"，敌人没有注意我们。但是这件事也提醒了我们：越是胜利即将来临的时候，越要加强革命警惕。

电报内容的零碎记忆

地下电台译出的电报是不能留存底稿的。解放区的收报发报都必须留存。据解放区电台的译电员卡笛同志说，解放后不久，刘仁同志亲自和她一起将所有的电报加以整理，并包成一包，上交中共中央华北局存档。在林彪、"四人帮"横行时，华北局被撤销了，这包档案经过十多年来的浩劫，已找不到下落。事情已经过去三十多年，无数的电报稿像雪花一般在我的脑海中盘旋飞舞，然而，对于电报的具体内容，却只剩下一些零零碎碎的回忆了。

我还记得，在那一段紧张的日子里，发出电报的一个主要内容是有关敌人的军事情报。地下电台几乎每天都把敌人军队的调动、敌人军用列车的去向等，向"家"（我们对解放区的亲切称呼）中汇报。由于这类电报译发的次数特别多，所以什么十六军、三十五军、九十二军、九十四军等这些敌军的番号，以及新保安、张家口、南口、昌平、丰台、廊坊等地名，它们的阿拉伯电码我差不多都能背下来了。

1949 年 1 月，在我解放军大军的重重围困之下，北平守敌已成瓮中之鳖。他们企图留一条后路，在危急时刻逃跑，便在东单广场抢修了一个临时的简易飞机场。我人民解放军为了断绝敌人的逃路，向这里开炮。开始，命中率较低，有些炮弹打偏了方向。那时我军炮兵瞄准仪器比较落后，也没有校正炮弹落点的侦察机，于是由地下党派人直接观察每一发炮弹的具体落点，然后通过地下电台及时报告解放区。在地下党的配合下，我炮兵逐步校正了弹道，越打越准，终于很快地用炮火封锁了这个短命的飞机场。国民党飞机从此再也不敢来了。

为了准备解放军攻城，地下党曾接受任务，对北平的各个城门及城墙的位置、高度、厚度进行详细的调查，并将具体资料由地下电台转发给我军平津前线司令部。不久前，我看到当时围城部队一位负责同志写的一篇文章中讲道，北平内城的城墙基厚十八米六，顶厚十五米，外城城墙基厚九米九，顶厚六米六。文章说，我军根据这一调查材料，已做好了攻城时的爆破准备。这些具体数字，唤起了我的记忆：这一内容的电报正是我经手译发的呢！

刘仁同志不断来电指示地下党各个委员会，做好一切准备，迎接北平的解放。虽然胜利在望，黎明前的斗争却是十分艰苦的。1948 年 12 月底，地下党学委书记佘涤清同志去一个地下关系的家中联系工作时被捕了，平委书记赵凡同志因叛徒的出卖也被捕了。地下党马上把这一情况电告刘仁同志，刘仁同志迅即回电指示，要千方百计想尽一切办法营救。据后来卡笛说，接到这份坏消息的电报，刘仁同志那天饭也没有吃，那么刚强的人，也焦急得落泪了。在这以后与傅作义谈判时，刘仁同志提出，要把释放佘涤清和赵凡作为一个条件。北平解放前夕，他们果然出狱了。

根据党中央的指示，解放北平要立足于打；另外，为了保护北平的文物古迹，减少人民生命财产的损失，特别要花大力气去做傅作义将军的工作，争取和平解放北平。中央曾经来电报指示：傅作义与蒋介石有矛盾，要做争取工作。在刘仁同志的直接领导和具体布置下，地下党早在 1948 年上半年就对傅作义周围的上层关系开展了工作。当时佘涤清、崔月犁以及王甦等同志联系了傅作义的一些亲近关系，如"华北剿总"副总司令邓宝珊，傅作义的老师刘厚同，傅作义的把兄弟和老同事曾延毅，傅作义的联络处处长李腾九等几位先生，还有我党地下党员、傅作义将军的女儿傅冬同志。这几方面的工作进展情况，有不少都经由地下电台向解放区汇报了。对傅作义在和谈期间的动态和情绪变化，我地下党了解得很具体，如他在徘徊观望、举棋不定的时候，晚上怎么睡不好觉，如何在屋里焦虑地踱步，甚至急得把火柴棍放在嘴中咬。这些细节也都及时进入了我们的电报内容。

据卡笛回忆，北平解放前的一段时期，平津前线司令部负责人聂荣臻同志常常到城工部的电台去亲自看电报。

1949 年 1 月初，我军全歼平绥线的敌人。1 月 14 日，发表了《中共中央毛泽东主席关于时局的声明》，宣布了八项和平条件。15 日我军解放天津。在我军强大的军事攻势下，通过我党的大量争取工作，傅作义终于接受我方条件，同意和平解放北平了。天津解放后不久的一天，邓宝珊将军告诉崔月犁同志说："傅先生的问题谈定了，思想问题都解决了。"当天，崔月犁同志给刘仁同志发出急电，"傅先生已同意我和平条件"。这份电报发出后时间不长，交通员送来一份不寻常的电报，它的字数大大超过一般报文，这就是傅作义将军将于 1 月 22 日发表的有关和平解放北平的文告。这是我党我军一个有深远影响的重大胜利，它创造了著名的"北平方式"，使得 200 万北平人民的生命财产得到了保障，文明古城能够完整无损地回到人民手中。我惊喜异常，小心翼翼地把这份电报译完。我们日日夜夜地在盼望北平解放，也准备着在炮火的洗礼中迎接北平的新生，而这一胜利竟来得这样意外的迅速！

1949 年 1 月 29 日，电台收到了刘仁同志一份电报，"一月三十一日中午一点，我军从西直门鸣礼炮入城，组织群众夹道欢迎。通知地下各委负责人三十日下午在何钊家里开会"。第二天下午，刘仁同志和周荣鑫同志乘坐吉普车风尘仆仆地到了何钊同志的家。刘仁同志进门以后，一眼看见正在院中等候的李雪同志，第一句话就问："电台出事了没有？"李雪汇报说，大家都很平安。刘仁同志很高兴，他大声地当场宣布："通知电台，停止联络。"在北平解放的欢庆声中，北平地下电台完成了党交给的光荣任务，胜利地结束了自己的战斗。

（本文节选自《难忘的战斗岁月——关于北平地下电台的回忆片断》，《北平地下党斗争史料》，北京出版社 1988 年版，标题为本书编者加。）

王甦*：北平地下敌工斗争片断

北平解放前夕，敌我双方都在紧张活动。是和？是战？傅作义犹豫观望，举棋不定。我方也做了两手准备：一方面，通过各种渠道尽量做傅作义的工作，促使傅作义起义，免得北平古城遭受战火破坏；另一方面，也准备武力解放，如果傅作义不投诚的话。

策反铁甲车总队

那时，国民党军队在北平有个铁甲车总队，下分三个大队（一、二、四大队），担任前门、永定门、广安门、西直门一带的守卫工作。一大队的大队长叫于维哲，是东北讲武堂第八期毕业生。红军长征胜利到达陕北时，于维哲在东北军五十七军（军长何柱国）一〇九师通讯连任连长。在1935年冬直罗镇战役中，一〇九师被红军消灭，于维哲被红军俘虏。1936年初，于被送到瓦窑堡红军办的"白军军官训练班"学习。在学习中，他提高了觉悟，参加了共产党，并被派回东北军工作。于维哲在国民党军队里做了不少秘密工作，后来和党失去联系。北平解放前夕，他到处找党的关系，好不容易才同地下党的魏焉同志联系上了。解

＊作者时为中共北平地下党学委人员。

放军开始围城时，崔月犁同志让我跟于维哲联系。我和魏焉一起到沙滩（现在的五四大街）于家。我和于谈妥，一旦解放军攻城，发出信号，铁甲车一大队就从前门车站攻向永定门，突破缺口，内外夹攻，里应外合地迎接解放军进城。他这个大队火力强，还可以封锁临时建成的东单机场，防止达官贵人逃跑。于维哲还告诉我们：四大队和二大队的一个中队，也准备参加起义。为了加强联络，我让"交通"马骥同志到装甲车一大队工作。当时真是"万事俱备，只欠东风"，只要城外解放军发出联络信号，铁甲车就会从后方出其不意地攻向拒不投降的敌人。

于维哲同志在 1951 年又重新参加了党的队伍。

另外，1949 年 1 月中旬，崔月犁同志又介绍我认识一个清华大学地下民联的盟员，姓唐，广东人，名字忘了。他说，他叔叔是青年军某师的军需官，师长的亲信，想见见地下党的同志。我们约定在王府大街一家广东饭馆见了面。这位中校军需官请我吃猪肝炒饭，还有几个酒菜。说了几句客套话，他就开门见山地说："我是师长的亲戚，他委托我和地下党联系，如果起义，能否保证生命财产安全？"我说："能！"他问："愿意见见我们师长吗？"我说："可以。"于是，他打电话，不一会儿，他的师长派汽车来，把我们接到沙滩附近的师长公馆。这位师长的姓名我也忘了，只记得是中等个子，广东口音，约四十岁。我单刀直入地问他："你打算怎么办？"他说："如果找不到地下党，就打。"我说："打，行吗？"他吹嘘说，还有多少人马，多少枪炮，多少粮秣，工事多么坚固，能守一二年。我懂得，他这是想要价。我把从赵龙韬先生那里知道的国民党军队军需供应短缺的真实情况约略讲了一点，说："你们支持不了几天，干吗还吹？"他大吃一惊，只好改口说："佩服！佩服！"他最后说："我是蒋（介石）先生的学生，不能对不起他。但我也不想抵抗。你们能保证我们的生命财产安全吗？"我郑重表示："我们共产党的政策是一贯的，只要投诚起义，可以保证生命财产安全。"最后达成协议：解放军发起总攻时，他把所有军官召集到一起开会，实际上就是不抵抗，以便让解放军和平通过他的防区进入北平城。

解放后我常想：傅作义将军是聪明的、识时务的，他走了起义的光荣的道路。

如果他不走这条路，他手下的许多官兵也会走这条路。北平一定要解放，这是任何人也阻拦不住的。

军统北平站站长

1948 年 12 月，北平、天津已经被解放军分割包围，几十万国民党军队成了瓮中之鳖。蒋介石集团在北平的头目们像热锅上的蚂蚁，团团转，找出路。12 月中旬的一天，崔月犁同志通知我，"华北剿总"中将参议池峰城告诉学委的李霄路同志，军统北平站少将站长徐宗尧希望找到中共地下党的关系，你出面跟他联系。为此，我跟李霄路同志见面（第一次见面），确定在池峰城先生家中见徐宗尧，用"王博生"的化名，身份是中共地下党代表。

12 月 18 日，我按约到北长街 81 号池峰城家。他亲自开门，把我让进一间相当阔气的客厅。他身材中等偏矮，40 多岁。据了解，池峰城过去是西北军冯玉祥的老部下，抗战初期任国民党第三十军军长时，参加过台儿庄战役，有过一点名气。1945 年底，池峰城曾任河北省保定市（省会）的警备司令，徐宗尧任警察局局长，二人有过一段旧关系、旧交情。我坐下后，池峰城先向我介绍徐宗尧的情况：在解放军兵临城下的危险情况下，军统头子毛人凤下令亲信王蒲臣把军统北平站站长的职务移交给徐宗尧，大概想让徐做个"替死鬼"。现在徐宗尧正等待接收，并急于同地下党联系，打算投诚。他问我："你愿意见见他吗？"我回答："可以。"他出客厅，不一会儿，就把徐宗尧带来见我。然后，池峰城很知趣地出去，留下我们两人单独谈。

徐宗尧客套了几句，就说，"保密局局长毛人凤派我继任军统北平站站长，并命令我布置军统潜伏组，您看我到任不到任？"我说："你愿弃暗投明，我们党是欢迎的。你既然决定投诚当然可以到任。不过你要把情况不断向我方汇报，争取主动。生命财产的安全，我们可以负责。"徐宗尧又提出想去解放区。我答复他："这事要请示上级。不过我个人意见，你要立功，最好的地方还是在北平。"当天，我就把这个情况通过崔月犁同志向刘仁同志做了汇报。第二天，刘仁同志就通过地下电台发来指示，可以和徐宗尧继续联系，并命令徐做好三件事，即保护档案，保护政治犯，留在北平当站长。

12月19日，我又同徐见面，告以已经请示上级，嘱其努力做好三件事，在北平立功。徐表示自己不是军统嫡系，早就向往共产党和解放区，这次蒙党允其投诚，虽粉身碎骨，也在所不辞。

此后，我和徐又见过几次面，北平就和平解放了。在这期间，他大致上完成了我们党命令他做的三件事，并把北平站及军统内部的情况向我方做了详细的交代。解放后，北京市公安部门比较顺利地进行了反特斗争，徐宗尧是有一份功劳的。

在北平和平解放的头天晚上，也就是1949年1月30日晚上，我和徐宗尧约好在池峰城家碰头。我坐赵龙韬先生的小汽车去，他坐自己的小汽车去，见面后，我们各坐各的车，一同来到东四弓弦胡同四号军统北平站机关。那天晚上，夜黑风紧，院内空无一人，军统分子已作鸟兽散。我们到后院一个地窖内，把军统存在里面的一批枪支弹药、电讯器材搬出来，运到赵龙韬家。记得这批东西中，有美制全新左轮五箱（每箱十二支），美制新式收发报机四部，零散杂牌手枪半麻袋，子弹若干。北平解放后，市委行政处派梁化等几个同志坐一辆汽车到赵龙韬家，把这批东西全部运走处理了。

1949年1月31日，北平和平解放。我到林葆骆大夫家见到了刘仁同志。他首先谈徐宗尧的事，说：你赶紧把徐的关系转给市公安局。刘仁同志当即写了一封信，要我交给市公安局局长谭政文同志。我到市公安局，等了半个多钟头，才出来一位刘秘书长（名已忘记）接见我。他说："王甦同志，真对不起，让你久等了。谭政文同志到中央开会去了。我这几天忙得不得了，已经两夜没睡。"我把刘仁同志的信和徐宗尧的关系交给了刘秘书长。此后，我和徐宗尧就断了关系，再也没有见过面。

真实的潜伏与牺牲

最近看了电影《保密局的枪声》，觉得很吸引人。但在实际地下工作中，像电影里那样惊险的情节并不多。不过，做地下工作，特别是敌军工作，确实有牺牲，这在电影和现实生活里都是一样的。

我在敌伪北京宣导训练所工作时，有个第二期学生，名叫王朝瑞。这个青年有头脑，有正义感。抗战胜利后，他在保定孙连仲第十一战区司令部当中校作战参谋。1945 年冬天，他听说我在解放区，就跑到张家口找我，我不在，刘仁同志接见了他。他提出要参加革命。刘仁同志让他马上去保定，并告诉他，以后会派王甦同他联系。后来，我几次去保定同他联系，他把孙连仲的"剿匪计划"和作战计划交给我。可惜，他不大懂得怎么搞地下工作，露了一些痕迹。1946 年冬，解放军包围保定时，孙连仲把他和其他十几个嫌疑犯抓起来，活活用绳子勒死了。

还有一个同志名叫张涛，是北京宣导训练所第三期毕业生。他要求进步，1945 年冬去了解放区，在联大学习。1946 年夏，由于工作需要，党组织决定，让他利用旧关系设法打入国民党二十四军（军长高德林，原伪绥靖军一〇二集团军改编），由我和他联系。他打入二十四军工作后，不慎暴露，于 1946 年 8 月被高德林活埋。

这两个同志当时都尚未入党。但是，他们表现都很好，一直到牺牲都没有暴露关系，没有给我带来任何"麻烦"。每当想起这些烈士，我就心潮起伏，思绪万千。无数革命先烈抛头颅、洒热血，就是为了把落后的旧中国改造成为繁荣富强的社会主义新中国。实现四个现代化，建设光辉灿烂的新中国，这是全国人民的共同心愿，也是无数革命先烈遗留下来的未竟事业。

（本文节选自《敌穴战斗的风风雨雨——在北平地下从事敌工工作的回忆片断》，《文史资料选辑》第 5 辑，北京出版社 1979 年版，标题为本书编者加。）

佘涤清、杨伯箴 *：解放前夕的北平学运

"七五"血案与"八一九"撤退

1948年7月5日，在国民党政府欺骗胁迫下到北平的五千多名东北学生，赴北平市参议会请愿，要求撤销"征召全部东北学生当兵"的议案。参议员避而不见。在群情激愤下，学生捣毁了参议会，包围了参议会会长许惠东的住宅。当学生整队回校时，国民党军队士兵突然向学生开枪扫射，当场打死十三人，伤百余人，制造了"七五"血案。东北同学游行，事先我们并不知道。事情发生后，我们考虑如果不支援东北同学，学运就有被反动派气焰镇压下去的危险。但敌人刚刚进行了屠杀，如果出动队伍支援，又有可能遭受很大损失。为此，学委进行了充分讨论，分析了形势，研究了斗争的方针策略，决定7月9日游行请愿，抗议"七五"血案，支援东北同学。这一次行动是秘密发动的，行动前作了周密的准备和部署。当国民党当局发现时，队伍早已出动，敌人措手不及，而一万人的游行行列已达李宗仁公馆，然后静坐请愿。李宗仁迫于当时形势，接见代表时表示要保护学生的安全。李宗仁不敢扩大事态。我们的游行也组织得十分严密，因此没

＊ 佘涤清时任中共北平地下党学委书记。杨伯箴时任中共北平地下党学委委员。

有发生问题。当天有一个随游行队伍采访的记者，几天前曾在"七五"事件中受惊，他担心地问在场的伪北平市警察局副局长白世维："今天游行会出事吗？"白回答："有北大领先，清华断后，今天不会出事，他们都是游行的油子了。"敌人的所谓"油子"，就是指我们党领导的青年学生具有丰富的斗争经验，是敌人难对付的强手。这也说明，经过和敌人多次较量，学生运动已经锻炼得更加成熟了。

国民党虽然已面临崩溃，仍在垂死挣扎，对于学生的迫害也并未放松。1948年8月19日，公布了250名学生的黑名单，并限这些学生第二天到伪特刑庭投案。由于地下党事先就得到了情报，在"八一九"之前就通知了列入黑名单的部分党员、盟员和进步群众转移隐蔽，又及时组织各校地下党支部把在名单上的党员和非党员，以及暴露的学生撤回了解放区，我们的力量没有受到大的损失。"八一九"以后，学委几个负责人从解放区汇报完工作回来，传达了中央城工部的指示，北平学运搞得很好，有的学校如清华、北大已经成了小解放区。由于战争形势发展很快，北平解放在望，因此当前主要是巩固学运的成果，以保存力量。一方面发展党的组织，另一方面向解放区输送干部。要开展统战工作，劝阻教授不要随国民党南下，争取他们留在北平。要利用学生的社会联系广泛这个特点，加强对社会各界的统战工作。根据中央城工部的这一指示，"八一九"后北平地下党就没有再组织大的统一的游行示威等活动。由于一部分骨干和进步学生已离开学校去解放区，我们根据刘仁同志的部署，在各校整顿组织，巩固阵地，统一部署，并为暑期以后开学的学生自治会选举进行人事安排，继续把领导权牢牢掌握在地下党手里。同时，各校地下党组织广泛找教授进行工作，打招呼。这一时期我们陆续送到解放区的学生（包括"八一九"撤退的）达到一两千人。在解放区分别组织他们学习，为北平解放后的接管工作准备了一大批干部。

1948年11月初，佘涤清接到紧急通知回到了泊镇（城工部所在地）。刘仁同志谈了当前形势，特别指出，我党要争取和平解放北平，与傅作义谈判有可能成功。但要做好两手准备，如果谈判不成，就武装解放北平。总之，北平解放已指日可待。刘仁同志还说，要打的话，北平城内地下党的任务不是搞武装起义里应外合，而是配合解放军组织群众护厂护校，保存好文件档案和物资财产，并给入城的我军做向导。刘仁同志谈完就让佘涤清迅即返回北平。佘涤清回来后便与各委负责人杨伯箴、张鸿舜、赵凡、叶克明等见面，这是北平地下党第一次打通了各委之间横的关系，共同组成了一个准备迎接北平解放的指挥部，佘涤清是这个指挥部的召集人。在指挥部的会上商定分区建立分指挥部，并准备成立纠察队。从此，各校学生积极行动起来，搞调查研究，搜集资料，以便配合解放北平提供各方面的情报，组织群众保护文件器材，成立纠察队。在此期间，北平地下党进行了一系列的紧张活动。

1949 年 1 月 31 日，北平和平解放了，北平的广大青年学生和 200 万市民一起，共同欢呼我党的伟大胜利，欢庆古都的新生。

我们通过学生运动，宣传、教育、组织了群众，提高了群众的政治觉悟。学委领导下的各大、中、专科学校的党组织，不但团结了大量的进步同学，也争取了广大的中间群众，党的威信日益提高，党组织从小到大，党的队伍不断壮大。北平解放时学委系统地下党员已达到两千人左右，民青、民联盟员有四千多人，并建立了成百计的支部和总支。我们深深感到，在地下斗争中，群众和我们患难与共，我们和群众息息相关。没有广大群众的支持、爱护和掩护，我们就无法在敌人的反动统治下安身和开展活动；也正是因为我们紧紧地依靠了广大群众，才能够领导反美反蒋运动的不断开展，配合了人民解放战争，特别是配合了北平的和平解放，斗争取得一个又一个的胜利。党的群众路线在学运的斗争实践中，得到了生动的体现。

北平学运的经验

北平四面受解放区包围，因此，地下党从开始就是依靠根据地进行工作，这是北平地下工作的一个特点，也是一个比过去进行大城市工作有利的条件。这样地下党可以经常派人去解放区学习训练，也可以随时回去汇报工作，一旦有同志暴露了，可以迅速撤回解放区。北平是我国近代史上学生运动的发源地，有革命斗争的光荣传统。回顾解放战争时期的北平学生运动，我们认为有一些经验是值得认真总结的。

一、群众运动的斗争策略必须是"有理、有利、有节"

当时北平虽然处在解放区包围之中，但在北平城内仍然是敌强我弱，不能与敌人死拼。我们必须坚定地执行党的"有理、有利、有节"的策略方针。因此，应当逐步地发动群众，开展群众性的斗争，斗争的目的很明确：通过斗争发动和教育群众，揭露国民党，扩大我党影响，发展党的组织和进步的群众组织。

第一，在有理方面。在党处于非法的情况下，我们每次运动的斗争口号，都是以群众的名义提出的，并且要为广大群众所拥护，特别注意要能为中间群众所接受。我们还注意到提出的口号不但要为学生所能接受，而且也能争取到社会其他阶层的同情。这样敌人就无法以"共产党搞的"为借口来镇压群众运动。例如，1946 年 12 月美军强奸北大女学生沈崇，我们组织了抗暴运动，提出了"美军滚出中国去"的口号，这不但符合群众的民族观念，也充分利用了社会道德对强奸这类事的公愤。1947 年"五二〇"提出"反饥饿、反内战"的口号，代表了各阶层的要求，得到了社会上广泛的同情。

第二，在有利方面。斗争中我们注意保存和积蓄力量，因此，每次斗争后我们的力量不但没有损失，相反地却扩大了。斗争往往是在有利于我们的情况下结束，这就保持了群众的积极性，保持了锐气。我们不但在每次斗争的具体要求上有所收获，例如，被捕的人得到释放，而且更重要的在于锻炼了群众，提高了群众的政治觉悟和组织程度。我们挑选在斗争中经过考验、表现好的积极分子，将他们吸收入党或党的外围组织，不断扩大我们的队伍。

第三，在有节方面。我们的斗争不坚持当时不可能达到的要求，不提过高的脱离群众的口号，不冒险死拼，适可而止。我们每搞一次运动，国民党总是要用各种方式来进行镇压。我们掌握了这个规律，每搞一次大的运动后就一面复课，一面休整，巩固胜利，避开敌人惨败后实行报复的锋芒；间时开展分散活动，进行深入的群众工作，待机攻击敌人的弱点，再搞运动。另外，我们对不同的敌人区别对待，尽量缩小打击面，利用敌人内部矛盾，利用反动派中央与地方的矛盾，集中力量打击主要敌人即美蒋。我们一般不打击地方实力派，争取地方当局不积极反对我们，甚至保持某种程度的中立。

二、大规模的政治斗争和日常工作要很好结合起来

轰轰烈烈的群众运动要以坚实的日常群众工作为基础。每个党员都必须做群众工作，团结好一批群众。要用适合群众不同要求的各种方式广泛地团结群众，防止限于进步群众的小圈子。除了学生会、班会、系会的形式以外，还有各种社团：有政治性很强的进步的壁报社、读书会，有为学生谋福利的伙食团、互助组织，有研究文学艺术的歌咏队、剧团、新诗社、文艺社、美术社，等等。在教会学校中利用宗教团契、青年会开展活动，以至带有封建性的同乡会、同学会组织也有用处（如国民党飞机轰炸开封，就由河南同乡会出面开会抗议）。我们注意发动群众办好伙食。为了帮助经济上困难的同学，各校普遍开展了助学活动，搞好互助救济等生活福利工作。

三、积极开展统一战线工作，争取社会各阶层的同情，特别在学校中要做好对教授的团结争取工作

学生有广泛的社会联系，学生毕业后要从事各种职业，利用这一点，我们也开展了一些工人工作，将一些党员关系转给工委。此外学委领导下的文化战线上的地下党也十分活跃，戏剧运动与学运相配合，对促进反美反蒋的民主运动很起作用。因为学生家长分布在各行各业，还有不少上层人物，所以学生运动的社会影响很大，学生也有条件进行广泛的统战工作，包括在敌人军警内部进行工作。学委中的崔月犁就主要负责统战工作。在学校，我们用各种办法去做教授的工作：如访问教授后用大字报发表访问记，推动进步教授组织更多的教授发表宣言支持或响应学生运动，动员教授去向当局要求释放被捕学生，通过各种关系争取教授，等等。即使对反动的校长如胡适等，也利用他们的假民主面目，使他们不敢公开出来和学生对立。

四、关于党的秘密工作

党的组织必须隐蔽精干。地下党员三人以上成立支部，人数多时，在一个单位里还有平行支部，支部和支部之间、小组和小组之间没有横的联系。不开支部大会，小组不超过三四人，情况紧急时不开小组会。上下级单线联系，即个别联系。

合法和非法，秘密和公开严格分开。在组织上有三线配备。第一线的党员是公开出面的学生会负责人。根据保密的需要，这些党员单独编组。第二线的党员是大多数，他们活动在各种社团和广大群众中。第三线的党员不能公开活动，如当时大学委中的张大中和项子明，分别负责领导燕京大学和北京大学，要求他们秘密隐蔽在群众之中。"八一九"敌人公布了几百名要逮捕的学生名单，第三线的党员都未在名单内，而名单上第一线、第二线的党员，在敌人下手之前已撤回解放区了。敌人声势很大，其实虚弱得很，因为它根本了解不到我们党组织的内部情况。我们在组织上并没有受到什么破坏。

发展地下党员。在群众斗争还没有开展起来时，主要是通过党员的社会关系、亲友关系，发展那些经考察了解清楚合乎条件的可靠的人入党，这样发展的党员数量不可能多。群众斗争起来后，就主要是在斗争中吸收经过斗争考验、有为党的事业牺牲个人利益甚至自己生命的积极分子入党，这时党的发展就比较快。对入党后的党员要经常进行气节教育，在情况紧张时更要进行，同时也教育党员要准备一旦被捕时的技术措施，如怎样对付敌人的口供等。

经常进行秘密工作的纪律教育。教育每个党员只应该知道他必须知道的事，不应该知道他不应该知道的事，不应去问他不该知道的事。除了直接联系的党员外，对别的党员不能发生横的关系。党内指示只用口头传达，不用文件，必须用文件时，用毕即烧毁。对已经暴露的党员坚决撤退，以保护组织的安全。这一点在当时北平处于解放区包围的情况下，是很便利的。

派遣有条件的、忠实可靠的同志打入敌人内部，同时也利用学生党员和统治阶级联系多，有些学生本身就是统治阶级的子女的特点，使我们可以及时掌握敌人的情况。例如，傅作义的女儿傅冬同志为党提供了不少情况。又如打入三青团的北大法学院的沈同同志也提供了有关三青团活动的情报。我们打入敌人内部的同志，在敌人公布名单之前就为我们提供了"八一九"大逮捕的名单。

五、关于建立党的外围组织的工作

我们在学校中广泛建立了党的秘密外围组织：民主青年同盟、民主青年联盟等名称的进步青年组织，吸收了大量在学运中的积极进步的分子。这些组织的成员数量数倍于党员的数量。到解放时，在几个主要的大学中，党员、盟员的比例达到了全校学生的 20% 左右。有了党的外围组织，就使我们能够把积极分子组织起来，在斗争中发挥战斗作用，保证我们能够团结最广泛的群众。同时有了这些外围组织，也使我们党的组织更加容易隐蔽。

这些组织的纲领是为新民主主义而奋斗，完全接受党的领导。小组长和支部书记大都是党员。每个盟员同党员一样都必须做群众工作，接受组织分配的任务。这些外围组织的组织原则也是民主集中制。对所有成员同样要组织各种学习，进行气节教育和遵守秘密工作纪律的教育。党的外围组织是党的后备军，许多成员经过工作的锻炼和群众运动的考验后，被吸收入党。北平解放后，盟员都转为中国新民主主义青年团团员。

北平学运的历史证明，我们的路线是正确的，组织是坚强的，成绩是显著的。在和敌人严酷的斗争中，组织上没有遭受过大的牺牲和破坏。我们在工作中，坚决执行党的决议和指示，遇有紧急情况也敢于当机立断。当年刘仁同志总是及时地向我们传达中央的指示，具体地指导我们，要按照党的路线、方针、政策，坚持实事求是的原则，从北平当时当地的情况和条件出发，既要防止右的倾向，也要防止"左"的倾向。以上的这些经验都是刘仁同志多年来结合实际斗争反复向我们指示和贯彻的。而这些经验也正是刘仁同志教育我们把毛泽东同志关于地下工作的十六字方针，和"有理、有利、有节"的原则；区别对待、分化瓦解、打击最主要的敌人的原则；搞好统一战线；照顾最大多数群众的觉悟程度等一系列斗争的策略原则，灵活地运用到实际斗争中去的结果。因此，我们所取得的一切胜利，我们所有成功的经验，无一不闪耀着毛泽东思想的灿烂光辉。

（本文节选自《第二条战线上的先锋——回忆北平地下党学委领导的学生运动》，《文史科料选辑》第 5 辑，北京出版社 1979 年版，标题为本书编者加。）

陆禹 *：发动工人迎接北平解放

1947 年冬，在晋察冀解放区城工部刘仁同志主持下，北平市政工人工作委员会正式成立。张鸿舜同志分工管电车、汽车、自来水系统，我管邮政、电信系统，陈伟同志管军工系统，马光斗同志管被服厂系统。市政工委四名主要领导成员全部深入北平城内，在敌人心脏内直接领导地下党员和进步群众，开展工人运动，组织反美反蒋的斗争。

发动组织工人运动

根据中央工委的指示精神，北平市政工委调整了自己的工作，取得了迅速的进展。当时的形势，正像毛泽东同志 1947 年底在《目前形势和我们的任务》中指出的："中国人民的革命战争，现在已经达到了一个转折点。这即是中国人民解放军已经打退了美国走狗蒋介石的数百万反动军队的进攻，并使自己转入了进攻。"毛泽东同志还发出了战斗号召："曙光就在前面，我们应当努力。"

我们处在敌人严厉统治下的北平地下，也看到了前面的曙光。当时，人民解放军在各个战场上打胜仗，北平的学生运动如火如荼，国民党反动派空前孤立。

---

* 作者时任中共北平地下党工委委员。

我们抓住有利时机，努力开展了两个方面的工作：

一方面，继续开展工人的斗争。1947 年下半年，南苑汽车站职工因反对国民党空军殴打工人，全体职工罢工，要求保证人身安全，赔偿损失并道歉，斗争取得了胜利。12 月，七十兵工厂工人要求改善物质待遇，全厂总罢工。1948 年 4 月北京电信局系统开展"六八斗"斗争。八九月，长辛店机车车辆厂的工人，为抗议厂方扣发 3 个月的工资，发动"饿工"斗争，取得了胜利。1948 年 7 月，石景山钢铁厂的工人罢工，喊出"肚子饿，干不了"的口号，要求工厂追发欠薪，发放面粉、煤等实物，并砸了国民党接收大员的汽车，迫使工厂当局接受了工人的要求，斗争取得了胜利。1948 年 10 月，北平电信局 3000 名职工发动了震动全国的"饿工"斗争，电讯中断，引起反动当局的惊慌，不得不向工人妥协让步。在电信局职工"饿工"的影响下，接着北平电业局、自来水公司、电车公司等单位的职工，也纷纷召开会议，要求调整待遇。"华北剿总"民间武器保管委员会第四修械所的工人，在地下党的领导下不断怠工，或者故意生产出来一些质量次、无法使用的枪械。一次，他们制造的 200 支步枪大枪顶机不合格被退回，"武管会"的头头气急败坏地跑到厂里来"训话"。国民党军工工厂的地下党组织也发动群众，利用各种合法手段与敌人开展了巧妙的斗争。

另一方面，就是发展党的力量，以准备迎接北平的解放。在市政工委领导的历次斗争中，都涌现了一批积极分子，为发展党的力量做了准备。我们根据积极慎重的原则，采用个别进行的方式，发展了一批经过斗争考验、符合党员条件的同志入党。到 1948 年下半年，石景山钢铁厂、石景山发电厂、清河制呢厂、北平电信局、邮局、电车公司、公共汽车公司、公路局，以及国民党军工的第七十兵工厂、"华北剿总"民间武器保管委员会的八个修械所、国民党联勤总部被服厂、战车团、北平电信器材库等单位一般都有地下党支部，个别的虽未建支部，但也有党员。1947 年底工委改组的时候，党员只有六七十人；到 1949 年 1 月北平解放时，党员已发展到近 300 人。在这批党员的周围，还团结了更多的党的同情分子和积极分子。同时还根据"利用矛盾，争取多数，反对少数，各个击破"

的策略，广泛开展了统一战线工作。

在这一段时间里，北平电信局的工作搞得比较活跃。地下党根据中央工委的意见，把电信局原来分散在学委、平委、工委的党的关系，统一交由市政工委领导。我们把电信局的地下党员组织起来，先后成立了8个平行支部，从此工作迅速开展起来。在各个支部领导下，斗争搞得很活跃。地下党组织通过办壁报、组织歌咏团、举办读书会等，积极开展群众活动，团结了广大职工。我们通过"六八斗"斗争，提高了群众斗争的积极性；通过改选工会小组长的斗争，把工会的基层领导权拿到了进步力量手中。通过全局性的"饿工"斗争，团结和教育了更多的群众。由于加强了党的领导，广泛地发动了群众，因此，使得北平电信局内的国民党势力由优势变为劣势，党领导的进步力量则由劣势转为优势。北平电信局系统在1947年底只有十几名党员；到1949年1月北平解放时，已有党员108人了。我们把敌人的要害部门电信系统无形地控制到了地下党的手中。

"饿工"斗争

1948年10月26日零时，北平电信局3000多名职工举行全局范围的"饿工"斗争，这是一次震动全国的斗争。这次"饿工"斗争是在国民党当局对学生运动疯狂镇压的形势下进行的。北平电信局于10月26日举行的罢工斗争，冲破了国民党反动派的野蛮镇压，掀起了群众运动的高潮。北平电业局、自来水公司、电车公司、长辛店铁路工厂等单位纷纷响应，要求改善待遇。北平各报纸发表消息、评论，使斗争引申到全国各地。

中共华北局机关报《人民日报》于1948年11月3日第二版以《平津交通界职工罢工，教员学生反饥饿运动扩大》为标题（新华社陕北一日电）报道：由于国民党政府"币改"后的种种反动经济措施，严重威胁其统治区工人、教师及学生的生活……（略）北平3000电讯工人举行"放慢"罢工，除新闻电及公文电外一律停收发。他们要求每月配面两袋，冬季配煤及贷给"金圆券"三百元……

这一消息使解放区军民对敌占城市群众运动有了进一步的了解，也鼓舞了解放区军民对敌斗争的斗志。对敌斗争的第一战线和在敌占区的第二战线更加相互支援。

当时北平的新闻界对电信局的"饿工"给予大力支持，各大报冲破国民党反动当局的新闻封锁，对"饿工"斗争做了大量的报道，有力地鼓舞了敌占区特别是北平人民对敌斗争的斗志。这也是进步的新闻界的一大胜利。

北平《新民报》从 1948 年 10 月 23 日起，即电信局职工提出改善待遇，否则准备"饿工"的开始，即连续对"饿工"斗争的全过程作了四次报道。《北平日报》从 1948 年 10 月 28 日起连续作了四次报道。其他北平各大报也纷纷发了消息。在此期间，电信局"饿工"斗争的消息成了北平市各界人民的热门话题。

护厂斗争与最后的胜利

北平地下党领导工人进行的最后斗争是护厂斗争。1948 年底到 1949 年初，人民解放军已经实行了对北平的战略包围，国民党政权摇摇欲坠，地下党的同志们欢欣鼓舞，都在考虑怎样里应外合迎接解放。我们根据刘仁同志的指示，反复向市政工委系统的地下党员讲解：党中央关于地下工作十六字方针中所说的"以待时机"，主要指的就是迎接解放这一"时机"。在这个伟大的时刻，我们里应外合的主要任务，就是组织工人保护工厂企业，制止国民党反动派逃跑时劫运或破坏文件档案、厂房设备、机器仪表、原料物资，使人民的财产在解放后能完整无损地回到人民手中。在地下党的部署下，许多工厂企业都建立了工人纠察队，实行护厂。为了在解放后能顺利地进行接管，市政工委还发动本系统所有的地下党员和积极分子搞调查研究，搜集情报，从本企业的厂房、设备、机构、人员、资金等，以及国民党特务和三青团的活动情况等，到本企业附近驻有国民党什么部队，是何番号，有多少人马，以及武器装备、明碉暗堡的情况，都搜集起来，有的还画了图交上来。我们把这些材料都交给了上级领导。这些材料对围城部队了解敌情，以及为后来进行接管，镇压反革命，都起了积极的作用。

1949年1月31日，北平和平解放了。在地下党的努力之下，在广大职工的积极协助之下，北平的工厂企业基本上完整无损地保存了下来，回到了人民手中，成为解放后发展工业生产的基础。在北平解放的过程中，绝大多数工厂企业继续生产，水、电、电信、电话都没有中断。我们市政工委胜利地完成了上级党组织交给的光荣任务。我们党领导人民用艰苦的斗争驱走了黑暗，迎来了黎明。

（本文节选自《组织起来力量大，里应外合迎解放——回忆北平地下党工委和市政工委领导的斗争》，《文史资料选辑》第5辑，北京出版社1979年版，标题为本书编者加。）

章长善、王仪坤*：电话所里的一次罢工

1948 年 4 月 3 日，在北平地下党平民工作委员会（简称平委）的领导下，国民党平津铁路局北平电务段电话所的女职工曾举行过一次罢工斗争，有力地配合了当时我军向蒋帮四大运输动脉——平汉、北宁、津浦、平绥铁路同时开展的破击战（把这几条铁路破坏掉）。

静待时机，准备战斗

当时的北平电务段交换所分段，负责平津局平汉北段等铁路和华北铁路当局与国民党南京政府交通部之间的长途通话任务。敌人为了控制这个要害部门，除了在分段内建立了国民党、三青团等反动组织外，蒋帮的"华北剿总"二处、平津铁路局警务处以及这个局的上层人物还在这里安插了亲信。1947 年，我地下党组织先后派我们两名共产党员打入这个阵地，同敌人进行了隐蔽的斗争。

这个分段下设电话所、自动室、载波室、电源室、电缆工区、通信工区等九个部门，共有职工 160 多人。

我们俩被派到这个分段工作后，王仪坤担任了电话所的负责人，章长善在自

---

* 作者时为北平电务段交换所负责人。

动室工作。开始，我俩根据党的"隐蔽精干，长期埋伏，积蓄力量，以待时机"的地下工作方针，利用职务之便，通过窃听，掌握了敌人活动的大量情报；通过抄收、复写，秘密散发陕北电台的新闻，扩大了我党在群众中的影响。1947年11月，我军解放了石家庄，攻破了北平东南八十余里的马头镇，其他战场也不断传来捷报。与此同时，敌人也进行了垂死挣扎。12月初，蒋帮成立了"华北剿总"，对人民加紧了镇压。国民党强奸民意，搞伪国大选举，使人们进一步看清了国民党假民主、真独裁的丑恶面目；敌占区物价飞涨，民不聊生。工人早已对国民党丧失了信心。分段内，基本群众陆续向我们靠拢。当时，我俩都已分别团结了十几名进步群众。对敌人的残酷镇压，工人早已愤愤不满。在我军节节胜利的形势鼓舞下，我们想发动群众，同敌人干一下子。

我俩是由平委赵凡、苏一夫同志领导的。当章长善把我们的想法向组织汇报后，领导上指示："如遇条件许可，又有群众基础，经过周密考虑，可以和敌人干一下子，但千万不能蛮干。"我们多么盼望条件成熟的那一天啊！

欺人太甚，罢工开始

当时分段电话所的女电话员，在上下班和值机时，经常遭到刁难、搜身、调戏、谩骂。尤其是国民党平津铁路局警务处护局警察所的那群恶棍们，经常拿女电话员当作调戏的对象。电话员们早就憋了一肚子气。

平津铁路局设在王府井霞公府，交换所分段即设在这个局主楼的西侧。电话员每天上下班，都要穿过有护局警察站岗的主楼。1948年4月3日上午7点多钟，年仅十几岁的电话员刘育奉来所上班，又遭到护局警察的拦截，佯称没有证章不准进入（注：当时员司才佩戴证章，工人根本没有）。刘育奉据理力争说，我每天上下班从这儿走，今天为什么不行？护局警察不仅不放行，反而说了许多下流话，对刘进行调戏。刘育奉边哭边从侧门跑到了电话所，向同事们诉说了自己被拦截、被侮辱的经过。十几名经过地下党多次教育的进步群众，立即愤慨地说：警务处这伙兔崽子欺侮我们太甚了，咱们干不了，不干了。不少群众也响应说，咱们给他放红灯（不再接转电话）。群众的怒火燃烧起来了，所内的反动势力，没有思想准备，处于仓皇失措的状态。

事件发生后，我俩及时碰头商量，认为发动群众斗争的时机已经成熟了。半小时内，章长善即向组织上作了汇报。组织上指示：这是一场政治斗争，要把矛头紧紧对准警务处，一定要在政治上取胜。有了党的指示，我们的信心更足了。章长善和王仪坤说，这次咱俩就是牺牲了，也要和敌人斗到底。王仪坤回到楼上，一声令下，全电话所立即罢工了。六十多名电话员纷纷到休息室静坐，就连那些同反动势力有关系的人，迫于群众的义愤，也不得不离开岗位。

全段罢工，决不妥协

电话所一罢工，立即得到全分段工人的支援。自动室的工人说，如果敌人迫害你们，我们也罢工，让整个北平地区的自动电话全中断。载波室的工人说，必要时，我们也罢工，让全线的通信联络都停摆。电源室的工人说，敌人要动武，我们就拉闸断电，让它全不通。

警务处的护局警察所，当时设在平津局主楼的对面，与分段隔街相望，距离不到一百米。事件发生后，护局警察所在二楼架起了枪支，向电话所进行威胁。平津局大楼附近也布满了岗哨。为了保护电话员的安全，几个室的男职工立即组织起来，手持棍棒，站在电话所二楼平台上为电话员们站岗。设在东单头条的电缆工区、通信工区工人也拥向街头，观察敌人动向，随时给电话所通风报信。分段下属的西交民巷自动室、电源室、通信工区和西直门、通州、南口等电话所的工人闻讯后，也表示全力支援。

1947 年底，我军向平汉、北宁、津浦、平绥路同时展开的破击战，使华北以及平、津、保之间的铁路交通支离破碎，敌人更加依靠通信联络。平津几所大学师生员工罢课、罢教的怒潮，风起云涌，搞得敌人焦头烂额。电话所的罢工，引起了"华北剿总"和平津铁路当局的严重不安，也加剧了局内运输处、警务处以及军运处之间的矛盾。罢工后，我们从监听自动电话中知道：运输处斥责警务处引起事端，影响了运输。军运处斥责运输处耽误了军运，应负责任。警务处攻击运输处纵容工人罢工（当时电务段归运输处管），危害"戡乱建国"。我们还获悉，"华北剿总"和平津铁路当局用电话频繁交涉，责成平津铁路当局迅速平息此事，保证电讯畅通，否则要严厉追究责任，运输处、警务处多次打电话给我们，要我们赶快复工，我们根本不予理睬。

那天上午 10 点多钟，平津局运输处的电务科邵科长和北平电务段贾段长承上司的旨意，不得不亲自来到电话所。他们一见信号灯光闪耀，又听到铃声四起，不禁神色慌张，连忙劝说："快接电话，快接电话，有什么意见以后再说。……"工人们不听那一套。他俩看软的不行，马上变了另一副面孔，威胁说："上头说了，现在是'戡乱建国'时期，电讯联络一分钟也不能中断。如不马上复工，轻者开除，重者送特刑庭，以破坏战时运输、私通共党论罪。"电话员愤怒地把他俩围了起来，义正词严地说，警务处太欺侮人了，事情得不到合理解决，我们就是不复工。这时，电源室、自动室、载波室的工人也离开了工作岗位，和电话员一起同邵、贾二人据理力争，实际上也都罢工了。邵、贾二人一看事情闹得越来越大，不敢立即表态，借口回去请示，灰溜溜地走了。

遵从指示，取得胜利

国民党平津铁路局当局对工人采取威胁态度，进一步激起了工人的愤怒。电源室、自动室、载波室的工人写了声援书，并都在上面签了字，表示要和电话所的同事一起干到底。大家还要求派代表同警务处进行面对面的斗争。我俩立即召集了一个会，和大家商量选代表和复工条件。

在酝酿谈判条件时，又同分段内的反动势力进行了一场短兵相接的斗争。当时，群众共议的条件是：严惩肇事者；警务处向电话所赔礼道歉，保证以后不再发生类似事件；发给电话员出入证章。而混在群众中的反动势力代表，却别有用心地提出一个蛊惑人心的条件，要求增加工资。我们考虑，这样必然会节外生枝，给敌人制造迫害的口实，对整个斗争不利。根据党组织关于矛头要紧紧对准警务处的指示，我们强调一定要在政治上取胜，及时揭穿了个别人的阴谋，没有上当。

下午，当群众推选的代表王仪坤、虞之英等四人，在其他室男职工的护送下，昂首挺胸列队从主楼北门出发，穿过马路，进入警务处所在地时，沿途林立的军、警、便衣也不得不给代表让路。群众的坚决斗争，上司的追究，其他部门的斥责，使警务处处长、上校军统特务吴安之如坐针毡。他害怕事态扩大，对自己不利，不得不向工人让步，全部接受了工人们提出的三项条件。

罢工的胜利，大大鼓舞了北平地区的铁路工人。他们说，电话员敢碰警务处，警务处乖乖地答应了条件，看来我们也得这样干。分段内的工人，经过这次斗争，阶级觉悟进一步提高了。他们紧紧地团结在地下党的周围，共同迎来了北平的黎明。

（本文选自《北平地下党斗争史料》，北京出版社 1988 年版，标题为本书编者加。）

徐盈*：笼城中的北平文化界

笼城安定　学术高扬

1948 年 12 月的北平虽已为笼城，但城内人心安定，学术空气浓厚。这个月份将要到来的"盛典"，一是北京大学于本月中旬举办建校五十周年纪念会；一是将在月尾由清华大学举办梅贻琦校长六十岁大庆，也是一次学术界盛会。

四郊的炮声断断续续，城内听得越来越清楚，美国司徒大使主办的燕京大学，首先表示"不受时局动荡的影响，本校课业照旧进行"；接着是北京大学教授会表示，"本校决不迁校，将来亦不迁校"。清华大学教授会并不后人，此时亦做出了"不迁学校"的硬性决议。朱家骅部长派的代表黄曾樾，就在这个时候来北平传达疏散的意图。结果只说动了东北四个大学的头目，允做内迁的准备，实际上也在一摇三摆中，而同学们是不走的。

应当说黄曾樾是一位有能力的说客，他在说不动华北主要院校搬迁之后，就对从东北迁来的院校作了多次硬性的表示，言道："收复东北不是一个短期间的事，既然在华北是'做客'，迁到南方也还是'做客'，那就不如迁到食粮来源充

<hr>
<small>* 作者时任天津《大公报》驻北平办事处主任。</small>

足，离战火较远的适宜读书的南方去。教育部的意见是希望东北大学迁福建；沈阳医学院迁歌乐山（重庆）；长白师范迁衡阳；长春大学迁赣州。"

但从总的方面来说，此时北平各大学都表现出特有的沉静。除了成群结队的"西行客"外，留下的都照常走进图书馆，走进实验室，甚至在体育馆内也满是锻炼身体的同学。北京大学理学院院长饶毓泰说，这和抗战初期大大不同了。同学要求我们星期六下午及星期日照旧开放实验室和图书馆。他们说，时间已经不够了，再不加紧学习就没有机会了。还有一位文学院教授说，虽然战争就在眼前，但大家却像不知道有这场战争似的，学术空气反而更加浓厚了。北大与清华两所大学的"盛典"，从一方面讲，是乱世中求安定；反之从另一方面讲，这是对于现秩序的反抗。

从12月16日起，北京大学开放热闹了三天。这时的北大，六个学院中五十年来不同时代的校友，一律被称为"北大人"。原来规定每人捐献五元（金圆券）钱，建一座校友大楼。但在那通货膨胀不断加剧的形势下，此数远远不够。所以，只好借"孑民堂"（为纪念蔡元培先生所建）前的小广场开会，内定胡适① 校长向全国广播，说明北大不是属于哪个政府的，而是经历了三个朝代的老学校。届时还有校史展览及敦煌文物展览。六个学院分别举行自己的专题讲演。内定为文学院由陈垣讲《乱世与学术》，陈寅恪讲《切韵的社会性》；法学院请钱端升讲《海外归来》，陈达讲《国情普查》。实科则各有专题，并举办讨论会。付印的专刊大半用英文写作，表示进入于国际学术之林。此外，还有一个二百多种《水经注》版本的展览（是胡适的一部分藏书）。

与空前扩张的北大比肩前进的清华园中，师生及职工则在准备庆祝清华大学第一届出国的留美学生梅校长的花甲大寿。如果说，北大造就的是偏于政治方面的人才，那么清华四十年来陶冶出来的则多是理工人才。西南联大的民主作风，主要是由梅校长创造的。中央研究院的大批院士是清华留美预备学堂出身的。梅

---

① 胡适于校庆前一日即离开北平飞往南京。

校长门墙桃李满天下，此言不假。

"不干涉主义"似在抬头

清华大学原学生，曾任北大政治系主任的钱端升教授讲，一年前，他应美国哈佛大学之聘，主讲《中国政府》一年。他在其母校教学之余，又赶写成《中国政府》一书，实现了二十年来的愿望。8月初，在美国西海岸罢工声中，他候船一个月之久，才同吴有训挤上一艘护送军眷的军舰。又历时一个月，军舰才驶入弥天大雾的吴淞口，进口时还几乎撞翻了一艘英国军舰。

钱教授颇有预感地说，美国对远东的政策变了，军事顾问团正在撤回，似是"不干涉主义"在抬头。在上海以北各口岸的军眷们都要乘原船回国。"他们在中国有房子，有家具，满以为要在中国过好日子，哪知道连北平还没有看见就要回去了。美国水手们说：'早点回去吧，好赶上过圣诞节。'"

钱端升环行京沪一周，就飞回北平，他很有兴趣地讲了在美国军舰上举行的一次假投票"盛典"。钱氏说，各级船舱的客人不同，头等舱住的以政府官员为多，可能全投杜鲁门的票；三等舱的旅客，可能选杜威。谁知开票结果出人意料，选出来的却是华莱士①。这说明，企图用战争刺激繁荣的杜威虽然能给大资本家带来利益，但公教人员及中产者却一天苦似一天。老百姓还是怀念罗斯福的新政。杜鲁门则用他这二三年的缺点代替了十几年新政的成绩，美国人民还能够原谅他？

中国人在国际上的地位是一天比一天降低了。他讲路过马尼剌（拉）时，除了他的护照上注明可以登陆外，船上其余的中国人一律禁止登岸，连船上的白人也为黄色朋友抱不平。一位讲授现代政治学的学者，面对这样的现实，感慨是比任何人都要多的。他说："今天的杜鲁门还是那个做过三度声明的杜鲁门，今天的

---

① 华莱士，美国前副总统，1948年作为进步党候选人参加总统竞选。

马歇尔，还是那个八上庐山的马歇尔，中国还能希望他们什么呢？"

国内局势混乱

北大毕业生、北大法学院院长周炳琳的讲演题目是《构成国内混乱局势的几个因素》。这是一个多年来没有人正面触及的敏感性问题。

周氏以一个老国民党员的身份，呼吁不能用武力解决现实问题。他讲演的主旨是，近百年来中国的中心问题是要求改革，但社会进步又不可能跳跃，而是一天天地演进的。谁要想解决中国问题，就应当是不迷信武力，并要有肯容纳异己的雅量，在和平中求进步。他是个对中国士大夫阶层的"帮闲与帮忙"问题发表议论最多的人，此刻讲的这番话，弦外之音，大足令人推敲。

周炳琳说："近百年来，中国经常在混乱中。辛亥革命、北伐和目前的局势，不过是混乱中演得特别热闹的几幕戏剧。中国可能还有五十年、一百年、二百年，或更多年的混乱，或许有更多的戏剧节目出现。"

周炳琳曾有意在国民参政会中提出"政治混乱"四个字，得到多数人喝彩。他指出国民党政府对于内政、外交、抗日战争等大事都没有一定的计划，这就是混乱，但是政府方面却认为还有那么多维持秩序的军警，就不能说是"混乱"。结果，这位改良主义者辞官而去，重登北京大学讲席。

他认为中国近百年来的混乱，是因为中国自与外国接触以后，许多人都想到有改革的必要，于是就产生了一个要把古老的国家变为近代的国家的问题，而这一变革又谈何容易。一方面因为中国有古老的文化，这文化不仅没有死亡，而且仍有活力，不论我们怎样革新，这旧的遗产仍然压在顶上支配我们；另一方面是近代化的因素一天天地在推进，我们却始终没有达到工业化的程度，还在工业化的开端起步。"这就自然发生了两种极端现象，一种是倾向古老，一种是要求迎头赶上，以致百余年来，政治始终不能上轨道，而经常在混乱的局势中。"

周炳琳最后说：由于旧的势力太强，新的也不可能太乐观，进步并不能越级，武力亦不能统一。因为他一开场就已表明，他作的不是政党性的演说，而是属于学术的分析，所以说到这儿，他就避开现实，有意不予触及了。

炮声断断续续。但北平的学者们认为，不能让乱世影响学术振兴。陈垣校长这几年专门研究佛教史料，从出世的人们中找寻其积极成分。徐炳昶教授讲起文化史，说中国文化吸收了佛家文化、阿剌（拉）伯文化，近年又吸收了西方文化，正在孕育着一个新的成果。

然而，现实是严酷的，城外的炮声，使胡适校长不得不放下《水经注》；祝梅校长六十大寿的学术会亦未开成。混乱中的学人，靠着他们各自的顽强自信，爬行在饥饿与苦难的现实线上，希望出现一个不同色调的明天。

古城北平何处去

三百年前供皇帝狩猎的南苑，此时已成军用飞机场。就在12月6日晚上，南苑发生了两次巨响。据说这声音竟震动到二百里外的天津市。物价的上升、人心的波动，远远超过了炮声带来的不安。在大气压的洗刷过去后，登临景山顶端，眺望皇城，除了红墙上残破的标语纸乱飞外，依旧是金碧辉煌，全然无恙，似乎这就象征着北平有其不可摧毁的力量。

北平是东方著名的文化古城，凡能移动的文物，多半正在搬运出去。故宫博物院的古董一批一批地运走；点缀盛世的中央博物院的重要资料，已搬到广州，职工分三批裁光。留平的中央研究院的箱笼，也在南运转往台湾。知情人是那些看守的人，其中有不少是抗战时期的文物护卫者，如今却像无事人似的说，"算了，算了"，甚至称病不肯参加这次"大迁移"。

有一位饱经事故的老人说，这文化古城到处都是古董，看他用什么工具来搬，用多少钱来搬。抗战之前，我们搬过一次，那时候，还有四通八达的火车、汽车、飞机和轮船，今天能用的又是什么？在那银圆改法币的时代，还有值钱的票子；而今天，钱是那么毛，就是用那时候一年的经费也许还不够。

百年战争的疲倦，一齐涌上人们的心头。那些老住户怕战争，但又不怕战争。他们知道即将来临的是一场史无前例的战争，便自自然然地拖度岁月。文化界的人们，也过惯了这种日子，虽在危世中，却能凑成几个"盛典"来点缀一下生活中的寂寞。教育部的那位北上的督学黄曾樾在碰了软钉子之后说得好："北平是东方唯一文化古城，是世界闻名的艺术宝库，相信在贤明的军政当局保护之下，北平的一草一木，一砖一石，绝不会受到损失。并且希望人民本着爱文化艺术的心理，不要使这座文化古城受到丝毫的损失。"

时间不会停留，笼城的文化"搬迁"梦，瞬息之间，成为过去。

（本文选自《文史资料选辑》第 29 辑，北京出版社 1986 年版，标题为本书编者加。）

廖静文*：北平解放前夕的徐悲鸿

决不离开北平

1948年秋天的一个下午，悲鸿和美术界的几位朋友正在我们客厅里谈论着时局的发展，互相交换一些在国民党报纸上看不到的消息，为东北解放战争的胜利而感到欣欣鼓舞。突然，一声震耳欲聋的巨响使整个屋宇摇动，接着窗户上的玻璃发出乒乓的碎裂声。我们慌忙跑出屋子，只见远方的天际升起一支巨大的黑色烟柱，直冲云霄，浓烟在空中滚滚飞动，随后便像蘑菇云一样散开……事后，我们才知道这是南苑机场的火药库爆炸了，它启示了我们平津解放战争的号角已经吹响了。

国民党反动政府的官员们纷纷逃跑，兵临城下的北平城内一片紧张和混乱……国民党教育部急电各大专院校南迁。当时，悲鸿主持的北平艺术专科学校也接到同样的电报，但遭到了悲鸿的坚决抵制。悲鸿早已和周围亲近的人如吴作人等商定，他本人决不离开北平，北平艺专也绝不迁走。当时北平艺专的地下党支部书记是油画系的学生侯逸民。这个身材高大、面目清秀、两眼炯炯发光的年

---

　　* 作者为徐悲鸿夫人。

轻人既活跃又沉着。他以优秀的绘画成绩获得悲鸿的重视，但谁也不知道，他就是当时北平艺专地下党的负责人。他除了自己接触悲鸿以外，还通过悲鸿早年的学生、油画系教授、地下党员冯法禩更频繁地了解悲鸿的这些想法和决定。因此，在悲鸿亲自主持的校务会议上讨论迁校问题时，地下党和悲鸿便事先做了有利的安排。首先，悲鸿以校长身份第一个发言，提出不迁校的主张，并强调了这个决定事先已征得多数师生的同意，获得大家的支持。他的发言立即得到吴作人、艾中信、李桦、冯法禩、叶浅予、王临乙、李天祥等进步教师和学生代表的热烈拥护，但同时也遭到音乐系主任等人的坚决反对，会场出现了紧张而激烈的斗争。最后进行举手表决时，由于赞成不迁校的意见占压倒的多数，以致当悲鸿提出"不赞成的人举手"时，那几个持激烈反对意见的人竟不敢举起手来，有的人刚刚将手举到半截，就又慌忙地缩回去了。于是，校务会议顺利地通过了不迁校的决议，师生们一片喜气洋洋。这件事说明了大势所趋，人心所向。

紧接着，国民党电汇来一笔"应变费"，电文说明是要学校作迁校和教师南迁之用。悲鸿提议将这笔"应变费"分发给全校师生职工，购买粮食，作为保护学校、迎接解放的准备。这个建议立即得到了地下党的支持。于是，悲鸿召开了有群众代表参加的会议，正式通过提议，除教职工每人领到一份钱以外，余下的钱全部交给学生会购买小米，为全校师生职工的食粮做了充分的准备。

当时北平文化界也是一片紧张和混乱。文化界第一个坐飞机逃往南京的是北京大学校长胡适，他是从南苑机场起飞的。随后，国民党教育部派来两批飞机，准备劫持一批学者、名流去南京。第一批飞机到达北平上空时，南苑机场已被我军炮火封锁，飞机不能降落，便折返南京了。于是，国民党反动派在东单广场周围砍伐树木，抢修了一个临时机场。第二批飞机抵达时，在东单临时机场降落。坐这批飞机飞往南京的有清华大学校长梅贻琦、北平师范大学校长袁敦礼、北平研究院院长李书华、北平艺专音乐系主任赵梅伯等人。虽然名单中有悲鸿的名字，但悲鸿仍坚决拒绝离开北平。国民党政府为了挟持悲鸿离开北平，不断派人前来劝说，并制造了许多谣言，进行种种恫吓。威胁不成时，又进行利诱，说如果悲鸿愿意去南京，便可拨一笔外汇，作为悲鸿去印度举办作品展览会之用。因为早在 1946 年，印度驻华大使潘尼迦先生便向悲鸿致意，欢迎悲鸿再一次去印度举办作品展览。虽然，悲鸿生前曾多么希望再去访问邻邦印度，以便更进一步观摩那些古老而辉煌的艺术品。但他决不能选择这个时间，因为这是人民最需要他留下来为革命工作的时候。

冒险呼吁和平

形势日趋紧张，北平城内物价一日数涨，街头巷尾拥挤着买卖银圆的人，人们急于将国民党的钞票换成银圆，以免贬值。国民党反动派不甘心灭亡，仍在做垂死的挣扎，警车尖厉地呼叫着，城内开始大搜捕，许多人被投进黑沉沉的监狱。

天气冷了的时候，已经可以听到解放军的大炮声了。北平被强大的人民解放军包围，城门紧闭，粮价大涨，蔬菜和鱼肉等都运不进来。人们吃着早已准备好的咸萝卜，有时也用黄豆泡豆芽吃。

这时，北平城内还有大量的国民党军队。虽然他们已如瓮中之鳖，但如果继续顽抗，必将给人民的生命财产造成巨大的损失。何去何从？急待抉择。当时统率这批军队的傅作义将军在无可奈何的情况下，决定邀请北平的一些学者、名流征询意见，悲鸿也是被邀者之一。

会场空气异常紧张，傅作义将军只作了简短的致辞，表示愿意虚心听取大家对当前时局的意见，但没有人发言。显然，如发言要求和平解放北平，是要冒危险的。悲鸿终于打破了沉默，第一个站起来发言，他用坚定有力的声音说："北平是一座闻名于世界的文化古城，这里有许多宏伟的古代建筑，如故宫、天坛、颐和园等，在世界建筑艺术宝库中也是罕见的。为了保护我国优秀的古代文化免遭毁坏，也为了保护北平人民的生命财产安全免受损伤，我希望傅作义将军顾全大局，顺从民意，使北平免于炮火的摧毁……"沉默的空气被打破了，人们的脸上绽开了笑容，会场开始活跃起来。紧接着，著名的历史学家杨人楩教授站起来发言。他兴奋地说："我完全支持徐悲鸿先生的意见，如果傅将军能为北平免于战火做出贡献，我作为一个历史学家，将来在书写历史时，一定要为傅将军大书一笔。"随后著名的生物学家胡先骕、故宫博物院院长马衡等人都纷纷发言，热烈希望傅作义将军以北平人民的安全为重，争取早日和平解放北平。傅作义将军认真倾听了大家的发言，最后他站起来表示感谢大家直言不讳。

会后，人们奔走相告，感到北平和平解放的希望越来越大了。

当天晚上，已经夜深人静，电话的铃声响了，电话里传来一个陌生男人的粗重嗓音："找徐悲鸿亲自接电话！"我回答说："他已经睡了，有什么事情可以告诉我。"他却反问："你是谁？"随即恶狠狠地说："你告诉徐悲鸿，叫他小心脑袋！"

悲鸿的处境和许多人一样，是危险的。为了防止意外，我们在围墙上安装了铁蒺藜，但是悲鸿的许多学生和朋友仍为我们担心，他们经常来我们家里看望。这时候，一个地下党员悄悄地来到我们家里，为我们安排和田汉同志见面的机会，他将带来解放区的许多消息。

第二天晚上，悲鸿派车接来了阔别多年的田汉同志。这是一个停电的夜晚，在我们的起坐间里燃起了一支蜡烛，悲鸿、吴作人、冯法禩和我围着风尘仆仆的田汉，倾听他低声而欢喜地描绘解放的情景。他带来了许多令人兴奋的消息，特别是带来了毛主席和周恩来同志给悲鸿的问候。他来北平之前，见到了毛主席和周恩来同志，他们希望悲鸿在任何情况之下，都不要离开北平，尽可能在文化界多为党做一些工作。这是多么令人激动的消息啊！敬爱的毛主席和周恩来同志在指挥全国人民解放战争的戎马倥偬之际，还如此系念着北平的文化界，系念着悲鸿，这使我们受到极其强烈的感动。悲鸿一向苍白的脸色变得红润起来，他那双温和的眼睛里溢出无限快乐的光芒，过去生活中的许多阴影仿佛在片刻之间都消失殆尽。

忽然，大门口传来了我们刚满两岁的男孩庆平的号啕大哭声，我惊慌地跑出去。在门房前，两个持枪的国民党士兵正在和看门人纠缠，他们恶声恶气地要查户口。同时端起枪，把刺刀指向我。我急忙招呼他们走进悲鸿的画室，一面高声叫人拿烟倒茶。我小心地把户口本送到他们面前，其中一个摇晃着脑袋看了一眼，便问："就这几个人？有外地来的人没有？"我的心猛地颤抖起来，但我冷静地回答："没有！"他们用搜索的眼光环视着四周，一个士兵大模大样地抓起桌上那盒"三炮台"香烟塞进了口袋。然后他们便端着枪，悻悻地去敲隔壁人家的大门了。

不到十点钟，胡同里已经没有了行人。我跑出胡同口，小心地向周围看了看，没有见到可疑的人，便急忙派车将田汉同志安全地送走了。

白石老人的插曲

次日，我们去看望齐白石先生，才知道他也受到恫吓。有人对他造谣说，共产党有一个黑名单，进北平城后要杀一批有钱的人，名单中就有齐白石的名字。于是，白石老人打算离开北平。但是，他对居住了将近半辈子的北平，感情很深，依依难舍。

我们走进西城跨车胡同的安静庭院，栅栏里面是一排向阳的北屋，外间是老人的画室，里面的套间是老人的卧室。当悲鸿和我迈进他那间朴素的画室时，满面愁容的白石老人扶着椅背颤巍巍地站起来迎接我们，悲鸿和我耐心地劝说白石老人，叫他不要听信谣言，并且保证他将来一定能受到共产党的尊重。同时，悲鸿还谈到北平和平解放的可能性很大；并表示如果一旦出现意外，可以接白石老人到北平艺专去住，那时我们全家也搬去，和全校师生住在一起，可以受到大家的保护。年近九十的白石老人的听力已很差，悲鸿用了很大的力气，才把这些话说清楚。

悲鸿与白石老人的友谊要追溯到 20 世纪 20 年代末，几十年来他们两人交往亲密，已经结成知己，感情深厚。白石老人对悲鸿怀着无限的信任和尊重，所以当悲鸿来到白石老人面前，力劝他不要离开北平时，白石老人便毅然取消了香港之行。他还殷勤地挽留我们吃了湖南风味的午餐。当我们起身告辞时，他微笑着，重新显出一向的安详和平静。

终于等到春天

漫长的黑夜终于过去了，天安门城楼上升起了第一道黎明的曙光，北平和平解放了。1949年1月31日，全市举行庆祝北平解放的盛大游行，我挤在北平艺专的队伍里，和大家一起振臂高呼。虽然，天气严寒，呼啸的北风仿佛要把人刮跑似的，但人们的心却是热乎乎的。

悲鸿也异常忙碌起来，在他坎坷不平的一生中，掀开了崭新的一页，这是他一生中最美丽最鲜明的一页。他和许多来自解放区的文艺工作者见面、座谈，深深地被解放区丰富多彩的美术创作吸引，这些作品真实地描绘了解放区人民的生活画面，充满了强烈的战斗气息。

1949年的春天来到了，这是北平解放以后的第一个春天！我们的院子里也春意盎然，很多朋友像郭沫若、沈雁冰、田汉、郑振铎、翦伯赞、沈钧儒、洪深等都来到我们这宽阔而僻静的庭院里，大家快乐而兴奋地聚谈着，满怀信心地遥望新中国的美丽远景。在悲鸿的一生中，也开始了他生命中的春天。

（本文选自《文史资料选辑》第4辑，北京出版社1979年版。）

第 二 章

抉择：北平和谈与和平解放

崔月犁 *：争取傅作义将军起义前后

北平解放前夕的形势

1948 年冬，蒋介石国民党必败已成定局。在蒋管区，经济崩溃、政治腐败、军心涣散。那时的北平，物价一日数涨，民不聊生，怨声载道。有钱有势的国民党大官们纷纷抢购黄金和美钞，争先恐后乘机南逃；中下层的官员则怀着恐慌、观望、等待的心情，思谋着为自己找一条后路；进步人士和广大群众日日夜夜盼解放，悄悄地传颂着解放军胜利进军的消息。

北平的地下党在中共中央华北局城工部的领导下，根据党中央"隐蔽精干、长期埋伏，积蓄力量，以待时机"的地下工作方针，从 1942 年个别党员陆续进城，到 1948 年冬北平解放前夕，已发展地下党员约 3000 人。党的外围秘密组织"民青"（民主青年同盟）、"民联"（民主青年联盟）盟员约 5000 人，其中属于"学委"（学生工作委员会）系统的约占三分之二。

1948 年 10 月下旬，为了迎接北平解放，南系学委（指抗日战争时期在昆明、重庆等地的地下党组织，抗战胜利后来到北平和天津）和北系学委（指原来在平、

---

* 作者时任北平地下党学委（学生工作委员会）秘书长。

053

津的地下党组织）合并成为统一的学委，领导学生运动，并通过进步学生广泛地开展了统一战线工作。工厂、学校、报社、铁路局、电信局……以至国民党的党、政、军、警、宪、特等机关，到处都有我们的革命同志。我们建立了三处地下印刷所，三部地下电台；并根据城工部的指示，在积极争取傅作义将军接受和谈的同时，发动党员和进步群众并组织纠察队，搜罗枪支武器，做好护厂、护校、保护档案和文物古迹，配合解放军攻城的准备。

当时傅作义将军是"华北剿总"总司令。我们党分析傅作义一方面曾是抗日的爱国将领，与蒋介石的独裁卖国、排除异己有较深的矛盾，在蒋介石国民党政府即将覆灭时，有把他争取过来的可能性；另一方面他反共，跟我们打过仗，他自己有两个军的嫡系部队，整个华北由他统率的国民党军队有60万人，不到不得已时，他不可能轻易接受和谈。

事实正如我们党所估计的，在傅作义还有力可恃、有路可走时，对和谈、起义长时间处于犹豫动摇之中。

我军的节节胜利对北平的和平解放具有决定性的作用，战场上的胜败，左右着傅作义对和谈的态度。辽沈战役胜利后，敌我两军的力量对比发生了根本性的伟大转折，人民解放军相继开辟了淮海、平津两大战场。华北战场的胜利，对平津周围战略要地的分割包围，使傅作义感到震惊，开始考虑寻求一条现实可行的出路；1948年12月23日新保安一战，解放军歼灭了傅作义的王牌军三十五军，又在24日攻克了张家口，断绝了他逃往绥远的去路，打破了他依靠自己的实力割据一方的梦想，傅作义才真正接受和谈；直到1949年1月中旬，我军一举拿下天津，而后兵临北平城下，炮轰机场，彻底切断了他的陆上、海上去路之后，他才最后下决心起义。

一小撮忠于蒋介石的"军统"特务，千方百计地破坏和谈，阻挠傅作义将军起义。他们四处跟踪、捕人，几乎每天都有我们的党员和进步分子被捕入狱。城工部部长刘仁不断来电要我们"提高警惕""绝对保密""严格组织纪律"。尤其是工作从秘密变为半公开直接出面以后，危险性大大地增加了，我们做好了最坏的思想准备，对自己的住处和身边所有的东西进行了彻底的清理，把难得的马列主义著作、毛主席著作及文字材料都予以处理，连精心收藏的小小的电话号码纸片也烧掉了。这虽然增加了联系工作的困难，但因随时都有被捕的危险，必须如此；如果被捕，也绝不能让敌人从我们身边搜出任何证据以致牵连到其他同志。

在白色恐怖统治下，大家真有度日如年之感，看到人民挣扎在水深火热之中，听到解放军轰鸣的炮声，就急盼着北平能早一天得到解放。

争取傅作义将军起义

早在 1948 年初，任晋察冀城市工作部部长的刘仁就指示北平地下党，要通过各种社会关系去接近影响傅作义周围的人，做傅作义的工作。我们审慎地选择对象，以亲友关系谈心、谈形势，经过较长时间的了解，逐步宣传党的政策，争取他们与共产党合作，有的条件成熟后则发展为共产党员。一年来，我们学委先后联系的能和傅作义"说上话"的人有：曾延毅、刘厚同、杜任之、傅冬菊、李腾九、邓宝珊，这些人在关键的时候都不同程度地发挥了作用，促使傅作义将军起义。

1948 年春，刘仁让北平地下学委系统担任军事策反工作的王甦，与天津南开大学地下党员曾常宁联系，通过其父曾延毅做傅作义的工作。曾延毅与傅作义是保定军官学校的同学，又是结义兄弟，在傅作义任军长时，他是副军长。在王甦的鼓励下，曾延毅来北平找过傅作义，但他表示傅作义对他不信任，难以直接接触，建议通过刘厚同做傅的工作。刘厚同是傅作义和曾延毅的老师，当时是傅作义的少将总参议，傅作义对这位老师相当尊重。曾延毅与刘厚同的家都住在天津，两家关系很深，经常来往，曾与刘是无话不谈。曾延毅的女儿曾常宁和刘厚同的女儿刘杭生又是同学，刘杭生在曾常宁的影响下，参加了"民青"。那时，我与王甦每星期联系一次。开始我是从王甦那里了解到刘厚同老先生的一些情况，后来我与刘厚同见面却是通过民盟杜任之介绍的。

　　杜任之当时是华北学院的教授兼政治系主任，是从太原来的共产党员，也是民盟成员，与傅作义是同乡，有过交往。由于在太原有被捕的危险，杜任之来北平后便住在他弟弟杜敬之（傅作义的军医）的家里。当时，民盟中的地下党员关世雄向我反映了他的情况。1948 年秋，我和关世雄一起到锦什坊街油篓胡同 6 号去看过他，他说他是由太原来北平找地下党，并问我，自己是回解放区还是留在北平。根据党的要求，凡在北平能站住脚的都留在北平工作。杜任之留了下来，为争取北平和平解放做了不少工作。

　　锦州解放以后，东北全境即将解放，华北平津的解放已不过是时间问题。北平的群众一方面希望解放军赶快解放北平；另一方面又担心战火会造成很大伤亡和破坏，因此，和平解放北平就成了广大群众的心愿。杜任之以自己与傅作义有同乡之谊，积极促进傅作义接受和谈。他通过他弟弟与刘厚同见了面，刘厚同与傅作义商谈后，说傅作义有意进行和谈，但希望有个民主党派参加，以便协调双方意见，因此，由当时民盟在华北的负责人张东荪作为第三方的代表。但是由于傅作义被蒋介石召到南京开会，谈判问题暂时搁下了。

　　与此同时，在南系学委王汉斌的领导下，由李炳泉出面做他堂兄李腾九（傅作义总部的联络处长）的工作；王汉斌又将傅作义的女儿傅冬菊由天津调来北平，留在傅作义身边，以便做傅作义的工作。

　　1948 年 11 月初，刘仁把北平地下学委书记佘涤清叫回解放区泊镇，指示要学委出面代表共产党正式与傅作义方面谈判。经我们学委研究，由傅作义的女儿傅冬菊出面向她父亲试探，看傅的反应如何。

　　傅冬菊是傅作义的大女儿，共产党员，当时在天津《大公报》工作，为了便于对傅作义进行工作调来北平。佘涤清告诉傅冬菊："现在解放战争形势发展很快，你父亲有接受和谈的可能，希望他放下武器，与共产党合作，和平解放北平……"傅冬菊当即去找她的父亲，向他转达我们党的意图。傅作义怕是"军统"特务通过他的女儿套他，便问："是真共产党还是'军统'？你可别上当！要遇上假共产党，那就麻烦了。"

傅冬菊说："是我们同学，是真共产党，不是'军统'。"

傅作义又问："是毛泽东派来的还是聂荣臻派来的？"

傅冬菊一下答不出，又去问佘涤清如何回答。佘明确告诉傅冬菊，叫她说是毛泽东派来的。傅作义表示可以考虑。这是一次试探性的正式接触。

学委考虑傅作义总是把傅冬菊看作孩子，所以同时又派李炳泉通过他的堂兄李腾九去做傅作义的工作。

李炳泉原是西南联大的学生，1940年入党，抗日战争胜利后来到北平，当时在傅作义办的《平明日报》当记者，后升为采访部主任。李腾九是傅作义"剿总"总部的联络处长。李炳泉同李腾九开始是以亲属关系漫谈形势，后引导到与共产党和平谈判才是出路，把李腾九的思想做通了，再让李腾九找傅作义去谈。

谁知，李腾九与傅作义谈了几次，傅作义都没有理他。12月初我军以神速动作分割包围了北平、天津、张家口、新保安、塘沽，傅作义才感到和谈的迫切需要，找李腾九与共产党联系，于是学委决定由李炳泉以共产党员的公开身份同傅方联络。

约在12月下旬，傅作义决定派他的亲信、《平明日报》社社长崔载之出城谈判，学委则派李炳泉与崔载之一起出城。当时傅作义提出，要我们在李炳泉出城后再指定一我方人员与李腾九联系，我们便指定了《益世报》采访部主任、地下党员刘时平担负这一任务。当时，我们要求不仅傅作义的嫡系部队，而且所有在华北的国民党军队都要放下武器，但傅作义说："我的军队可以，其他部队我控制不了。"

不久，新保安、张家口被攻克，傅作义的主力部队被歼灭。1949年元月初，平津前线吃紧，傅作义感到情况紧急，决定派周北峰代表他再次出城。行前，周与我约好在李阁老胡同张东荪家见面，他想先和我谈谈，但因为出去的路线、时间、暗号都用电报与城工部联络好了，不能耽搁，我让他们马上就动身。周北峰说："路过我们这方面的军队关卡好说，到解放军那边怎么办？"我让他们带上一面白旗，准备过火线时用，并告诉了他们要走的路线和联络暗号。很快周北峰就和张东荪一起出发了。

后来城工部来电，要我们注意周北峰回来后傅作义的态度，我们了解到傅还在犹豫不定。不久攻打天津的战斗就开始了，军委来电指出，天津拿下后，傅作义可能有变化。果然，1949 年 1 月中旬，傅作义的全权代表邓宝珊与周北峰再度出城，最后下决心起义。

三个非常重要的人物

我们地下学委对傅作义进行工作，是通过各种关系多方面进行的。那时我担任学委秘书长，分管上层统战事宜。李炳泉出城之后，我作为共产党代表正式与傅方谈判，这时各方面原来联系的人也都交给我联系，以便全面掌握傅作义的动态和进行工作。在最后直接谈判阶段，我们与傅作义联络主要是通过三个人：傅的老师刘厚同，傅的同事"华北剿总"副总司令邓宝珊和傅的女儿傅冬菊。

我们选择刘厚同作为与傅作义谈判的桥梁，是因为他和我们有较长时间的接触，对形势有比较清楚的认识，对和谈的态度积极，同时他对傅了解较深，深得傅的信任。在 1948 年秋，我即与刘老先生直接建立了联系。

我与刘厚同经常见面的地点多在高等法院院长吴煜恒的办公室。吴煜恒是民盟负责人之一，在大后方时曾与董必武有工作来往。刘老先生看样子将近 70 岁，是个读过旧诗书有才学的人，说话声音洪亮，头脑清楚，健谈开朗，讲古论今，一谈就是半天。吴煜恒院长语言温和，待人诚恳，不仅为我们在那里见面提供了方便，还设宴招待我们两个。

我们是在谈判，同时也是在谈心交朋友，看样子刘老先生很喜欢和我这个年轻的共产党员交朋友，老先生还送给我一张他们一家人的照片。刘厚同与我约定每星期见两次面，他说："如果一星期不见你来，就认为你被'军统'特务逮捕了，我便请傅先生派人到监狱找你。"因为那时北平"军气"特务活动特别猖狂，佘涤清、刘时平后来都被他们捕去。果然，刘老先生是讲信义的。有一次，我有急事未能如期赴约，可急坏了刘老先生，他真的要傅作义派人到各监狱查问，有没有同仁医院的李大夫（当时我告诉他，我姓李，是同仁医院的医生，其实那时我已离开同仁医院了）。后来见面时他告诉我，没有找到李大夫，只有个同仁医院的孙大夫（地下党员孙振洲，也是同仁医院的大夫，被敌人逮捕了）。

我与刘老先生直接接触有两个多月的时间，老先生对促成和谈尽了很大努力。从刘老先生所谈情况，我们清楚地知道傅作义一直是动摇的，一方面不想跟蒋介石走，另一方面又想保存自己的地盘和军事力量，所以在两个月左右的时间内，傅作义对和平解放北平总没有一个很肯定的答复。

事隔年久，很难记起每次都谈些什么内容，大体记得有这样几个关键性的问题。开始时，知道蒋介石不断拉傅作义并委以重任，我们主要谈的是跟蒋介石走没有出路，蒋介石历来消灭异己。当我们了解到美国想收买傅作义，支持傅作义在华北"独立"时，我们谈的是傅将军应珍惜自己爱国抗日的光荣历史，美国即便装备了几百万蒋介石军队，也避免不了可耻的失败下场。针对傅作义还想依靠自己的一部分兵力退守察绥，我们谈的是察绥已经很难回去了。我们收听到"陕北广播电台"公布战犯名单里有傅作义，接着又接到中央来电"傅虽列为战犯，但与蒋介石有矛盾，仍要争取"时，我们主要谈的是党的统一战线政策，为人民立了功，人民不会忘记，以解除傅作义的顾虑，让他下决心接受和平谈判，保全文化古都，那就是对人民立了一大功。

对傅作义的犹豫动摇，刘老先生以坚定的态度反复地向他谈形势，摆利害，揭露蒋介石的阴谋，转达我党的政策和对傅作义的希望、要求，明确指点傅作义要顺应人心，当机立断，只要和平谈判就有光明前途，切不要自我毁灭。他曾劝傅作义发和平通电停止内战，但傅当时主要顾虑一怕控制不了国民党中央军；二怕得不到共产党谅解；三怕蒋介石轰炸北平；四怕对不起中央军；五怕被人看作叛逆。刘老先生便引用商汤放桀，武王伐纣的历史说："汤与武王是桀、纣的旧臣，后人不但不称汤与武王是叛逆，反而赞美他们。忠应当忠于民众，而非忠于一人。目前国事败坏成这个样子，民众流离失所，处在水深火热之中，希望和平，政府必须改造，如果你能按照历史的发展，顺人心，起来倡导和平，百姓会箪食壶浆来欢迎你，谁还会说你是叛逆？"

刘厚同在北平奔走和平八日，由于劳累、焦急致使左目失明，人们称他为"和平老人"，可谓当之无愧。傅作义决定起义之后，刘老先生不以功高自居，表示从此隐退，回到了天津。

邓宝珊当时是"华北剿总"副总司令兼榆林地区国民党军司令，我和邓宝珊见面是在华北学院院长王捷三的家里，邓宝珊穿了一身国民党士兵穿的灰棉军装，四方脸，语音沉重，一见面他就说："我是了解共产党的政策的，我有个孩子在延安学习过，我见过毛主席，陕北电台的广播我经常听。"

正巧我随身带着"陕北广播电台"记录新闻宣传材料，送了他一份，他很高兴。邓宝珊先生对蒋介石必败的认识是明确的，我们谈得比较投机。我最后对他说："你和傅先生是老同事，希望你劝傅先生赶快下决心和谈，时间不多了，争取北平和平解放，为人民做点好事。"他表示要极力劝说傅先生。

关于榆林地区的情况，他说："先把傅先生的事谈定了，至于我那个地方的问题好办。"我说："那好吧，等以后再商议吧！"

这是第一次会面。

再一次和邓宝珊见面，是在我解放军对北平的包围圈愈来愈小，城内不断听到隆隆的炮声，有些炮弹已经打到城里来了的时候，地点还是在王捷三院长家里。看样子邓宝珊的情绪比较紧张，双方交谈的时间较短，他只是强调说："你能不能通知你们军队先不要打，给我个时间再与傅先生深一步谈谈。"我说："我可以向领导反映，但时间不会很长了，我军已包围北平，傅先生的军队走不了啦，再不下决心就晚了。"

当时天津临近解放，刘仁同志转来中央军委的电报，指示天津拿下后，傅作义投降的可能性增加了，但我们应做两手准备，如果傅作义不投降，即武装解放北平。我是按中央军委的意思约见邓宝珊交谈，让他促使傅作义快下决心。这次我没有骑自行车，因我家住在南池子南口南弯子胡同，王捷三家在南池子北口，离得很近。谈完话我临出门时，邓先生说："'军统'活动很厉害，你要多加小心。我用汽车带你一段路吧！"

他用汽车把我带到景山东街，我就下车了。这里离我家更远了，因为按地下党的规矩，我们的住处是绝对保密的，我不能告诉邓将军我的住处距王家很近。

第三次与邓宝珊见面，还是在王捷三家里。邓宝珊比较稳重，不轻易喜形于色，这次一见面却喜笑颜开地说："傅先生的问题算是解决了，他决定跟共产党合作。这个问题解决后，他的心情也很好，把女儿冬菊叫到一起，几个亲近的人一块儿吃了顿饭……"傅先生这个决心是难下的，邓宝珊先生对促成傅作义起义起了重要作用（事后知道，在我军已包围北平的情况下，是傅作义派飞机专程将邓接到北平，来商谈北平问题的）。接着，邓宝珊提出要与我们军队领导进一步商谈。经用电报与城工部联系，同意我与王甦研究后派了一位合适的交通员陪他们出城，带他们到我们军队的最高指挥部去。到此，我们地下党争取傅作义将军接受和谈的工作告一段落，事后听说邓宝珊将军曾多次出城与我前线总指挥部商谈起义具体条件和细节问题，不过就不需要通过地下党来联系了。

傅冬菊是我们党的好情报员，在我们党公开与傅作义谈判的过程中，她也起了重要作用。按中央军委指示，我作为共产党代表与傅方谈判之后，给傅冬菊的主要任务则是了解傅作义的动态。那时我和傅冬菊见面是在东皇城根李中的家里，我们几乎每天见一次面。那时她还是一个青年知识分子，每次见我她总是高高兴兴，满面笑容，不慌不忙地把她父亲的情况原原本本地告诉我。傅作义有时思想斗争激烈，唉声叹气，发脾气，咬火柴头，甚至想自杀，对他这些细微的情绪变化，我们都很清楚。有时头天晚上发生的事，第二天一早我们就知道了；上午发生的事，下午就知道了。这些都及时写成电文，由交通员迅速送译电员，再送地下电台，直接报告刘仁部长，再由他及时转给前线总指挥部。后来，刘仁同志曾赞赏地对我说："聂司令员（聂荣臻）表扬了你们的情报工作。他说你们对傅作义的动态了解得可真清楚，像这样迅速、准确地了解敌军最高指挥官的动态乃至情绪变化，在战争史上是罕见的。它对我军做出正确的判断，下定正确的决心，进行正确的部署，具有重要的作用。"

由于傅冬菊对傅作义的情况了解得准确及时，使党中央在组织解放北平的工作中，在军事进攻与政治争取的配合上，结合得非常紧密，掌握了用和平谈判方式解放北平的主动权。

解放前夕的北平，虽在白色恐怖笼罩之下，我们的心里却是兴奋的，大家都清楚这已是黎明前的黑暗。根据城工部的指示，为了统一行动，北平地下党的"学委""平委"（平民工作委员会）、"工委"（工人工作委员会）等迅速联合了起来，展开一系列的活动。我们向敌人展开强大的政治攻势，给敌之党政大小头目邮寄、散发通令，告诫其各安职守，不准破坏，等候接收；并且瓦解敌军，争取到许多国民党中、下级军官。一些高级军官例如十七兵团司令侯镜如、九十二军军长黄翔暗中也准备起义，崇文门、西直门守敌已保证在我军攻城时开城接应。

在我人民解放大军压力下，傅作义将军经过很多斗争，终于率领 20 多万军队起义了，此举为人民立了一大功。北平的和平解放，保存了我国的文化古都，在当时极大地鼓舞了全国军民的斗志，促使敌军日益瓦解，加速了全国解放的进程。

（本文选自《解放战争时期第二条战线·统战卷》，中共党史出版社 1998 版，标题为本书编者加。）

王克俊 *：傅作义的历史时刻

历史节点，关键抉择

1948 年 10 月 30 日夜 12 时许，傅先生把他贴身的卫士、勤务都指令远离，对其勤务兵说："你倒好一杯茶，去叫王克俊来，便没事了，不必在屋内候命。"我知有要事，急到他住处。傅让坐下，说咱们谈谈。我问谈什么，傅先生却反问道："你说要谈什么呢？"我心中暗想肯定是到了要做决断的时刻了，便道："是否要谈自张家口以来，咱们屡次谈及但没有谈透，而今需要做出决定的一件事情？"傅说："对。现在左右没有别人，你有什么看法都可直说。"接着傅先生说了很多，说到他一向很要好的朋友现在都主张和平谈判，许多很有才干的进步人士都跑到共产党那里去了，以及最近郑军长辞职等事情。说到蒋近日急急飞回上海为的是什么"要事"，傅先生感叹地说："蒋介石不爱江山爱美人，我们不能再盲目地信赖他了。"傅还谈到对战争前途、人心向背的看法，以及抗日战争与解放战争之不同等。在对话中我们还谈到 1945 年蒋要缩编傅的部队，而近来又慷慨予以扩编；蒋一再要傅以福建为安置干部家属的后方基地，还封官许愿；又从蒋对待张学良

---

* 作者时任国民党华北"剿总"副秘书长兼政工处少将处长。

和卫立煌的毒辣，说到必须走自己的路（傅与张、卫甚厚）；等等。谈话自然集中在一个老问题上：我们的前途何在？究竟谁是真正能使中国独立统一复兴的人？这次谈话的结论是：国民党必败，共产党必胜；拥护毛主席，拥护共产党是大势所趋，人心所向；毛泽东才是国家民族勃兴希望之所在；目下必须当机立断，脱离蒋介石国民党集团，走人民的道路。因之傅先生问道："现在我们该怎么办？"又问："刘厚同从天津来了，你跟他谈过没有？"经两人交换意见，最后做出了如下三条决定：

（一）由我次日再去和刘深谈，然后拟一电文交给傅先生。

（二）天明即下令第九十四军与骑师、骑旅撤回。

（三）关于方式和时机，认为需要待解放军围城之后，利用内外力量的配合，才能圆满地实现整部走上人民道路的目的。

最后，傅先生决然地说："我是准备冒着三个死来做这件事的：首先，几年来，我不断对部属讲'戡乱、剿共'的话，而今天秘密地来个一百八十度的转弯，他们的思想若不通，定会打死我；其次，这件事如果做得不好，泄露出去，蒋介石会以叛变罪处死我；再者，共产党也可以按战犯罪处决我。但是，只要民族能独立，国家能和平统一，咱们还希望什么呢？"我答道："我虽是个军内文人，但还深知'士为知己者死'。我王克俊有一颗头，决不畏艰难险阻，定要不辱使命地去完成此事。"傅先生关心地说："你的行动一定要注意安全。"我回答道："我相信，无论是军统中统或其他反对此事的人，不会有愿舍其命而为蒋效力的。我会相机行事的，请你放心。"这次谈话就此结束。

这就是傅作义先生在关键时刻的决定。如果说傅受侮于陈而迫蒋去陈之后，是傅先生在各种矛盾的覆盖下，走向人民的准备阶段；自此，则是傅先生在各种矛盾的覆盖下极其秘密地进行的实际行动的开始。

次日，我即找刘厚同先生商谈此事。刘是傅多年契友，特自天津来平（傅以前在天津任警备司令时，与刘过从甚密。日军入侵华北后，傅给刘留了一部电台及人员。在以后长城抗战、绥远抗战等时期，刘常用这部电台提供日、伪军情或提出参谋意见，此台直到抗战胜利前不久才被敌破坏。后来知道刘的女儿是民主青年同盟的成员，是地下党动员刘来见傅的）。刘与我的意见没有原则分歧，但在具体做法上未获一致。刘主张不管三七二十一，发一个起义通电便行了。我说这是辛亥革命时代的办法，现在的情况比以前复杂得多。我认为这样做不可能达到使北平千年文物古迹不受毁坏，人民生命财产不致涂炭的目的，甚至连傅先生的生命安全也难保障。最后商谈的结果，是先设法通过中共地下党给毛泽东主席发出电报联系。我拟就电文便交给了傅先生。电文不长，内容是表明要求和谈，不愿再打内战，为了国家和平统一，请求派南汉宸先生来谈判，并报告了傅在北平能控制的空、陆军数量。电文郑重表示：过去以蒋介石为中心来挽救国家于危亡，拯救人民于水火之中的做法，现在看来是彻底错误的了。今后决定要以毛泽东主席和共产党为中心来达到救国救民的目的。后来知道此电由傅先生的女儿傅冬菊（中共地下党员）通过共产党的地下电台大概在 11 月 17 日发出了，但未获回音。傅于是又要傅冬菊去约请地下党的负责同志面谈，傅冬菊得到了地下党负责同志同意见面的答复，并约定了见面的时间、地点，但届时没有人如约前来联系。

大概从这时起，傅冬菊便经常来到傅先生身边，她以父女之情使傅先生在各种错综复杂的矛盾缠绕中，解除不少忧虑，获得很多安慰。

自此，直到解放大军围城前，我们一直处于徘徊、焦急、苦恼之中，一直苦于不能直接和共产党、解放军方面沟通。虽然此时也时有被释放回来的被俘人员，他们也向总部说明解放军的情况与希望，但是没有带来可以肯定的、负责方面的表示。这个时期通过各种渠道给我的电话也特别多，但多数是无头电话，听说我不在便挂上了。有的电话还指定时间地点要求见面，却常常扑空见不到人。也有见到面的，但谈的又只是要求找工作之类的小事，摸不清其底细。在傅部早先留下的共产党员，他们只想了解动态而无积极的表现，使我们感到也许是他们的关系已旧了，不能依靠。总之，找不到恰当可靠的能担负重任的人选。

为了寻求联系和做出表示，傅释放了一些所俘的解放军人员，还说服中央军青训队放人。

为了掌握部队状况，与此同时，我请示了傅先生，向凡由傅直接指挥的师旅以上部队派驻政工专员，要求认真了解该部情况，具体来说，其任务是：（1）部队中官兵对当前时局的认识；（2）部队中的官兵关系、干部关系；（3）部队官兵对傅以及对总部有什么意见。而真实意图，是要摸清各部队到了关键时刻能否接受傅的决策，可能会出现什么障碍等问题。这是一个不可缺少的准备工作。经月余，便陆续收到了调查报告，也了解到一些部队中解放军开展的争取工作，我即综合报告了傅先生。

11月上旬，傅先生到南京参加辽沈战役后蒋召开的高级军事会议。蒋为抓紧傅的力量以期挽救残局，会上正式宣布任命傅为华东南军政长官，并通过何应钦转达要把华北军队经海陆两路全部南撤之意，并说所有军队均归傅指挥，撤退军队的船位已经准备就绪，听候使用。在会上，傅先生完全以一个主战派的角色出现，主张坚守华北，如此等等应付了一番。傅的这个表态，正中蒋介石下怀，蒋当即表示尊重傅的意见。会议结束，傅得以平安返回北平。这次会议使傅先生更清楚地看到蒋的图谋，看到了南京政权已是丧尽军心、丧尽民心、败象毕露，无可挽回，更加坚定了走上人民道路的决心。

三次出城，秘密和谈

人民解放军在12月中旬，紧接着东北辽沈战役胜利结束之后，发扬勇敢战斗、不怕牺牲、不怕疲劳和连续作战的作风，以迅雷不及掩耳之势，由长城各口进军华北，出敌不意地完成了毛主席对平津诸敌围而不打或隔而不围的战略部署。12月13日前后解放大军完成了对北平的包围，将傅部与蒋介石嫡系建制的部队分割于平津两地。

当时城内布防情况大致如下①（我因负有上述的特殊使命，对城内详情了解不

---

① 北平城防部署兵力配置在围城期间有几次调整，本章各篇文章的忆述不尽一致。

细）：以鼓楼、天安门为轴线，以东为石觉第十三兵团及其所指挥各部，以西为李文第四兵团，傅的第三十五军的第二六二师（原暂编第十七师）、新编骑兵第四师与一个补训师还有警卫团为总预备队，并兼负保卫傅总部——中南海之责。德胜门一带为傅的赵树桥师（第三〇九师），西直门、复兴门至广安门一带为第一〇一军和傅的孙英年师（第三一一师），安定门外黄寺一带为青年第五军，傅的新编骑兵第四师（刘春方）在永定门先农坛设防。城防及城内治安由以郭宗汾（华北"剿总"副总司令）为首以及李文、石觉、李世杰（傅的参谋长）、梁述哉（傅的副参谋长）、楚溪春（河北省政府主席兼保安司令）等人负责。

14日我们派人出城联系。当时傅已与总部联络处处长李腾九的堂弟李炳泉（傅办的《平明日报》记者，中共地下党员）取得联系。我便与傅先生商定，派《平明日报》社长崔载之、李炳泉为代表，配备了一部电台连同报务员、译电员和司机共五人，乘一辆吉普车，由我亲自把他们由广安门送出城外驰往平山，希望能见到毛主席。使命是谈判从张家口起，平、津、塘全线和平解决。不久他们却折回来了，说路上一再阻拦，要他们与平津前线司令部联系。次日我又亲送他们自西直门傅的孙英年师防地出去。他们先到了程子华部的东北野战军第十一纵队①，然后转到蓟县平津前线司令部。三四天后，由我到德胜门外接他们回城（以后几次进出城防，多数走德胜门，在此驻防的赵树桥师长都做了妥善安排）。这次联系的结果是：傅能留下两个军，要求傅把蒋嫡系军师级的头目逮捕起来，宣布起义。听完报告后，傅和我均感到此方案无法实施，因为城内中央军的兵力是傅自己的部队的十几倍。次日，傅先生单独接见了李炳泉，详细询问了解放军负责人的意见，并说明了实施此方案的困难。

---

① 1948年11月1日中共中央军委决定，全军实行统一的编制、番号。"旅统改称师，纵队统改称军"，"野战部队番号，由军委统一编排……"1949年1月15日，中共中央军委命令西北、中原、华东、东北野战军分别编为第一、二、三、四野战军。由于当时正处于紧张的作战环境，各部队正式宣布番号变更，时间上有早有晚。本书文内对解放军部队番号称呼多不统一，仍称原番号者居多，军仍称纵队，以方便区别两军番号。

第二次出城：12 月 24 日前后，侯少白（傅先生的一位老朋友）荐举张东荪（燕京大学教授）前往谈判。因从未与张有过接触，故傅先生亲自接见张，观察定夺。最后决定由周北峰陪张出城①，仍由我经西直门送出。数日后他们从德胜门回来，带回的结果是：给傅留一个加强团作保卫，其余部队改编，但没有如何实施的细节。

不得已，又组织了第三次出城：1 月上旬，傅派飞机将其在绥的副总司令邓宝珊接来平②，14 日，仍由周北峰陪同，还有刁可成和邓的随从一名又由我亲自经德胜门送出城，骑马到了解放军联络站，然后转到平津前线司令部。17 日，他们发回电报说，除周留下外，邓和其余二人陪同解放军平津前线司令部作战处处长苏静即日进城。我和崔载之到德胜门迎接。苏静同志傍晚时到了，进城后安置住在东交民巷傅的联络处（原日本大使馆）。19 日③，傅先生同我、崔载之、阎又文等几人到联络处看望苏静同志。见面后，傅先生即表示十分感谢并向苏静同志表示慰劳。最后傅对我们留下的几个人说，你们一起具体商议一个可行的办法，并指定崔负责联络和照应。当天苏静同志和我们一起即拟出了和平解放北平的实施方案，协议共有十四项，条文如下：

关于和平解决北平问题的协议

为迅速缩短战争，获致人民公议的和平，保全工商业基础与文物古迹，使国家元气不再受损伤，以促成全国彻底和平之早日实现，经双方协议公布下列各项：

（一）自本月二十二日上午十时起双方休战。

（二）过渡期间双方派员成立联合办事机构，处理有关军政事宜。

（三）城内部队兵团以下（含兵团），原建制、原番号，自二十二日开始移驻城外，于到达驻地约一月后，开始实行整编。

---

① 第二次出城是 1949 年 1 月 6 日。

② 据邓宝珊的随员王焕文回忆，邓于 1948 年 12 月 28 日由包头飞抵北平。

③ 据苏静回忆，1949 年 1 月 18 日傅作义会见了他，表示欢迎。19 日苏静同王克俊、崔载之、阎又文等草拟出了和平解放北平的协议。后经报请上级修改后，遂成为正式协议。

（四）城内秩序之维持，除原有警察及看护仓库部队以外，根据需要，暂留必要部队维持治安。

（五）北平行政机构及所有中央地方在平之公营公用企业、银行、仓库、文化机关、学校等，暂维现状，不得损坏遗失，听候前述联合办事机构处理，并保障其办事人员之安全。

（六）河北省政府及所属机构，暂维现状，不得破坏损失，听候前述联合办事机构处理，并保障其办事人员之安全。

（七）金圆券照常使用，听候另订兑换办法。

（八）一切军事工程一律停止。

（九）保护在平领事馆外交官员及外侨人员财产之安全。

（十）邮政电信不停，继续保持对外联系。

（十一）各种新闻报纸，仍可继续出刊，俟后重新登记审查。

（十二）保护文物古迹及各种宗教之自由与安全。

（十三）人民各安生乐业，勿相惊扰。

（以上各条刊载于 1949 年 1 月 22 日《平明日报》）

第十四条未见报，内容是：军统、中统特务分子必须进行登记，坦白从宽，抗拒从严。

当日晚上，我又向苏静同志送交了傅先生草拟的起义电稿。深夜，当我驱车返回中南海途经南池子时，竟遇到特务的枪击，幸好冲了过去。

在傅同解放军进行磋商和平解决办法之际，蒋介石有所察觉，四次派人来加紧拉拢傅作义。第一次：约在李炳泉出城未回之际，蒋派其军令部原部长徐永昌来平[①]劝说，大意是要求傅率部分两路南撤，一路自海路由新港撤到青岛，一路由陆路经河北、山东到青岛，而后再候命南撤。傅以实际形势不可能做到为由，

———————
① 据《华北日报》《大公报》（天津版）记载，徐永昌、蒋纬国、郑介民来平的日期分别是 1948 年 12 月 15 日、23 日，1949 年 1 月 6 日至 8 日。

予以回绝。第二次：徐永昌去后不久（隔了一两天），蒋又派其国防部次长郑介民来平[1]，除谈了徐永昌所谈的内容外，还表示在平的军统人员可以密切配合南撤，说什么"我的所属人员听傅总司令的指挥就和听蒋委员长的指挥一样"。傅先生亦以形势不可能作答。第三次：不久[2]，蒋又派蒋纬国赍其亲笔信来平。蒋信内容大致是：西安双十二事变上了共产党的当，第二次国共合作是他生平一大教训。现在你因处境又主张与共产党合作，我要借此一劝，特派次子前来面陈，请亲自检察面陈之事项。事后傅先生告诉我，蒋纬国"面陈"的是：只要傅由津海陆两路撤至青岛，则有美军援助南撤；还说什么"千军易得，一将难求"，蒋要任命傅为华东南军政长官。傅亦婉言拒绝。最后一次是美国西太平洋舰队司令白吉尔来平，对傅表示：今后美国要抛开蒋介石完全支持傅，美海军将在沿海援助南撤。傅先生答道："我们是一个国家，你们要给援助可到南京政府去说。我是个地方负责人，不能直接接受。"白吉尔一再强调今后将抛开蒋要直接支持傅。最后傅先生严正地回答道：我是个中国人。我相信中国人能解决好我们中国自己的事情，无须外人来干涉。白吉尔讨了个没趣，败兴而去。

以上四次美蒋来人都是使用在天坛的临时飞机场降落的。

北平和平解放的前夕

蒋介石无计可施，最后于 1 月 16 日晚，给傅来了一电，大意是说：相处多年，彼此知深，你现厄于形势，自有主张，无可奈何。我今只要求一件事，于 17 日起派飞机到平运走第十三军少校以上军官和必要的武器，约要一周，望念多年之契好，予以协助；并催傅即复。傅让人拟出"遵照办理"的电稿后，立刻叫我来看蒋的来电与要发的复电。我问准备如何办？傅踱了几个圈，良久未答。于是

---

① 据《华北日报》《大公报》（天津版）记载，徐永昌、蒋纬国、郑介民来平的日期分别是 1948 年 12 月 15 日、23 日，1949 年 1 月 6 日至 8 日。

② 同上。

我从他桌上取了一张便条纸，草拟了一个发给解放军平津前线司令部的电文，说明蒋电的内容，并要求城外解放军部队在有飞机来时以祈年殿来确定目标，炮击天坛临时机场，阻止着陆。傅看后说，为保密起见，还是用你的名义发好。我即把电文上款改成"周北峰兄请转平津前线司令部"，落款改为"弟王明德"。改后傅先生看过笑了笑，手略挥了一下，示意"可发"，我当即交机要室译发。17日，正是邓宝珊等人陪苏静同志进城的那天，我和崔载之正在德胜门外躺在壕沟中候接的时候，果然飞机来了，接着城外对天坛的炮轰也开始了。我顿觉如释重负。猛烈的炮火使飞机始终未能着陆，如此四五天，终于粉碎了蒋最后企图用飞机运走这个嫡系"精锐"兵团及装备的梦想。

自12月中旬解放大军围城之后，在中国共产党的领导、发动与组织下，城内学生运动更加高涨。各界"和平解决北平问题""保存北平千年的文物古迹，避免百万人民生命涂炭"的呼声更高。同时中共地下党还发动知名人士出城和解放军接触。这些舆论与运动给傅先生走上人民的道路创造了有利的环境。对于要求出城活动的人士，傅先生都一一接见，并派人安全送出、安全接回。如康同璧（女）、何思源等十余人出城和解放军联系的活动，就是傅派人把他们送到城外解放军的联络站，住了一天，又把他们接回的。因为何思源先生这时参加了进步的活动，特务立即对他进行暗害，在他的住处安放了炸弹，致使何的女儿惨遭炸死，何本人亦负伤。

毛泽东主席在平津战役中采取先打两头，放下中间的英明步骤，在傅的思想中起了很大的作用。战局的发展方向早在毛泽东的深虑稳操之中。人民解放军于12月11日歼灭怀来南窜的第一〇四军两个师；22日围歼了新保安之第三十五军军部和两个师；24日攻克张家口，全歼第十一兵团第一〇五军和骑步等师（旅）；共计十一个师（旅）。至此傅的直属部队大部均被歼了。傅大半辈子从事军事，对于自己部队的损失，心情很沉重，思想斗争更加激烈。当时跟随傅先生多年的总参议张濯清先生来安慰他，傅先生却若有所思地说："军队被消灭，我和你们同感沉重。但从全局看，向未来看，这未始不是一种战场上的移交。车到山前必有路，也未始不是我们新的政治生活的开始。"反倒安慰其部属了。这时正是美蒋迭次来威逼利诱的时候，自己主力部队的丧失，在客观上帮助傅更坚定自己的方向，顶住了美蒋的拉拢。1949 年 1 月 14 日，在天津守军拒绝放下武器之后，人民解放军发动总攻。次日陈长捷来电话告急，说："城中各处战斗激烈，宜兴埠着了火……"傅先生即答复他说"灭火"。接着电话中听见喊道"来了，来了"，便断了。陈长捷被俘。仅 29 小时的激战，天津守敌全部解决，天津解放。毛泽东主席关于平津战役的作战方针、部署以及一系列的措施，对敌实行战略包围和战役分割，真是摸透了敌人的内部规律。针对各敌的区别，使敌人战、守、逃的幻想皆归破灭而陷于欲战不能、欲守无力、欲逃无路之境，剩下的只有就地被歼或就地和平解决一途。毛泽东主席的军事战略策略与指挥的卓越、非凡，使傅先生及其周围负实际责任的一些人，深感崇敬，莫不折服。至此，内因与条件皆已成熟，瓜熟蒂落，北平就要解放了，而傅先生以及我们这些跟随他多年的部属也找到了自己真正的归宿。

翻开历史新篇章

1949 年 1 月 21 日上午，傅召集高级将领会议，宣布《北平和平解放实施办法》的条文。与会者有李世杰、梁述哉、张濯清、郭宗汾以及蒋的两个兵团司令石觉和李文。傅先生先叫我念十四条条文，然后征求意见。石、李不表态，却狡猾地说："我们说不出什么意见，只是克俊你的部下有意见。"我笑道："我一个文职，何来部下？"两人说："我们部队的政工处处长不都属你政工处管的人吗？他们有意见。"他俩以此作梗，以为得计。这时，正好到了开饭时间，傅先生应机说："先吃饭吧，饭后再议。"我乘他们用饭的间隙，立即让人电话分头通知师以上政工处处长 15 分钟内必须到中南海的勤政殿集合。有关人员如时到齐后，我即宣读了十四条条文，问有何意见。大家绝大多数赞同，但不出所料，只有石、李两兵团的政工处处长提出意见，要求能放他们走。我当即作了处理，严肃地答复道："不愿留下要走，可以。但是有一个条件，你要保证你的部队不出事，把工作做好，不伤一人，不放一枪，不毁一物，遵守纪律，圆满实施十四条的规定之后，我保证请傅总司令把你们送走，保证你们的安全。"二人无言。散会之后，我回到傅处，这时各人用饭已毕。傅先生见我进来，问道："是否继续开会？"我对他笑了笑，傅先生便对众人说："好吧，继续开会吧。"石、李还是坚持饭前的话。于是我笑道："没有问题，各处长均赞同。"随即让卫士要石、李部政工处处长的电话。石、李两人不知何意，我说："请二位直接问各自的政工处长。"两人表示诧异，我便将他们用饭间的事在会上复述了一遍。傅先生说："好嘛，好嘛。"石、李也就说："既如此，也就不必接电话了。"傅先生再问李、石两人，才答道："同意条文，但也要求能走。"傅先生当即说："可以，可以走，我给你们作保证，但条件一样，要把事情办妥。"于是十四条正式下达到各部，22日正式见报。

21日，周北峰来电说他将陪同陶铸同志于明日下午从朝阳门进城①。第二天下午我去迎接，但候至傍晚没有接到。我回到联络处，得知他们已经到了。当晚，陶铸同志和傅先生又进一步研究了城内部队开出就编的日期、次序、地点和整编计划，同时磋商了双方成立联合办事处的各项细节，以及妥善处理军队改编、军事、后勤、工矿企业、军政机关移交等事宜。按照这次确定的计划，城内原有部队改于26日开出城外各指定地点候编（原定为22日）。傅派其第三处长雷立法与平津前线司令部参谋处长苏静于次日协商了具体实施办法下达部队照办。傅的新编骑兵第四师刘春方部首先开出，重建的第一〇四军军长安春山副军长王建业部殿后开出。

28日，我陪着傅先生还有北平原市长刘瑶章和卫士一人乘车自复兴门回到北平西郊傅原来的总部。沿途进城的解放大军和民工络绎不绝，路上虽然十分拥挤，但很有秩序，一派热烈欢畅、繁忙紧张的景象。我们的车停停走走，但沿途未碰到任何阻拦和询问。

---

① 据查，陶铸进城的日期是1月26日。

1月31日，解放军开入北平，这个古老的名城从此翻开了它历史的新篇章。至此，平津战役胜利结束。此役除塘沽守敌5万余人由海上逃跑外，人民解放军共歼灭和改编了国民党军队52万余人，创造了著名的"北平方式"，成为以后和平解放湖南、四川、云南、新疆的范例。

（本文节选自《北平和平解放的经过》，《平津战役亲历记》，中国文史出版社2012年版，标题为本书编者加。）

李腾九＊：我所知道的北平和谈内幕

1946 年 8 月，傅作义将军命我成立国民党政府第十二战区驻北平办事处，地址在东城史家胡同，由我任处长，共有工作人员 20 余人。办事处负责接待傅部来平办事人员及与北平有关单位联络等事宜。此时傅的总部在归绥（今呼和浩特市）。1947 年，傅的总部迁到张家口，办事处改称为张垣绥署驻平办事处，牌子换了，其他未变。1947 年 12 月，傅先生担任华北"剿总"总司令不久，总部进驻北平，傅部驻平办事处又改为华北总部联络处，处址迁到御河桥原日本大使馆，仍由我任处长。联络处的任务，主要是替傅先生招待高级人员或会见普通客人，并替傅出席城内非军事性的比较重要的会议。联络处名义上为傅总部的一个单位，但在工作上与总部其他单位没有横的关系，而直接受傅先生领导，对傅负责，实际上是个独立单位。联络处于 1949 年 1 月 31 日北平和平解放后解散。……

《平明日报》里的地下党

1946 年秋，我奉傅先生之命，担任傅部驻北平办事处处长。我的堂弟李炳泉（解放后任新华社外事部主任兼全国记协书记）得知我回到北平，特地到东城史家

＊作者时任国民党华北"剿总"联络处少将处长。

胡同傅部驻平办事处来看我。那时他在北平《益世报》任外勤记者。每次傅作义先生来北平，各报记者多来访问，炳泉也毫不例外地来参加。傅先生一般均在傅部驻平办事处接见来访记者，发表谈话，大抵由我主持和照料。每逢这种时候，我和炳泉总会见面的。炳泉在抗日战争时期，是昆明西南联大的学生，他的才华和学识，我是了解的。他听说傅作义先生在北平正筹办一份报纸——《平明日报》，希望我介绍他去。主持筹办《平明日报》的负责人，也就是以后担任社长的崔载之（解放后任水利部办公厅副主任），是我多年的老同事；而且报纸筹办期间的经费及与各方面接洽事宜，都由我所在的傅部驻平办事处协助办理。我当即向崔介绍了炳泉。二人相见，谈得很融洽。这时崔也正在物色有办报经验的人，认为炳泉正是他需要的助手。就这样，炳泉进入《平明日报》并当上了采访部主任。

实际上，炳泉是共产党员，是受党的指示从事地下工作的。他利用我们是亲戚关系，通过我的介绍进入《平明日报》当上了记者。这样，他就有了较好的掩护职业和合法身份，可借工作之便，深入搜集党所需要的情况。但是当时我并不知道他是共产党员。他有时到我家去，谈些国民党倒行逆施、不得人心、必然灭亡，共产党顺乎民心、迟早会取得胜利这类有关时局的话。但我从未怀疑他是中共的地下工作者，因为当时一般有识之士和思想进步的青年，都持这种看法。我对国民党内部的腐败堕落的情形，耳闻目睹，亦甚憎恶。而且认为炳泉与我的关系，可以畅所欲言，无须避讳。事实上，炳泉这些言论，都是在潜移默化地做我的思想工作。《平明日报》社社长崔载之的感觉是很敏锐的，他和炳泉共事不久，就感到炳泉思想"左"倾，很可能是有目的来的。他曾征询我的看法，我说："炳泉眼光锐利，思想进步，是不错的，但绝不会有其他问题。"崔笑着说："他如果是，也不会告诉你。"不过，崔这个人政治上比较开明，特别是他对炳泉的工作比较满意，因而有时还给予炳泉种种方便，并且竭力注意炳泉的安全，同时也免得给自己找麻烦。这都是解放后彼此闲谈时我才知道的，当时我确实不清楚炳泉在从事地下工作。

崔载之主办的《平明日报》，是傅作义先生的喉舌，是当时北平大型报纸之一。在抗日战争时期，傅部在绥远西部的陕坝，就办了一份《奋斗日报》，也是由崔负责。《平明日报》在北平出版时，基本成员多半仍是原《奋斗日报》的一些人，如杨格非、萧离、萧凤和张心友等。这些人都是抗战初期与崔载之同时参加傅部的一些进步青年。他们有的参加过"民先"，有的受过国民党的迫害，对国民党都有不同看法。我同这些人过去也曾在一起工作过，彼此非常熟悉。这些人对炳泉敏锐的思想、犀利的文字、精辟的见解和勤奋的工作态度，均深为钦佩，所以在一起合作得很好，炳泉也因此受到《平明日报》的重视。《平明日报》在当时情况下办得比较稳健，色彩也不可能鲜明，但是比起国民党报纸造谣欺骗的反动宣传要正派得多。报纸有时在字里行间能说些真话，或对现实有所抨击，总的表现在当时可以说属于中间派。这当然为国民党特务所忌，但他们知道该报系傅先生所办，也就无可奈何，不敢横加刁难。《平明日报》为了避免麻烦，也能注意分寸，处理圆滑，所以直至北平解放，安然无恙。《平明日报》于解放后，在《关于和平解放北平问题的协议》中曾规定可以继续出刊，但傅先生认为已不必要，即命社长崔载之、总编辑兼总经理杨格非等人，将该报自动解散，报社人员由人民政府分配到各单位工作。

在《平明日报》工作期间，李炳泉以记者身份出入国民党政府机关，能较方便地获得一些军政要闻，及时了解北平地下党急需的若干情报。他作为党的地下工作者，勇敢机智，战斗在龙潭虎穴，在敌我矛盾极为尖锐复杂的情况下，取得了出色的成绩，特别为了和平解放北平，不避艰险，同傅部进行谈判，在和谈中自始至终不懈地工作着，为北平和平解放这一具有重大历史意义的事件做出了贡献。

向傅先生进言

炳泉向我正式透露他是共产党员，还是在辽沈战役已成尾声、平津战役即将拉开序幕之际。大约在 1948 年 11 月底的一天，当我听到东北解放军可能入关的消息，我感到局势严重，华北难保，覆巢之下焉有完卵？我个人命运如何，也茫然不知。所以心情烦闷不安，乃去东城酒兹府大草厂甲十六号李炳泉家。那时炳泉及其胞兄炳璜（解放后在铁道学院工作）均在家。我把自己的看法同他俩谈了之后，炳泉即向我详细分析了当前局势，并安慰我说："会有办法的。"他说："事在人为，傅先生如能认清形势，还是有希望的。"我当时不清楚希望在哪里，有什么高明办法，不过我对炳泉的分析还是佩服的。以后接连数日，他向我详细分析了形势。他说，东北、华北两大解放军主力就要会师，北平行将被围，兵临城下，怎么办？还是以和平解决最为上策。傅先生如果仍不自量力，幻想支撑危局，甚至企图负隅顽抗、孤注一掷，不仅这座古城将毁于战火，兵民死伤无数，而且傅先生本人也将身败名裂，成为人民的罪人。炳泉以曾泽生将军为例，再三向我阐明党对和平起义的政策以及起义人员的光明前景。他说："总之，北平非战即和，以和为上。"他建议我向傅讲明形势，动员他和平解决北平问题。我对炳泉的话深为赞同，当即表示一定找机会向傅先生进言，务期必成。炳泉看我态度坚决，才告诉我，他是奉中共北平地下党的指示和我谈话的。他说中共方面希望以和平方式解放北平，让我相机动员傅先生抛弃幻想，同意和平谈判。此后我才知道，炳泉就是策动傅先生起义的北平地下党的一个代表。我当时也兴奋异常，一扫不安的情绪，增加了向傅先生进言的勇气。

那时，辽沈战役刚刚结束，傅先生去南京参加军事会议后，飞回北平。我感到傅先生当时的表现，并不颓丧，甚至有些兴奋。我猜测在南京军事会议上，蒋介石为了给傅先生撑腰打气，可能又许下了一堆欺骗性的诺言。同时，傅先生也估计东北共军在辽沈战役后，将有一段休整间隙，乘此时尚可从容进行军事部署。但出乎意料的是，东北解放军进军神速，傅先生的部署方案尚未就绪，东北解放军即分两路进关，长驱直入，并与华北解放军会师。平、津、张、塘等军事要地，相继被分割包围，噩耗频传，情况紧迫，天津、张家口相继吃紧。傅先生为确保通往绥远的退路，决定派所谓主力之主力、精锐之精锐的第三十五军，由军长郭景云率领西援张家口；北平被围，又命该军自张家口回援北平，中途竟被阻于平绥线之新保安地区。北平合围之势，行将完成。此时傅先生感到形势严重，日益焦虑不安。我认为这是向傅进言之机，便乘傅先生独自思量之时，悄然入见。我问傅："今后方针大计，究竟如何？"傅反问："你说如何？"我说："势已至此，只有和、战二字，不能战，只有谈和。"傅问："如何和法？"我即直截了当地说出李炳泉以中共北平地下党代表身份，衔命来谈，希望通过我与总司令秘密会见。傅听后询问我的看法，我将炳泉关于形势分析和中共政策，简要陈述一番，并说明今日之守北平，与当年守涿州、守太原、守绥西迥然不同，战无希望，以和为佳。我说，不论谈的结果如何，至少可以了解对方意图。我与傅此次谈话，极为机密，连傅身边的大女儿傅冬也不知道（傅冬同志已是共产党员，这时我当然不知道，更不知道傅冬原来也已奉党之命参与促成北平和平解放之事）。

我与傅先生系保定军校先后同学。我毕业后，一直追随傅先生左右，担任幕僚，共事数十年，甘苦与共，对于傅先生的思想言行，有所了解。傅先生每遇重大问题，大抵是喜怒不形于色，使人莫测高深；并常独自绕室漫步，反复思索，不喜别人打扰。我毅然与傅先生进行这次谈话，事前也不是毫无顾虑。虽然当时力主议和的，并不乏人，但均因倡言和谈，事关重大，有的观望傅先生动静，怕冒犯虎威；有的欲言又止，怕事机不密，不仅偾事，而且对己不利。当时在华北战场上炮火连天，硝烟弥漫，而在傅先生总部里，却显得既混乱又凝滞。我在与傅密谈时，也是一面陈述，一面观察傅的神色。正如傅先生平时的样子，他除了偶尔问上一两句之外，一直靠在沙发上眯着眼听着，面部没有表情。当我谈到李炳泉以中共北平地下党代表的身份希望面晤时，他睁眼看了看我，接着又眯起眼睛听我继续往下谈。当我谈完时，他再睁开眼睛说了句："这要妥善研究。你可继续联系，无论如何要注意李炳泉的安全，必要时可住到你那里。"说完，他站了起来，我即辞出。据说我走后，他一直在室内踱来踱去，看样子思想上有不少矛盾。

我回家向炳泉叙述了同傅谈话的情形，炳泉认为傅先生犹豫不决，仍有顾虑，这是可以预料的，像这样至关紧要的事，不可能一蹴而就，傅先生肯定要有一番思考的。炳泉并嘱我相机继续向傅做工作。

在此期间，先后向傅建议和谈者，据我所知有刘厚同先生和马占山将军等人，均系傅故交挚友，不属于傅先生手下部属。他们所谈内容，大抵皆为国民党蒋介石败局已定，华北大厦将倾，北平已在解放军合围之下，城下之盟势不可免，以主动求和最识时务，否则千年古都毁于战火，傅将成为千古罪人；和平解决是大势所趋，人心所向，不能失此良机；等等。

实际这些意见，傅先生早已了然于胸，对蒋介石也早已失望。我们当时也看出傅先生与南京方面和蒋系人物虚与委蛇的态度（如特务头子郑介民来平时，傅故作战争姿态，便是一例）。傅先生此时内心着重考虑的是中共方面有关和谈的具体条件，也就是说如何真正达到所谓"光荣的起义"。

无果而终的初次和谈

大约是 1948 年 12 月 12 日，傅找我去问李炳泉的最近情况。我说炳泉希望与总司令面谈，他作为正式的中共北平地下党代表，可以述明中共的政策和具体要求，我方也可以派代表随同炳泉到解放区去，与中共方面有关领导直接会谈，当时傅找来王克俊，命其做好准备并加强保密措施，同时命我把李炳泉接到总部傅的办公室，直接会谈。一见面，炳泉即开门见山地说他是受中共北平地下党的派遣来见傅先生，欢迎傅先生做出决断，进行和平谈判。傅问炳泉：能否由崔载之代表我同你到解放区去见中共方面的领导？炳泉回答可以。傅当即决定由崔载之作为傅方代表，携带一部电台，由李炳泉陪同出城联系。并命王克俊挑选可靠通信人员做好出城安排。关于与城外解放军方面联系，则由炳泉通过北平地下党负责办理（在这里附带说一下，崔载之代表傅先生出城谈判，是我建议的，这可能是局外人不知道的）。

在炳泉出城前夕，我又到炳泉家中，同他说："我们现在要出城谈和了。在和谈期间，希望双方都不要进攻，以免发生无谓冲突。而且不论哪方面有伤亡，死的都是中国人，现在既然谈和了，再有伤亡就不划算了，那样也影响和谈。"炳泉表示同意，事后我向傅作了汇报。

为了严格保密和确保安全，傅先生曾命我称病住院，与各方隔绝，专门与崔、李所携电台联络。炳泉临行前，介绍地下党员刘时平与我见面，告诉我可暂通过刘与地下党联系。

大约 12 月 14 日的清晨，我和炳泉约好在南河沿南口等待崔载之和汽车。车来后，炳泉上车，与崔载之所携电台及通信人员出广安门，通过傅部防区出城。

崔、李出城后，一天晚上，广安门附近突然枪声大作，传闻双方发生冲突，我即找到刘时平，请他设法联系，请对方停止进攻，以免伤亡，刘当时唯唯。去后他是否进行联络，结果如何，均不得而知，我与刘的联系竟从此中断。经过了解，方知刘被军统特务逮捕，关押在北新桥附近的炮局监狱内。但此时已风传华北"剿总"某处长正与解放军联系和谈。这将不利于我，更不利于和谈的进行。我便秘密迁到东城礼士胡同眼科医院，杜绝外人，有事直接请示傅先生或与王克俊联系。

崔、李出城后，安全进入解放区。原拟去平山县中共中央所在地，后经炳泉联系，结果转到蓟县孟家楼解放军平津前线司令部①，会见了参谋长刘亚楼同志。崔载之事前并未受有傅先生的具体指示，主要是表示傅先生愿意和谈，再就是了解中共方面的态度和要求，然后向傅转达，再请示进一步做法。讨论数次，没有结果。在此期间，傅的主力第三十五军在新保安全军覆没，军长郭景云战死。接着张家口亦被解放，第一〇五军军长袁庆荣被俘，部队被歼。形势急转直下，傅先生心情沉重。崔载之来电请示，傅令我回电，命崔即日回城②，第一次和谈即到此为止。

炳泉陪同崔载之回城后，见了傅先生，转达了解放军平津前线司令部的意见，只住了一夜，就返回解放区。

---

① 据查，崔载之、李炳泉出城后，12 月 15 日遇东北野战军第十一纵队，被留于该纵队司令部，17 日被护送到解放军平津前线司令部所在地蓟县孟家楼附近的八里庄村。

② 据查，12 月 26 日，崔载之返回北平。

第二次和谈与《会谈纪要》

1948 年 12 月下旬，傅先生心情十分沉痛，认识到除和谈外别无良策，任何幻想均无意义。但傅先生对起义后全军官兵的前途和生命财产的保障，以及如何应付蒋介石嫡系部队和特务，以免引起事端，造成不可收拾的局面，等等，仍然顾虑重重。这时，炳泉来电，大意说傅先生如诚意和谈，中共中央毛泽东主席表示欢迎，傅先生和所属文武人员的安全完全可以得到保障，希望能派正式代表进行商谈。我向傅先生作了汇报。傅与有关人士进行了审慎研究，认为这是极为关键的时机。关于派出的代表，傅先生经过再三考虑，认为周北峰先生最为适当。周系法国都鲁士大学政经学硕士，博学多识，曾任山西大学教授，早年在山西即与傅先生相稔。抗日战争初期，周曾代表傅先生至延安晋见毛泽东主席及中共中央有关领导，后在傅部负责战地工作委员会工作。傅部驻晋西北河曲时，周经常代表傅与贺龙将军领导的第一二〇师接触。抗战胜利后，周在"三人小组"代表傅在察绥与中共代表会谈。他既是傅可信赖的老友，又与共方关系密切，担任和谈代表，至为允当。另外，燕京大学教授张东荪以民主人士名义，愿参加和谈。傅认为有这样一个人物前往，也许能起些推动或缓冲作用，便同意由周、张二人出城进行第二次和谈，由周北峰为傅先生正式代表。王克俊为他们办好出城安排。

1949 年 1 月 6 日，周北峰、张东荪二人从西直门出城，翌日到达蓟县解放军平津前线司令部。这时李炳泉亦已到达蓟县，由他负责接待。炳泉介绍周、张二人与林彪司令员、罗荣桓政委、聂荣臻司令员、刘亚楼参谋长会见。经过几次商谈，对傅所属部队及文职人员的安全和前途的安置，以及释放傅部被俘人员等具体问题，均比较顺利地得到解决，达成了初步的《会谈纪要》。周北峰代表傅先生在文件上签了字。至此，第二次和谈终于取得积极的成果。

决定性的第三次和谈

1月11日，周北峰自蓟县平安回到城内。傅先生看过《会谈纪要》，并听北峰汇报了会谈经过和对方限1月14日午夜前答复的要求，仍然心事重重，认为《会谈纪要》中有些具体问题还不够明确。1月14日，即《会谈纪要》最后答复期限，傅先生特请邓宝珊将军和周北峰先生到中南海居仁堂傅的办公室商谈，表示决心起义，请邓、周二人为全权代表，再次出城与解放军谈判，一切问题相机办理，务期于成。随即发电给李炳泉，回电表示欢迎前往。当天下午邓、周出城，到达通县，进行第三次——也就是最后一次和谈，仍由李炳泉负责接待。

第二天（1月15日）正式会谈前，天津解放，李炳泉将这一情况及时通知了邓、周。当天由林彪、罗荣桓、聂荣臻与邓、周正式会谈。一开始，林、罗、聂即声明此次商谈已不包括天津，同时转达党中央指示，绥远问题可留在以后解决，现在主要谈北平解放问题。经过讨论研究，最后达成《北平和平解放初步协议》（以下简称《协议》）十四条，1月17日，邓宝珊将军与解放军平津前线司令部参谋处长苏静同志，带着《协议》回城。北峰、炳泉仍留通县负责与城内联络。

傅先生看了《协议》，深为中共中央毛泽东主席的宽容所感动，非常欣慰，立即电告炳泉转达，表示完全同意，坚决按《协议》执行。

1月20日，傅先生正式宣布北平和平解放。北平各报刊登了《协议》。傅部新编骑兵第四师师长刘春方首先率部出城（在围城时，骑四师是傅的直属主力，刘春方是傅先生一手提拔的少壮派师长，刘作战勇猛，具有政治头脑，是积极主和派，这时率先出城接受改编，亦有示范作用）。其他部队包括蒋系部队，也陆续到达指定地点接受解放军改编。是日上午[①]，周北峰陪同陶铸同志由通县进城，与傅先生会见。叶剑英将军偕戎子和同志亦相继入城，即住于原来我所在的傅部联

---

① 所查，陶铸等进城日期是1月26日。

络处（东交民巷原日本大使馆）。在这里我受到叶剑英、陶铸、戎子和等领导同志的亲切接见。

1949 年 1 月 31 日，英武雄壮的解放军浩浩荡荡地列队入城，市民欢呼雀跃，夹道欢迎。北平这座历史悠久的古城，终于完整地回到人民手中。

具有重大历史意义的北平和平解放，是中共中央和毛泽东主席英明伟大的战略的辉煌胜利，是党的威力巨大的统战政策的丰硕成果。傅先生本人具有朴素的爱国主义的思想基础，这种主观因素，也是不容忽视的。当然这也与刘仁同志领导的北平地下党的艰苦斗争和机智勇敢的工作分不开。据我所知，党内同志如王汉斌、崔月犁、李炳泉、傅冬菊、仓孝和等，都做了许多工作。党外人士除参加过和谈的邓宝珊、周北峰、崔载之等人外，刘厚同、马占山、何思源诸先生力主和谈，对傅先生也有一定影响。在傅先生方面，张濯清、王克俊、郭宗汾、李世杰、阎又文、刘春方、焦实斋等人，也为和谈付出了很多精力。我个人之所以倾向和谈并在最初向傅先生积极进言，主要是由于堂弟李炳泉的频频动员。另外，抗日时期和我在一起同事的崔载之、杨格非、凡塞、萧离、萧凤等同志，平日对我思想启发也有影响。

凡塞、桑绍英 / 整理

（本文节选自《北平解放和北平和谈》,《文史资料选辑》第 12 辑，北京出版社 1982 年版，标题为本书编者加。）

周北峰 *：参加北平和谈的经过

北平——这座历史悠久的古都，历代劳动人民在这里创造了光辉灿烂的文化，她拥有很多珍贵的文物和古迹。在伟大的人民解放战争中，她终于回到了人民的怀抱，获得了新生。在这一历史更迭、时代变迁的重大事件中，我作为傅作义将军的代表，参与了北平和谈的全过程：从蓟县第二次商谈（第一次与解放军平津前线司令部接头是在河北省易县，是崔载之先生去的）到通县的签署协议；从北平联合办事处的成立到和平起义通电的发表，我都亲历其事，现记述如下。

和谈之前

我认识傅作义将军是在 1937 年夏季。那时蒋介石邀请各地大学教授和"名流"在江西庐山开茶话会。当时我在山西大学法学院任教授。山西大学被邀请的有校长王禄勋和我两个人。傅希望了解一下庐山茶话会的情况，因为我和他是同乡，会议结束时，傅就电邀我到绥远一行，我欣然应允前往。

我到绥远后不久，傅军在南口与日军接火了，绥远到太原的交通就断绝了，我只好由宁夏乘飞机借道西安返回晋南临汾老家。此时，傅也于太原失守后到了

---

* 作者时任国民党华北"剿总"土地处少将处长，傅作义与中共第二次、第三次和谈代表。

临汾。我们见面后，傅说拟请我代表他到延安与中共中央商谈合作问题。因为傅此时被任命为第七集团军兼第二战区北路军总司令。八路军的一二〇师此时驻在晋西北兴县、岢岚一带，正是在傅的北路军防区以内。中共中央派曾山、程子华同志到山西汾阳柳林镇会见过傅作义将军，所以傅请我去延安代表他走一趟。我到延安，拜见了毛泽东主席，本来还要拜见周恩来副主席的，因周去了重庆，未曾会晤。恰于此时，贺龙师长和萧克副师长同在延安，毛泽东主席告诉我说可以和他们两位会谈一下。我就是那个时候与贺龙、萧克同志认识的。我由延安返回傅部，便在北路军总司令部战地政治工作委员会负责，时常与八路军接触。

1945 年日本投降后，蒋介石委派傅作义将军为长城以北热、察、绥的受降官，所以傅就派我做代表，到绥远的商都和察哈尔的张北，与苏联红军接头。不久，中共与国民党会谈后，成立了三人和谈小组，我又担任傅作义的代表，在集宁、丰镇、张家口与红军会谈。

多年来，傅与中共的接触，大部分都是我代表他参加的。

1948 年底，在北平城里已隐隐约约听到炮声，市内人心惶惶。我由苏开元（傅部少将高参，中共地下工作者，北平解放后任北京市公安局第三处处长）那里了解到张家口到北平一线以及平津的全部军事形势。这些时候，我也很少到"总部"去，每天在永定门外的南苑，搞国民党土地法上的"耕者有其田"和所谓的二五减租。

当北平、天津的战事十分吃紧的时候，有一天半夜，傅的秘书阎又文给我打电话，说傅令我立即到"总部"。并说对我夜间通行已做了安排，派车接我。所以各道警卫、门岗均未阻拦，我一直走进傅的办公室。进屋后，看见傅一个人在房间内踱来踱去，看到我后，双目注视，一言不发。片刻后，问我："你对目前的时局有什么看法？"因我很长时间不到"总部"，有时偶尔碰见傅，傅也不和我谈这类问题。今天半夜电召，单独接见，开门见山地问我对时局有什么看法，于是我便猜着了几分。我反问傅："是不是打算与解放军接洽？"他听了我的话后，仍不停地在室内绕行，边走边说："李任潮（李济深）派了个代表叫彭泽湘（事后查实，他是冒充代表李济深先生的），建议我'反蒋独立'，举行起义，走所谓第三条路线，独树一帜。民盟也派来一个叫张东荪的代表，是燕京大学教授，他建议我与中共接头。"说到此处，他停了下来。我随即问他："总司令打算怎样？"他沉思了一下说："我觉得李任潮的代表彭某人的意见，不是个好意见，而且我看彭某这个人谈吐间，一片浮夸气，我不打算理睬，也不答复李济深。另外，前些日子胡适偕司徒雷登（美国驻华大使）来北平，曾谈过让我退守山东沿海一带，美国人的意见是要我以青岛为根据地，人员由我们解决，武器装备由美国供给，但军需后勤由美国人监督，还说了些很难听的话。他们太小看中国人了，我不同意，就搁下了。"停了一会儿，他又接着说："蒋介石是不行了，政治腐败，人心涣散，军事无能，经济崩溃，就是美国人也救不了他了。要是我对蒋介石还有一点希望，也不会拒绝担任华东南军政长官了。我考虑再三，还是与中共接头谈判为好。毛泽东主席领导中国是可以把中国搞好的。数月前，我曾给毛泽东主席发了个电报，请求派南汉宸先生来北平一趟（傅在晋西北时，南偕夫人曾数次到河曲。毛主席于1938年夏派到傅部的一个统战小组共八人，由潘纪文同志负责，在我的战地政治工作委员会工作，就是南去与傅商定的），至今未见复电，不料局势发展如此之快。半月前，我已派了崔载之（傅在北平办的《平明日报》社社长）与中共在易县接上了头，并带着一个电台，一个多星期的谈判，仅和他们的刘参谋长亚楼谈了两次话，不着边际，最后说我们没有诚意。我已电令崔将电台留下，立即返平。我又去电说派你去重新商谈，对方已复电同意。你准备一下，明天就同张东荪到蓟县去，怎样？"我问去谈判的主要内容是些什么？应该怎样说？傅简单地讲了他的想法后说："你去了相机行事吧！"说完又在室内踱来踱去，一言不发。过了一会儿，又说："你去准备吧！"同时再三嘱咐我一定要十分机密，不要向任何人透露，对家里也只说是要在中南海住几天。

蓟县谈判——草签会谈纪要

1949 年 1 月 6 日（腊月初八）清晨，傅的办公室主任王克俊坐车到我家说："咱们一起到张东荪家，他就住在李阁老胡同。"到张家后，王克俊对张东荪说："你那天代表民盟谈的意见，我们考虑了好久，前天傅先生请你吃饭时对你所表示的意见，周北峰先生也赞成，今天你们就可以去了。你昨天派的人我也见了，并请他传话给你说今天就可以出城，你准备了吗？你们现在就可以走！路线及联络的信号已约好，出西直门通过前线的办法也安排好了，就坐我的车走吧！"说完他就走了。这时有一个青年人进来，自我介绍他是崔月犁（解放后任北京市副市长），中共地下工作人员，并说："周先生，我们知道你，傅先生派你代表他去商谈和平解放北平的事情，解放军平津前线司令表示欢迎。"我说："我们是否在这里先谈谈？"他说："不用了，您二位这就走吧！我们也为你们的行动安排好了，出西直门，直奔海淀，在那里有我们的人来接，联络口号是'找王东'（往东的意思）。"又说："我已接到党的指示，叫我和你在这里会面，希望你们这次出城，能很好地完成这一工作，路上要小心，多多保重。"这时，崔就让张东荪的儿子取了块白布，缝到棍子上面，告诉我说："通过火线时就摇晃这个旗子，走吧！"

我与张东荪乘车出发，到西直门后，汽车停下接受检查。这时过来一个军官，打开车门说："主任认识我吗？"我说："面熟得很。"他又说："我叫卫树槐，在河曲时我在'军官训练团'受训，那时你是我们的政治主任。现在我是 × 团团长，奉命在西直门接你们。"又说："出西直门后，直奔万牲园（动物园），在前面白石桥拐弯处，有人接你们。请吧！"我们坐车一直向颐和园方向驶去。到了白石桥，一个军官拦住我们的汽车，打开车门看了一下说："汽车不能向前开了！请下车吧！"并对我说："这是第二道防线，距前沿战壕只三五百米，你们步行到那里后，有人指给你们穿越火线的路线和办法。我认识您，前面那个军官不认识您，我给您写个条子，您交给那个人，他是个连长。"接着给了我一个纸条。

我们把汽车打发回去，让司机转告王克俊说我们已去了。这样我们这两个夹着皮包戴着皮帽的大学教授打扮的人，持杖步行，在一股死气沉沉的静寂中向前走去。我与张东荪一面前进，一面注视着道旁的情况。走了十几米，后面那个军官喊道："请走马路中间，千万别走两旁的土路，土路上埋的有地雷。"我俩继续向前，到了前沿战壕。这时从路旁草棚里走出一个人，我将纸条给他，他看后说："你们过去吧！从昨天到今天这里很安静，没有响枪，你们小心点就是了。听见打枪就卧倒，等那边招手再向前走。"我们又走了约一百米，突然听见有人喊："站住！"我们顺着声音看到"农研所"门口的石桥上有六七个解放军战士。我们就摇晃着手中的小白旗向他们走去。到了跟前，他们问我们是干什么的？我们说我俩是燕京大学的教授，好久没有回家了，要回家去。一个班长模样的战士像是有点了解我们的情况，就说："走！"便领我们俩到了他们的指挥所。

这个指挥所设在海淀镇西南角的一个大院内。一位干部和我们谈了话。我们说要"找王东"，并简单地说明了来意。他很热情地招待我们吃了一顿面条，并让我俩在一个屋子里休息一下。看样子，显然是预先接到关于我们情况的通知了。

两个多小时后，来了一辆吉普车，由一位干部陪同我们乘车前进。走了一会儿后，我发现是向颐和园方向前进。我就说："我们是去清河镇的，现在好像是去颐和园。"那个干部笑着说："我们已请示了上级，指示把你们送到西山那里。"半小时后汽车到了一个小村庄，在一个大院的门口停了车。程子华将军站在门口。抗日战争时期我在山西汾阳、离石一带和程子华将军接触过几次，彼此是很熟悉的。他一见到我，就很热情地与我握手，并说："路上辛苦了，累了吧！"我向程将军介绍了张东荪。我们一面寒暄，一面进入给我俩准备的房子里。屋子里生了个大火炉，从寒风凛冽的外面一下步入温暖如春的小屋，觉得十分舒畅。又因为安全地通过了封锁线，所以精神为之一振。饭后，程子华将军就与我们漫谈起来了，从抗日战争一直谈到解放战争，由离石谈到北平。最后程子华将军说："今天本来准备请你们从海淀向东去总部的，但时间晚了，要绕道北山脚下，路不好走。你们在这里休息一夜，明天一早出发，大约下午就能到总部了。"

翌日清晨，我们乘坐一辆大卡车出发，由一位刘参谋带了一个班的武装战士护送我们。

下午 4 时许，我们到了蓟县。下车后，一位同志过来招呼我们："周先生，你们一路辛苦了！你不认识我了吗？"我说："面熟得很，好像哪里会过，记不准确了。"他笑着说："我叫李炳泉，曾在《平明日报》工作过，现在由我负责招待您与张先生，我已用电话向首长报告你们来了。这里是蓟县城东南的八里庄，总部离这里还有一段路呢！"于是让我们进屋休息。在用饭时，忽然听见门口有汽车停住的声音。一会儿聂荣臻将军健步走进屋中，我们急忙站起，李炳泉同志做了介绍，聂将军很客气地让我们继续用餐。

饭后，我们就谈起来了。聂将军向我们讲述了当时全国战局和平津前线的形势。约半小时后，聂将军说："很好，你们路上累了，今天就休息吧！明天再谈。"我与张东荪将聂将军送出了大门，握手告别[①]。

在返回我们的住处时，张东荪走在前面先进了屋。这时和我们一道送聂将军的李炳泉同志小声地对我说："聂司令员在东边的那个院子里，请你过去谈一谈。"于是我又返身出去，进了那个院子。

我与聂将军谈了几句闲话后，聂就转了话题说："你的情况我们了解。你这次来很好，1946 年你在张家口代表傅先生和我们进行三人小组会谈时，那时傅和我们商谈是个骗局，所以我没有和你见面，只是让我们中央军委副总参谋长王世英同志（抗日战争前，曾由张友渔同志介绍和我认识）和你见了几面，后来你就到兴县见贺老总去了。这次你来了，我们很欢迎。你看傅作义这次有诚意吗？"我答道："我看傅先生已经看清了形势，这次叫我来主要是看解放军对和平解决有什么条件。"聂将军说："条件很简单嘛！我们要求他停止抵抗。不过，你是单谈北平的问题呢？还是傅统辖的全部部队和地区呢？"我说："我是谈全面的问题的，包括平、津、塘、绥的一揽子和谈。"聂将军点了点头后又说："傅先生是否还准

---

① 据查，聂荣臻司令员会见周北峰、张东荪是在 1 月 8 日。

备困兽犹斗，用当年守涿州的办法，在北平负隅顽抗？"我说："这次叫我出城商谈，我看是有诚意的，这是大势所迫，人心所向。只有走这一条路。当然在具体问题上，还可能费些周折。"聂将军又问了问傅最近的情况，我就把第三十五军和第一〇四军在新保安、怀来溃败后的情形以及我所知道的北平情况，大致谈了一下，并说："傅还有不少顾虑，我们这次前来商谈是希望谈得比较具体点。"聂将军说："你出城来曾有人与你会过面吗？"我说："崔月犁同志和我见过面。还有苏开元同志对我也谈过些有关情况。"聂将军说："好吧！明天我们正式会谈，你也早些休息吧。"

第二天（1月8日）[①]上午10点钟，林彪、罗荣桓、聂荣臻、刘亚楼等几位将军偕同来到我们的住所，开始正式商谈。林彪首先开言说："周先生！你昨天与聂司令员谈的，我们都知道了。今天我们谈一下傅先生的打算、要求和具体意见。"我说："昨天夜间我已与傅先生打了电报，说我们已安抵蓟县，并与聂司令员见了面，约定今天正式商谈。傅复电很简单，只是'谈后即报'四个字。"林彪说："那好吧！咱们今天会做初步的会谈。你来是只谈北平问题呢，还是傅先生势力范围内的所有地区都谈呢？"我说："傅先生的意思是：我们的商谈应以平、津、塘、绥为中心的所有他的统辖区一起谈。"林彪说："那很好，请你电告傅先生，平、津、塘、绥可以一起谈。不过请再次告诉傅先生，希望他这次要下定决心。我们的意见是：所有军队一律解放军化，所有地方一律解放区化。在接受这样条件的前提下，对傅部的起义人员，一律既往不咎；所有张家口、新保安、怀来战役被俘的军官，一律释放。傅的总部及他的高级干部，一律予以适当安排。"接着也谈到了对傅本人的安排问题。说完后，又谈了些别的，时间已中午，便一同进午餐。饭后，林、罗、聂将军等又嘱咐我们多住几天，好好休息，过几天再谈。下午我便将这次会谈情况通过电台向傅做了汇报。

这样，我们就在蓟县东南隅的八里庄住了下来。白天除了在农村散步外，就

---

① 据查，林彪、罗荣桓、聂荣臻与周北峰、张东苏会谈是在1月9日。

是在屋里看一些李炳泉同志为我们拿来的书报杂志。夜间与傅先生通电报，复电有时是傅先生来的，有时是王克俊来的。从复电中感到，傅先生对第一次会谈解放军方面只谈了笼统的意见，而且也没有约定第二次会谈的时间，有些焦急。在这几天中，傅每次来电，差不多是一样的意见：希望我们谈得具体些。有一天晚上，林、罗、聂等都来了，开始谈如何改编使傅部所属军队解放军化；地方如何解放区化以及文职机关如何改组和人员的安排；如何使这些人都能于解放后很好地为革命工作；等等。谈了以上的意见后，林彪问我："你对所谈的这些有什么意见？傅作义将军还有什么要求？都可以详细地谈一谈。"我说关于军队的改编，我出城前傅草拟了个意见，军队是以团为单位出城整编。对于新保安、张家口、怀来作战被俘的人员一律释放，不作战俘对待。文职人员也都吸收到新的工作单位继续工作。傅还说他一贯主张政治民主，经济平等，言论自由，信仰自由。关于他的军队、行政、文教等人员都予以安排，给予生活出路。还有，他是追随着蒋介石做了些不利于国家、不利于民族的事情。在他的率领下，这些随他工作的人员或多或少都犯有不同程度的错误甚至是罪恶，这一切都由他一个人承担，对于他的所属军政人员的以往罪过，请不要追问了。

林、罗、聂等听到我陈述了傅的意见后说："凡是你刚才所谈的各地作战被俘人员都可以一律释放，并不追究他们以往的责任，用一句成语说就是'既往不咎'；凡愿继续工作的都可以留下安排适当的工作，不愿工作而要还乡的人员，都可以资遣，并发给资遣费及资遣证明书，令其还乡，并嘱咐地方政府对其还乡后也不予歧视。"还说："我们对傅不但不做战犯看待，还要在政治上给他一定的地位。"我们会谈时由刘亚楼同志做记录。谈完后，几位司令员和我都到旁的屋子去坐，林彪吩咐刘亚楼同志把所谈的记录整理一下，并说明天再谈。便都走了。

我们送几位司令员走后，李炳泉同志对我说，明天上午林、罗、聂、刘等首长早饭后就来，请不要出去。

翌日上午10时，林、罗、聂、刘等几位将军一起来了，我与张东荪随着一同走进一间布置好的会场，分别坐下后，还是由刘亚楼同志做记录，又开始了会谈。这次会谈主要是有关傅部数十万军队和一些文职人员的安排情况，并将昨天所谈内容重述一下。全部谈完后，又问我与张有什么意见。张东荪说："我没什么意见。"林彪说："请周先生说吧！"我说："傅的希望与要求都谈了。"于是林彪让刘亚楼同志将会谈的结果，整理一个"纪要"，以便草签。这次会谈较顺利，气氛也比较融洽。

午饭后，稍事休息，刘亚楼同志便将所谈的具体条件及会谈纪要整理好了，让我看后，林、罗、聂等①在文件上签了字。轮到我们签字时，张东荪说："我不签了。而且我不日便到石家庄去，不回北平了。周先生是傅先生的代表，由他签字就行了。"于是我签了字。签字后，刘亚楼同志说："你们回去吧！路上要小心，我们派人送你们到前沿阵地。过火线后的办法与联络方法，你们用电报详细联络吧！"又再三嘱咐说："文件一定要保存好，以免发生意外，最好缝在衣服里面，千万小心。"我立即与王克俊通电说明会谈已结束了，并要求安排我回城时通过火线的地点及办法。一切就绪后，于下午2时许，解放军派了王参谋陪同我们乘汽车出发，当晚我住在清河镇，汽车将张东荪送回燕京大学。

翌日清晨早饭后，王参谋带了四个战士陪同我继续前进。为了安全起见，我们均步行前往。10时许，我们走到了德胜门北边距土城子（俗称燕王城）三数里地方，王参谋说："前边就是火线了，不能前进了，请按你们联系好的路线、方向行进！"我说："谢谢诸位同志，请回去吧！"告别后，我一个人沿着公路继续前进。又行了约半里地，突然响了枪，子弹呼啸着从我头上掠过。我立即卧倒，几分钟后不打枪了。我观察了一下周围的地形，发现在东边有一个茅草房子，门外有两个老人，看样子是老夫妇。我急忙匍匐到草房前，老头说："这里有两天没打枪了，怎么今天又打起枪来了，你是干啥的？怎么一个人跑到这里来了？这里可不能走啊！"我站起来走进茅屋里说："我是燕京大学的教师，好久没有回家了，

①据苏静同志回忆，当天午后是他将誊清的《会谈纪要》拿来，一式两份，林、罗、聂首先签字，随后由周北峰签字。

现在想进城回家看看，麻烦您到前面去跟他们说一声，不要打枪。"那老头似有难色，不愿承诺。经我再三请求，老头应允去了。我在他后约三十米处跟着向前走。我看见老头到了战壕，从壕沟里出来两个兵说了几句话，老头招手叫我过去。我随着走到了战壕前。那两个兵端枪指着我厉声问道："进城干什么？"我说："进城回家。"那两个兵停了一下，就摆手令老头回去，随后将我带到了一个指挥所。一个排长模样的军官对我进行了盘查。我一听他的口音，就觉得不好。王克俊与我联络时明明说的德胜门是傅的嫡系部队，怎么他们说话却是南方口音，而不是察、绥人的口音？这一定是蒋介石的嫡系。我心里埋怨王克俊把事办糟了。这时我做了最坏的思想准备。果然，他们见问不出来别的，就令我将衣服脱下来，仅留下内衣，对我进行了彻底的搜查。幸好文件是缝在内衣里面的，没有被搜去。否则将出现极为严重的问题，后果不堪设想。

他们见没有搜出什么可疑的东西，就把我带的香烟以及零碎物品都拿走了。然后让我穿好衣服，说："行了，你可以走了！"于是我便向德胜门走去。走到城门口的一个茶馆门前，看见一个军人站在一块大石头上东张西望，他看见我后急忙跳下来说："你是周主任吧？我等了你好半天了。"我问："谁叫你来的？"他说："王克俊主任。"我说："这是青年军的防地，你们不知道吗？怎么不到前边第一线去，而在这里接我！"我与他边说边进了城门，乘上等候在那儿的汽车回家去了。

一到家，我就给王克俊打电话，告诉他我已平安回来了，吃过饭就到总部去。过了一会儿，王来电话说："总司令请你立即来，这里给你准备饭，来这里吃吧！衣服也不用换了，你的车有特别通行证，可一直到总司令办公室。"我乘车去总部，汽车一直开到傅的办公室——居仁堂。不巧得很，我刚下车，正好碰上中统在傅部的特务头子张庆恩出来，彼此打了一下招呼，我就进去了。我从屏风的夹缝中看见大客厅里正在开军事会议。我听见傅正在大声地布置北平的城防事务。我找到傅的随从副官，叫他通知一下王克俊，说我已来了。不一会儿傅走进办公室，外面的军事会议仍在继续开着。

傅和我谈了几句后，就问："你来电不是说已签了个协定，有文件吗？"我说："不是什么协定，是一个会谈纪要。"我即从内衣中取出文件交给了傅。傅看完后什么话也没说，只是唉声叹气。我说："这个文件是我们谈完后归纳整理的，最后一段附记说所谈各项务必于元月十四日午夜前答复。"傅一言不发，又踱起步来。我只好安慰了他几句。他平静了一些后说："你可电告解放军，你已回到北平。"停了一会儿又说："这个文件，过两天再说。"

这几天内，我内心非常不安。看傅的样子是要拖延时间，也有背城一战的可能。如果是傅先生一时想不开，背城一战，北平这个数百年的古都岂不是同锦州的情况一样了吗？明清两代王朝的文物古迹岂不都要付诸战火？这几天我与崔月犁同志做了数次联系，崔向我说了解放军平津前线司令部和城工部的意见。所以我还是不断到傅的"总部"要求傅于十四日午夜前答复，并安慰傅。此时傅的大女儿傅冬菊（现名傅冬）也知道傅心情沉重，她在傅的身边做了不少工作，还经常买些家乡小吃送给傅。傅这几天见了我总是闷闷不语。我一提到十四日午夜前要作答复的事，傅便用别的话岔开。

几天后，傅对我说："你可以电告林、罗、聂，就说前次所谈都已研究了，只是限于十四日午夜答复，时间太仓促，不日你将偕邓宝珊将军再去。"傍晚接复电云："电悉，可请再来。"于是我们又做二次出城的准备工作。

傅将军与解放军接谈事，蒋介石在北平的特务已有所风闻，南京准备派飞机到北平接运军队。有一天我与崔月犁同志约在锦什坊街内油篓胡同傅的前军医处处长杜敬之家里见面时，我将南京要派飞机到北平接运蒋的嫡系青年军和石觉的部队事告知了崔月犁同志。这时北平的南郊、西郊飞机场都不能使用了，傅在天坛修了个临时飞机场。南京来的飞机就在这个机场降落，已经运走了一些蒋介石的嫡系部队。南苑的解放军便向天坛这个飞机场打炮。所以南京的飞机第二次飞来北平降落后便不敢起飞了。傅命我打电报给解放军平津前线司令部，请不要打炮，接到复电大意是，部队不能运走，一些蒋介石的高级将官和特务，不愿意参加起义的可以走。所以蒋介石的嫡系军官和宪兵第三团以及一部分特务便乘这次

飞机逃走了 ①。

通县谈判——签署协议

1月14日上午，傅先生将我与邓宝珊将军请到"总部"，令我俩立即启程再赴解放军平津前线指挥部。我说："今天就是14号了，我们对前一次在蓟县商谈纪要上所说的时限该答复了。"傅说："你们去吧！就说有些条款还需要再商量一下。"我即发电说："我偕邓宝珊将军今日前往，请指定路线、地点及接头办法。"复电说："欢迎你与邓将军同来，仍在清河镇接头，我方派王科长等候你们。"

午后1时，我们乘车去德胜门。我们一行四人（邓、我，还有邓的副官王焕文和总部参谋刁可成），过了土城子，到了前沿战壕，护送我们的人便回去了。又走了几步，我们向前望去，好像有几匹马拴在树下，也有人走动，可能是对方的接应人员。越过战壕后步行向前，走了二三百米，就有人来招呼我们。接谈后，果然是接我们的。来人向我们介绍了他们是平津前线司令部派来的，其中就有王科长。我们一同骑马到了清河镇，稍事休息，便改乘两辆吉普车前进。哪里是目的地无从知晓，我在车上问："天黑之前能到吗？"王科长说："用不着天黑，一个多钟头就到了。"一小时后，我们的汽车停在通县西的一个大院子的门口。林、罗、聂等几位将军便到门口迎接我们。我们相偕进门后，罗政委说："你们先休息休息，等一会儿再谈。"我们说："不累。是不是现在就可以谈？"聂司令员说："周先生，我们前次说得很清楚，十四日午夜是答复的最后期限，现在只剩下几个小时了，我们已下达了进攻天津的攻击令了。这次谈判就不包括天津了。你们有什么意见？"邓向我说："用你的名义打个电报，将这个情况报告总司令请示。"不久我们就收到傅的复电："我弟与邓先生相商，斟酌办理。"15日清晨四点多钟，

---

① 1949年1月16日，蒋介石来电，拟派机接运蒋嫡系部队军官南逃，解放军获悉后炮击机场等情况，请参看王克俊文。

李炳泉同志到我们床前说："天津已经解放了。午夜，我们截获了陈长捷给傅的电话，说天津起火了，傅的参谋长回答'灭火'以后就再没有声音了。"不一会儿苏静同志也来了，他告诉我们说："天津战事已进入尾声，国民党部队全部瓦解，城防司令陈长捷被俘。"上午开始了通县谈判，但是已经不包括天津了。参加谈判的有林彪、罗荣桓、聂荣臻、邓宝珊和我，由解放军平津前线司令部的参谋处处长苏静同志做记录①。会议一直开到深夜，主要内容包括傅部军队的改编原则和具体办法（专指北平部分），对傅的华北总部和部队中团级以上的人员安排以及对北平市的文教、卫生等行政单位的接收办法，共整理归纳出具体条款十余条。第二天下午，继续会谈北平和平解放的问题。林彪说："绥远的问题，党中央指示缓缓再谈。但是如果北平的和平解放能顺利完成，使中国数百年古都的文物能够完整回到人民怀抱，绥远的问题就好谈了。毛主席说：将用一种更和缓的方式，我们叫它作绥远方式。"最后双方签署了北平和平解放的初步协议，并决定次日由邓宝珊先生、刁可成和王焕文偕同苏静同志和解放军平津前线司令部队列科王科长进城。我仍留通县以备联系。晚饭后，林彪从大衣口袋里掏出一封未封口的信说："请邓先生将这封信交给傅先生。"说完他们便走了（信的原文后来于 1949 年 2 月 1 日《人民日报》全文发表了）。我们将信抽出来看了看，由邓先生带回城去。

16 日，苏静同志与王科长偕同邓宝珊先生等一行五人乘车仍经清河镇到北平去了。当天下午邓宝珊将军来电说："已回到北平，途中误入地雷区，望弟返平时务必小心。"

过了三两日，我的老朋友徐冰骤然到我的寓所（通县西城西南的一个地方），相会后，畅叙别情。中午，我留他共进午餐。徐冰告诉我说，他一两天即进北平，并说北平解放后，他将在北平工作。

1 月 21 日早饭后，徐冰偕平津前线政治部副主任陶铸同志到了我的寓所，说林、罗、聂三位首长今天中午请我到司令部便餐。陶铸同志说："明天我偕你乘

---

① 据苏静回忆，这次会谈做记录的是华北军区司令部作战处唐永健处长。

吉普车一同进城，你打电报给城里商约，看我们从哪一条路走比较安全？我要化装，沿途在解放军的驻地由我打招呼，到傅作义军队的驻地由你打招呼。"谈后，我们便相偕乘车去平津前线司令部赴宴。进餐前，陶铸向我介绍了叶剑英总参谋长。我们谈了几句话后，叶对我说："你偕陶铸同志明天就进城去，我们过两天也将进城。"

北平和平解放

1月22日晨7时许，陶铸同志乘坐一辆吉普车来到我的住所，说："咱们吃了早饭就走吧！你与城内联络好路线及通过卡口的办法了吗？"我说："已联络好了，走朝阳门，中途有人接我们。"陶铸同志说："昨天晚上，傅先生已通过国民党的中央社，将前几天签订的协议条款公布了一部分。请电告傅先生，解放军将派两个纵队①，由程子华同志指挥，从复兴门、西直门入城，接管北平的城防，我们已电告了苏静同志。"

于是，我与已经化了装的陶铸同志和一位警卫员、一位司机，乘吉普车出发②。在解放区的防区内，由陶铸同志亲自下车联系。前进几十里后，陶铸同志笑着说："我的任务完成了，前边是傅的部队了，由你联络吧！"正说话间，突然前面轰的一声巨响，尘土飞扬，司机把不住方向盘，汽车摇摆起来。我由后座急忙抓住了方向盘，并叫他停车灭火。车停后，发现前面有一群羊，因来了汽车惊散，离开了公路，跑到两边的土路上，踩响了地雷，炸死了几只羊。司机同志看到这种情况便有点紧张。于是我说："我来开这段路吧！"陶铸同志说："好吧！让给周先生开。"于是我们继续前进。

行了二里多，碰到了两个国民党的兵，我即停车说："我是华北总部的周北

---

① 据查，1月31日解放军派了一个纵队入城接管城防。

② 据查，陶铸等入城的日期是1949年1月26日。

峰，王克俊主任没有通知你们我在这个时间坐一辆吉普车入城吗？"他们俩互相看了看，不置可否，就领我们到指挥所，向一个军官报告。看来，这位军官知道这事。他说："一个刁参谋等了一早上，刚才进城吃饭去了，可能一会儿就来。"我说："是刁可成吧？我不等了，我车上都是咱们'总部'的人。"这位军官放我们通过。我驾驶着汽车一直开到华北总部联络处（东交民巷御河桥原日本大使馆），立即给王克俊打电话说我们已经进城。王告诉我傅先生请陶铸同志到他那里去吃便饭。我们就又改乘一辆卧车到了中南海的居仁堂（傅的办公室）。我做了介绍后，傅对陶说："很好，部队出城改编的计划已拟好了，程子华将军已接管了北平的城防，苏静处长与王科长也都安排好了。"饭后，又闲谈了一会儿，我们就走了。

当天下午，陶铸同志对我说："按照双方协议的规定，应立即成立'北平联合办事处'，处理北平和平解放的善后工作。中共中央决定：由叶剑英同志为办事处主任，另指定我、徐冰和戎子和同志为委员。傅先生方面的三个委员请你们定了后告诉我。一两天咱们一起到城外看叶总参谋长去。"

傅先生指定我、郭宗汾和另外一人为委员，参加北平联合办事处工作。

1月23日，陶铸、徐冰、戎子和和我，到颐和园去看叶总参谋长。叶请我们在听鹂馆吃饭。在席间，叶对傅先生提的三个委员中的另外一人提出了不同的意见，希望能另换一人。同席还有一位叶总参谋长的老朋友李明灏先生。他说他和傅是保定军官学校的同学，要同我们一同进城去看望傅先生，顺便由他向傅提一下调换人选的意思。叶总参谋长表示同意。

饭后，我与李明灏先生同坐一车，一起去见傅。他俩见面寒暄后，李就提出调换人选之事，并说明了原因。傅沉吟了一下，决定改为焦实斋。这个处理北平解放善后工作的联合办事机构——北平联合办事处，于春节期间在颐和园景福阁举行了第一次会议。参加者除叶主任外，解放军方面有陶铸、戎子和、徐冰，傅方有郭宗汾、周北峰、焦实斋。会议开了一天，讨论了军队和机关移交事项。那天中午，叶主任在景福阁设宴招待与会人员。

1949年元月31日，这个具有历史意义的日子来到了。北平宣告和平解放。2

月3日，解放军举行了正式的入城仪式。以叶主任委员为首的北平联合办事处的全体委员，在前门箭楼上欢迎了入城部队，观看了入城式。雄伟庄严的解放军的步、骑、炮等部队，精神抖擞，步列整齐地通过前门向各个主要街道前进。从此，这座历史悠久的古都，焕发了青春。人民奔走相告，欢喜雀跃，震惊中外的平津战役胜利结束了。

北平和平解放通电

北平的和平解放，在我国解放战争史上有重大的意义，对全国人民是巨大的鼓舞，对蒋家王朝是沉重的打击。因此，要由傅作义将军向全国和全世界发一个通电，决定由王克俊、阎又文、冀朝鼎（当时冀是傅作义的华北总部经济处处长）和我等人组成一个"通电起草委员会"，在西郊傅的新居开始工作。准备了两个多月，通电草稿已拟妥，但始终不能定稿，还有绥远的和平起义也未能最后商定。有一天傅对我说："我打算亲自去石家庄，拜见毛主席，你可向叶剑英主任委员说一下，是否可以？"我即向叶汇报，叶答应立即请示党中央。此时正是上海的民众和平代表团颜惠庆、江庸几位老先生由上海乘飞机到了北平。三五日后，叶主任委员告诉我："请告诉傅先生，明天上海民众和平代表团的颜惠庆等人飞石家庄，即请傅先生乘这个飞机去。"于是第二天我送傅、邓宝珊和阎又文到西郊机场，起飞赴石家庄谒见毛主席。第三天下午，飞机又载傅、邓等返回北平。傅回来后，精神焕发，心情欢畅，与赴石家庄前判若两人。之后，我们很快地将北平和平解放的通电定了稿，经陶铸同志和我一起请示了周恩来副主席后，便将通电全文在各大报纸发表了。当时世界和平会议正在布拉格召开，据参加这次会议的同志告诉我说，傅先生那个通电作为大会文件在会上发给了与会人员。北平的和平解放至此就全部完成了。

（本文选自《平津战役亲历记》，中国文史出版社2012年版，标题为本书编者加。）

杜任之[*]：参与见证北平和平解放

我与傅作义将军的关系及留平经过

1933 年，我从欧洲留学回国，利用公费留学关系回太原策动抗日。当时我的公开身份是太原绥靖公署秘书、山西大学讲师。傅作义将军当时是绥远省政府主席。1934 年春天，他因事到太原见阎锡山，我得悉后以公开身份与同乡关系去会见了他，并与他畅谈了国内外形势，他很感兴趣。此后，他几次由绥远到太原，都主动找我谈话。1934 年我与周北峰同志在太原组织"中外语文学会"（介绍国际左派报刊上的政治、经济、军事论著）时，即聘请傅作义将军担任名誉副会长。不久，我与周北峰推荐该学会干事阎又文（我们的学生、傅的同乡）给傅担任文书。1936 年冬，傅作义将军领导的绥东抗日军兴，我在太原发起支援抗日的捐献运动，曾汇寄捐款两万元，进行积极支援；接着又组织文工队到绥东前线进行慰问演出。七七事变后，傅作义将军奉命转守太原，我曾自告奋勇协助他保卫太原，他非常欢迎。当时我即向他推荐留日学医回国的杜敬之（我的胞弟）给他担任军医。旋因我于太谷交卸县长职务后转赴太原，途中太原陷落，我在太原附近

＊ 作者时为华北文法学院教授，政治系主任。

清源县收留了一批散兵游勇转往临汾，当年 12 月在临汾与傅见了面。他说他要打回绥远去，要我给他介绍政工人员，我通过共产党的组织给他推荐了两个"抗大"学生，随他经晋西北转往绥远。翌年我相继给他推荐了七八名山西民族革命大学的干部和学生去为他做行政和文教工作。1940 年傅作义将军到山西吉县会见当时的第二战区司令长官阎锡山，我乘机对他说："第二战区实际只能管晋西南十多县，你处绥远前线不能依靠第二战区，应独立自主，壮大力量，坚持抗战。"他说："我也感到在这里无能为力，而且对咱们南路人①还存有成见。"于是他带着沉重心情离开了。

1947 年，傅作义将军进驻天镇和张家口，曾通电全国声明，如共产党能胜利，甘愿为其执鞭。我见报后，即写信给阎又文说：该电措辞狂妄。我认为执鞭之说将来可能实现，且看战局演变吧。不久傅作义将军因事到了太原，我得悉后曾去看他。谈到国内战争形势时，他以胜利者的口吻说："延安已被打下了。"言外之意是国共双方优劣之势已见，战局越来越不利于共产党了。我说："这是暂时的，可从此国民党也就陷入被动了。"他不以为然地说："那以后再看了。"

1948 年 7 月初，我一因在太原有被捕危险，二因考虑到与傅作义将军有关系，便于进行革命活动，即借故匆匆乘机由太原飞到北平。我到平后，住在胞弟杜敬之家里，他当时是傅部的参事兼惠民医院院长。我要杜敬之和阎又文（这时阎任傅总部办公室副主任兼政工处副处长）一同去找傅作义为我约定会见时间，遂在西郊华北"剿总"总部与傅见了面。我首先告诉他："我是因共产党嫌疑有被捕危险才来的，你这里能不能让我安全住下去？要能，我就留下；要不能，我就走。"傅说："这里是我的势力范围，阎（指阎锡山）不能加害你。再者，像你们做大学教授的，就是'国府'要抓，也得先同我打招呼。你住敬之家就很安全。"我接着对他说："我可以留在北平，我打算教书。"他表示同意。

我得到傅作义将军的保证之后，就去访问了国外留学时的同学、当时华北学

---

① 南路人在此泛指晋南人，傅作义是晋南荣河县（今临猗县）人。

院院长王捷三。我说明来北平的原因后，他说："你来得正好，在这里担任教授兼政治系主任。"我当即答应。后来我通过民主同盟北平负责人吴晗教授和关世雄同志找到地下党负责人崔月犁同志。之后我就在北平以杜敬之家为掩蔽堡与城工部建立了联系，在文化教育界开始了工作，特别是秘密进行和平解放北平的活动，杜敬之从来同情我的革命活动并积极支持我。

和平解放北平的酝酿阶段

1948 年 9 月间济南解放后，我看到全国解放战争形势发展很快，中共的"农村包围城市"的伟大战略方针已经全面进入夺取城市阶段。我认为，傅作义将军身居华北"剿总"重要地位，其态度如何对北平的和平解放及整个战局是有很大影响的。为了策动傅作义将军与中共谈判，和平解放北平，我当即电话通知阎又文派车接我到西郊会见了傅作义将军。这次见面仍是先从国内外形势谈起，我首先对他说："蒋介石的美苏战争幻想该破灭了，宋美龄亲自到美国求援，美国朝野上下都以冷眼相待。人民解放军打下济南后已全面开始了夺取城市的阶段。济南的解放，吴化文与解放军合作起了很大的作用。你对战争发展前途是如何看法？"傅说："共军智勇双全，用大踏步进退的运动战，集中优势兵力，在山东取得了很大胜利。的确，吴化文的投降在济南战役中是起了作用的，那是共产党对吴化文做了策反工作。但济南一城一地的得失，还不能决定战局；东北各大城市，除四平外都在国民党军手里，华北除石家庄外，大城市也都在国民党军手里，我现在就控制着战局。"我听了后认为，傅作义将军对战争发展形势还很不理解，无从对他提出与中共和谈问题，即起身告别。他送我出门时，我对他说："秋后再见。"阎又文送我上车时问："你对傅说'秋后再见'是个双关语吧？"我说："是的。人民解放军在东北战场如秋风扫落叶一样，连续夺取几个大城市的时候，可能就到秋后了，你再派车来接我，我再同他谈谈形势和他的出路问题。到那个时候他就可以接受与中共和谈了。"阎又文同意我的看法和意见。

9月初，杜敬之告诉我，蒋介石坐飞机视察东北回到北平了，现住西山，要召开军事会议。我听到后，即打电话把阎又文叫到杜敬之家，我对他说："傅可以效法张学良来一个'北平事变'，强迫蒋介石通电全国停止内战，这是一个可以与'西安事变'媲美的伟大历史事件。"阎又文说："张学良是虎子，胆大包天。傅没那么大的胆量；况且北平有蒋介石嫡系军队几十万，比傅的实力大得多，傅还难以控制。看形势的发展变化，以后再策动他和谈吧。"当10月中旬锦州解放后，阎又文到我住处对我说："锦州被攻克，东北战局急转直下，傅有些苦闷和忧郁，但忙于军政要务，还准备去南京开会，没时间接见你和你长谈。关于与中共和谈问题，你可做好准备，等傅有工夫与你长谈时，我即派车来接你。"次日，我即找到关世雄同志，我对他说："锦州解放，人民解放军节节胜利，国民党在各个战场都打了败仗。面对这一形势，傅作义有些苦闷和忧郁，我看他有可能与中共和谈了。我与傅有同乡、朋友关系，我准备策动傅与中共和谈，争取和平解放北平。请你向城工部反映这个情况，并请指示我如何进行。"关世雄同志说："策动傅作义与我们和谈，和平解放北平，这是具有战略意义的大好事，你可积极进行，我即向城工部反映，让崔月犁同志亲自来和你谈。"

过了些日子，杜敬之对我说："你老等着和傅谈不行，不如你先找找刘厚同老先生。刘是辛亥革命的老前辈，担任过甘肃军政部部长兼总招讨使，现在是傅的高级政治顾问，与傅关系很深，1928年，傅单枪匹马在奉军撤退时能够出任天津警备司令，蒋阎战争阎锡山逃往大连后，傅能够出任绥远主席，后来傅脱离阎锡山转向蒋介石，都是刘厚同给出谋划策的。"他又说："刘厚同历来都是傅的出谋划策人，傅对他是推心置腹、言听计从的。你可先同他谈谈，请他转告傅。我前几天已和刘谈过你的情况了，他已知道你的为人、略历和与傅的关系。"杜敬之并告诉我："刘厚同现住台基厂前日本大使馆，现在是傅部的联络处，即高级招待所。"杜敬之征得我同意后，当即电话与刘厚同打了招呼，说我要去看他，有事同他商议。我随即去联络处会见了刘厚同老先生。他接待我非常热情，辞色上对我也很尊重。我同他先漫谈了一下全国军政形势和可能的发展变化，当即含蓄地提出，在这个形势下傅是否可另做他图？刘老先生说："国共军政形势发展到今天，我早已料到了。今年2月间，宜生（傅的别号）把我从天津接来北平商谈军政大事，我就对他说，政治是军事的根本，未有政治不修明而军事能得胜利的。南京政府政治腐败，军政官吏贪污腐化，蒋介石所作所为不合人民群众心理，违反历史潮流，必然失败。现在又在各个战场遭到失败，恐怕南京政府维持不到一年半载了。"

我觉得刘老先生对政治问题很敏感，也有一定眼光，因之问他对锦州失陷有何看法。刘厚同说："看来国民党军事江河日下，是在意料之中的，整个东北要落在共军之手的。"我即向他说："你既然看清了形势，按你和宜生的关系，是否可以劝宜生另做他图？直截了当地说，就是可否劝他与中共和谈，和平解放北平？识时务者为英雄。这样，宜生本人也不失为一个英雄嘛！"刘厚同说："前一个多月，共产党的刘仁同志派人来见我，要我劝说宜生效法吴化文帮助解放济南的方式解放北平。我对他说，吴化文是投降将军，傅作义是杀头将军，他是宁肯杀头也不肯投降的。那个人再没说什么就走了。你是了解宜生的，你看他能向共军投降吗？"我说："与中共谈判和平解放北平绝不是投降，就国共对峙的战局来说，也可以说是起义。"刘厚同说："我认为按照中共组织联合政府的主张，可用辛亥革命的方式，由宜生通电全国，主张和平，同时先在华北实行和平，然后促成全国和平，重新召开全国政治协商会议，组织联合政府。"我说："首先和平解放北平，将影响全国，对国家对人民对宜生本人都大有好处，这是一个伟大的壮举。我现在看不到宜生本人，希望你以我们两个人的名义与宜生深切地谈谈这个问题。"刘说："如果与中共和平谈判，先在华北组织联合政府，通电全国推动全国和平，我很愿意与宜生谈谈，我想他也能够接受。"我考虑，要紧的是先和谈，和谈一开，会有发展变化，刘既答应找傅先行和谈，我不便驳他组织联合政府的意见，就和他告别了。接着去找关世雄同志，请他向地下党汇报。

紧接着我从杜敬之处得到消息，说蒋介石在锦州吃紧时飞到沈阳视察，转到北平督促傅作义将军策应锦州战争，与傅商谈后决定由傅派一个军和一个骑兵师偷袭石家庄和中共中央所在地。为的是：一方面牵制解放军攻打锦州；另一方面妄图取得胜利，挽回国民党军事失败的政治影响。我听到这个消息后，又立即去找刘厚同，对他说："宜生此举甚为愚蠢，一则不可能袭击成功；纵然能取得某些胜利，他的军队也必然要在中途遭到共军歼灭，不可能再回来。更主要的是此举必然要加深与中共的恶感，杜绝和谈之路，请你立即告诉宜生快电令部队停止前进，迅速撤回。"刘厚同当即拿起电话向傅作义将军说明利害和我们的意见。过了几天，杜敬之告诉我，刘春方（傅部骑兵师长）师已完整地撤回北平了，而国民党的那一军人马与共军遭遇，损伤很大。

这以后，我又去看刘厚同，问他与傅商谈过和谈的事了没有，谈的情况如何。刘说，与傅谈过了，他有意与中共和谈，但为了调和双方意见与将来执行和平协议，他认为需要有民主党派参加谈判。我说："这好办，我可以找民主同盟中央在北平的负责人张东荪参加谈判。"第二天我即找到张东荪，告诉他战争形势的发展以及傅作义有意与中共和谈和平解放北平的情况，向他提出："你是否可以代表民盟作为第三者参加和谈？"张东荪听了，喜出望外，表示很愿意参加双方和谈，促成和平解放北平；但他与刘厚同有一个相同愿望，即在和平解放北平后，组织华北联合政府。我当时认为重要的在于能开始和谈，只要和谈开始，事情是会朝着有利于革命方面发展变化的，所以也没有再和他谈和平解放北平以后的问题，遂即用电话与刘厚同打招呼，介绍他去与刘厚同见面。

当锦州解放后，我曾在刘厚同处遇见了北平市企业公司经理冯杰宸。刘介绍说，冯是他的同乡和知己，也热心和平解放北平工作。我随即与冯杰宸谈了一些情况。从刘厚同处出来后我告诉冯，要他经常到刘处了解刘和傅的思想动态与军政情况，随时向我反映，共同促成和平解放北平这件大事。冯杰宸答应了，以后即不时与我联系，做些工作。

10月30日夜间，我在杜敬之家听到解放区电台宣布沈阳解放。次日早晨我即去找刘厚同，对他说："东北已全部解放，形势发展很快，北平、天津难保。为了保存北平文化古城和天津这个工业城市，也为了宜生的前途，你应以我们两人的名义立即督促宜生与中共开始和谈。张东荪代表民盟参加，中共方面的代表由我给你介绍。请你告诉宜生，我是为大局，也是为他个人前途着想的。"刘说："宜生总是怀疑中共能否信守谈判协定。"我当即告诉刘厚同："你请宜生放心，中共执行政策是认真的，说话是算数的，我可以用自己的政治身份和老朋友的关系向他保证。"刘说："这样，宜生可以放心与中共和谈了。"

疏通谈判渠道的经过

我介绍张东荪与刘厚同会见之后，有了中间人，刘厚同放心了，他答应转告傅作义。我告诉他："中共方面接头的人由我联系，将来以我的朋友关系介绍与你见面。"

崔月犁得到关世雄的招呼后，是与关世雄一起在杜敬之家里与我见面的。崔月犁同志一见面就对我说："关世雄同志对我讲了，你策动傅作义与我们谈判和平解放北平，这是一件大好事。从前我们也派人找刘厚同做过试探，由于时机不成熟，未能进行下去。现在形势发展已大不相同，傅作义如能认清形势，当可下决心与我们和谈。关于这件事你近日进行得如何？"我向崔月犁同志汇报了这些天我活动的详细情况，并介绍了刘厚同与傅作义将军的关系及态度。崔月犁同志问："刘厚同对和谈如何主张？"我说："他认为与中共和谈之后，应通电全国倡导和平，召开政协会议，组织华北联合政府。"崔说："这是和谈以后的问题，只要傅能下决心和谈，和谈一开，事情就会演变。你主动策动和谈很好，要继续积极活动。至于他们（指傅作义与刘厚同）提出要有个民主党派作为第三者参加的问题，你已找过张东荪了，我很同意。为了郑重起见，我再去与他正式接谈一下，请他代表民盟参加谈判。"我对崔月犁同志说："刘厚同与傅作义谈了与我们和谈后，就等着和我们的代表见面了。我已答应他，由我与你联系，派负责人与他见面。我现在可以介绍你与刘厚同见面直接谈谈。"崔月犁同志说："我先去找张东荪，你继续活动，了解情况，我回头再来。"我又告诉崔："为了上课方便，为了便于接近学生和教授们，也为了避免特务跟踪，我有时在华北学院住。"他说："你若不在家时，就在门上用粉笔画个圈，我就去华北学院找你。"

第二天崔月犁同志与张东荪谈话后就到华北学院找我。我马上给刘厚同打电话把崔月犁同志作为我的朋友李献农介绍给他。第三天我再去见刘厚同时，刘就告诉我："李同志已来过了，我们谈得很好。"

崔月犁同志与刘厚同见面后，即把准备和谈情况用地下电台向城外总部做了汇报。但正在此时，傅作义将军被蒋介石电召，到南京开军事会议去了，谈判只好暂时停顿。

11月6日，傅作义将军从南京飞回北平后，向他的主要将领们谈了南京会议的情况。据傅的骑兵第四师师长刘春方对杜敬之说，在南京会议上，蒋介石认为东北失守，华北危急，平津难保，要傅作义由海陆两路率部南下，担任东南战区司令长官，企图据守江南半壁河山。可是傅则另有打算：他的根据地在绥远，他的军事实力还完整无缺，而且他已有与中共和谈的心思，所以在南京会议上，巧妙地同蒋介石唱反调，向蒋介石大肆吹嘘，说整个华北尚有大军60多万人，自己又有守城经验，能战能守，华北大好河山岂能放弃。蒋介石听后有些犹豫了，张治中又主张放弃华北撤到江南，傅作义则始终坚持要据守华北。结果蒋介石还是依了傅作义，因为他还有依靠傅作义固守平津的幻想。

人民解放军由于洞察蒋介石有从平津撤军南逃的企图，所以在胜利结束辽沈战役后，稍事休整即分几路入关，与华北人民解放军联合对平津形成了大包围。傅作义将军的"剿总"在西郊受到威胁，随即移到城内中南海。这时我与崔月犁同志先后去找刘厚同，让他督促傅作义将军抓紧与中共和谈。我对刘直截了当地说："如果再迁延下去，不开始和谈，数十万解放大军一进攻，北平指日可下，宜生不投降也得当俘虏。"刘老先生笑着说："宜生性情刚直，宁可自杀，也不做俘虏。"我说："他可以不做俘虏，也可以不投降，更不需要自杀，只要当机立断，开始和谈，就有光明前途。"

12月中旬，我在杜敬之处了解到，傅作义已派他的机关报《平明日报》社社长崔载之、记者李炳泉同志带电台出城，与解放军前线司令部做了联系。

和平解放北平的曲折与斗争

在谈判暂时停顿的时候，城工部领导两千多名地下党员，联系两万多名进步群众开展了广泛深入的和平解放北平运动。一面造成和平解放北平的声势，影响傅作义将军及所属部队；一面严密组织了防火、防特、护厂、护校工作。

这时，我在华北学院和北大等院校参与这个运动。为了进一步策动傅作义将军进行和谈，还打电话让阎又文建议傅作义将军召开大学教授座谈会，以听取文化教育界对时局的意见。在这个座谈会上，不少教授以救国拯民的热忱，慷慨陈词，也提出了和平解放北平的迫切愿望，以保存文化古都，避免广大军民遭受战祸，要求傅作义将军与中共进行和谈。

但这以后，由于整个军事政治形势的发展变化，接连出现了新问题，和平解放北平的谈判又经历了一段错综复杂的曲折斗争。突出的情况和问题如下：

（一）在平津陷入解放军包围、华北形势危急的时候，蒋介石为了保持他在平津的军事实力，派了与傅作义将军有关系的他的军令部前部长徐永昌飞到北平，要傅作义将军从塘沽和青岛分路撤退。但傅认为塘沽已为解放军包围，南撤海路已断；同时，山东全部解放，陆路南撤也不可能，婉辞把徐永昌顶走了。

（二）蒋介石侦知傅作义有与中共和谈的迹象，派军统头目郑介民飞到北平进行特务活动，破坏傅作义将军与中共进行的和平谈判。郑介民竟当面质问傅作义将军："你们与中共和谈吗？"傅坚定地回答说："没有此事，那是谣言！"郑说："有此传说，总座（指蒋介石）着我调查。"郑介民对蒋介石嫡系部队做了反对与中共和谈的布置后，没几天就走了。可是国民党军统特务对奔走和平的人士进一步实行了跟踪，并施用了恐怖手段。如同情和平解放北平的北平前市长何思源的家里，就被特务安放了定时炸弹，炸死了他的女儿，何亦受了伤。

（三）当时傅作义将军以华北"剿总"总司令统率的六十多万军队中，蒋介石的嫡系军队计有第十六军、第九十二军、第九十四军、第一〇一军①、第十三军、第六十二军、第八十七军、青年第五军②等八个军之多。傅自己的部队在北平地区则只有第三十五军、第一〇四军两个军和一个骑兵师。傅作义将军一因他的部队与蒋介石嫡系部队相比是少数；二因特务密布，他对蒋介石嫡系部队能否令行禁止，也还没有把握，所以顾虑重重，踌躇难决。

11月底，人民解放军包围了张家口，一举切断了平绥线。傅作义将军派他的嫡系部队三个师，由第三十五军军长郭景云带领前往解围，不久，第三十五军在新保安陷入人民解放军的包围，傅又派他的嫡系部队第一〇四军军长安春山带领两个师再去增援，不几日，即被追歼。到22日新保安被围的郭景云部被解放军歼灭。

我于杜敬之处听到这个消息后，立时去找刘厚同，刘同意以我与他的名义督促傅作义将军立即恢复和谈，他当即赶赴中南海会见了傅作义，向傅做了策动。刘从中南海回来告诉我：他到后，宜生正焦急万状，坐立不安，在家里踱来踱去，一见到他进门，就唉声叹气地说："这一下我的政治生命算完了！"刘对傅说："你旧的政治生命完了，可以开始新的政治生命。现在应该认清形势，下定决心，坚定地走和平谈判的道路。刘又对傅说：蒋介石日暮途穷，自顾不暇，大局已不可挽回。他要你率部南下，是企图利用你挽救他的危亡。可你如南下，也只能使北方子弟兵与他同归于尽。况且现在平津陷入重围，南下已出不去；同时，张家口为共军占领，平绥路又被切断，要回绥远也不可能。时至今日，万不可三心二意，胡思乱想了；还是顺应人心，当机立断，抓紧和谈为是。现在咱们与中共和谈的资本虽已远不如过去了，但和议一成，北平免遭战火破坏，城内军民的生命财产得以保全，是深得人心的。共方信守协议，咱们还是有光明出路的。再说，这也是唯一的出路了，时不我待，不能一误再误了。"刘厚同接着对我说："宜生性情

---

① 傅作义已将第一〇一军以傅系将领掌握。

② 据了解，当时在北平的蒋系青年军番号是第三十一军第二〇五师。

刚直，且向来自信心、自尊心都强，这次精锐部队在新保安被共军吃掉，我看他面有惭色，思想过度紧张，怕发生什么问题。我相机为他开解，说：和平谈判就有光明前途，切不要自我毁灭。我接着又嘱咐王克俊密切注意，克俊随即把他的警卫员的短枪撤掉了。"

我听到刘厚同说的情况，同时想到傅还有自卫手枪，也还有出问题的条件，当即找城工部做了反映。城工部遂派傅冬菊（傅作义将军的女儿、共产党员）住到中南海，密切注意傅的行动，并随时与党取得联系。

一天，我在刘厚同处与刘正谈得紧张的时候，傅作义将军突然来了。他首先与我握手说："早该听从你的意见。"我说："现在尚不算晚。"他说："民主同盟是最大的民主党派，在社会上有名望有威信，有民盟代表张东荪参加谈判很好。听说你已和他接洽好了，那我不日就同他会面。但不知共产党是否能守信用？谈判后能否认真履行和平协定？"我说："共产党光明磊落，一向遵守协定，说话是算数的，你完全可以放心。共产党绝不像蒋介石，破坏国共'双十协定'，破坏'重庆政协会议决议'。现在机不可失，要当机立断，开始进行和谈。"傅作义将军说："与张东荪和中共代表会面后，我即派代表出城到解放军平津前线司令部去谈判。"

我在联络处与傅作义、刘厚同分手后，随又找到张东荪。张说，他早已见过刘厚同了，刘请他做中间人参加谈判。我当即告诉他积极准备谈判，等候傅作义派车来接。

之后，我回到华北学院，正好崔月犁同志来找我。我把进行情况告诉了他。他让我打电话告知刘厚同：他去找刘厚同直接谈。我打了电话后，他就去刘厚同处；临走时他找来了驻华北学院的晋察冀解放区来北平搞学运工作的魏焉同志，让我随时与魏取得联系，相互交换情况。

后两天，傅作义将军正式约民盟代表张东荪和中共代表在平绥铁路局长苏伯安家里会面，研究出城谈判的内容和时间。这以后傅回到他的总部，即告诉他的亲信、办公室主任兼政工处处长王克俊秘密地具体安排出城谈判的事宜。

后来据说，周北峰与张东荪在城外与平津前线司令部谈判中，前线司令部指出：和平解放北平，要改编华北"剿总"的全部军队，实行统一指挥，"打倒蒋介石，解放全中国"；至于召开政协会议，组织联合政府，是以后的问题。傅作义将军因为他对平津蒋介石嫡系军队没有把握，认为改编军队有很大困难，不好办；双方在这个问题上未能谈妥，谈判代表就回城了。为了进一步谈判，刘厚同曾建议傅派他的一个副总司令与周北峰出城直接与中共谈判。傅说："让冯钦哉坐飞机去绥远接邓宝珊来再说。"

就在这个时候，蒋介石来电了[①]，要傅作义空运走石觉和李文的部队。傅此时虽已决心和谈，但因还未谈妥，不便正面抗命，即秘密通过李炳泉的电台通知解放军向城内天坛机场发炮来阻止。这时城工部也布置地下工作同志观察了炮弹射击点的差距，从秘密电台通知城外解放军做了校正。这样，就阻止了蒋介石嫡系部队的南逃。

这时我考虑到，傅作义将军和谈的态度进了一步。蒋介石嫡系部队虽已无法南逃，但不等于可以俯首听命。为了防患于未然，必须进一步加强对他们的控制：（一）我又请刘厚同转告傅作义将军注意在掌握蒋介石嫡系部队头目的思想行动上做工作。后来刘厚同告诉我：傅让他的政工处处长王克俊以师为单位向蒋介石嫡系部队派了政工专员，暗中监督各部队头目的思想行动和对傅的态度，以及官兵关系。（二）我接着又找到冯杰宸，叫他利用社会关系探听第四兵团司令官李文和第九兵团司令官石觉等头目对于和谈的态度与言行。冯杰宸不避艰险，利用关系，了解到李文、石觉等对和谈有反感。我立即以电话告知阎又文转达傅作义将军，请他密切注意防范。后来阎又文告诉我：傅已密令他的亲信军长安春山与骑兵师长刘春方两部队严加监视和戒备了。

这时，我在张东荪处听到：有个自称李济深代表的彭某，托人劝告傅作义将军，还是发和平通电，促成全国和平好；不可答应改编军队的条件。我对城工部

---

① 据了解，蒋介石的这一内容的来电日期是 1949 年 1 月 17 日。当时傅作义的代表邓宝珊将军同解放军的谈判，已达成初步协议。

汇报这一情况时，城工部也听到了这个消息，遂做了必要的联系和安排，对彭某进行了监视和孤立，防止他与傅的接触。后来听说，李济深在解放区声明，否认彭某是他的代表。

邓宝珊到了北平，了解到傅作义决定和谈的真实思想后对傅说："蒋介石对他在平津的几十万嫡系部队，能直接发号施令，我们不能掉以轻心。"傅说他已经密切注意到这个问题了。这是我在王捷三（邓宝珊的老朋友）家里见到邓宝珊时听邓说的情况。这时我进一步了解到傅的态度，当即鼓励邓勇敢地担当起这项和谈的光荣使命。崔月犁同志也到王捷三家见到了邓宝珊，并与邓研究了由邓代表傅作义将军出城谈判的具体问题。

在这期间，我让冯杰宸利用其关系，及时联络北平市工业会理事长傅华亭代表工商界，河北省高等法院院长邓哲熙代表法律界，到联络处敦促刘厚同，以他两人为工商界、法律界代表的名义向傅呼吁和平。我接着又趁这个机会请刘厚同建议傅作义将军，勒令释放了一些被特务抓去的教职员和学生，其中有师范大学体育系主任徐英超同志和华北学院的几个教职员和学生，以取得城内进步群众对和平解放北平的支持。

此时，北平市参议会和市政府的负责人，也都公开出面向傅作义将军呼吁和平。

在继续谈判和平的同时，我又告诉冯杰宸把和平解放北平的工作做到傅作义将军的嫡系部队。冯杰宸与第三十五军①副军长兼师长丁宗宪是旧相识，他即向丁宗宪谈了和平解放北平的伟大意义、必要性和现实情况，丁宗宪表示赞成和拥护，他俩遂即一同去见刘厚同，表示了这个愿望和坚决的态度。冯杰宸把这一情况告诉了我，我就让刘厚同提示傅作义将军：他的部下多愿和平，不愿战争，逼傅接受和平条件。同时，我又要冯杰宸与丁宗宪密切联系，策动丁宗宪，如果和谈破裂，战火一起，由丁宗宪率部于所驻德胜门到安定门一带单独起义，与解放

---

① 此军系新保安战后重建的第三十五军。

军里应外合，迅速结束战斗，迎接解放军进城，以立大功。冯杰宸为此曾约会丁宗宪到前门外山东饭店吃饭，与丁宗宪结了兄弟之盟，以示共同信守。这时我又告诉阎又文，让他提醒傅作义将军，如必欲孤注一掷，死守北平，所部并不十分可靠，其结果将众叛亲离，必然导致失败。同时，我也向城工部反映了丁宗宪的情况与态度，以便解放军于必要时与丁联系。

1948 年 12 月，在淮海战役进入决战、国民党败局已定的时刻，蒋介石于 1949 年 1 月 1 日发出了“和平文告”，妄图借和平以停战，保存其军事实力。刘厚同闻悉后追悔地向我说：“如果宜生前两个月发表和平通电，那影响该有多大。现在蒋介石抢了先，我真为宜生惋惜。”我说：“蒋介石的和平通电是阴谋，是企图保存实力，不值一文，中共也不会理他。中共昨晚广播的《将革命进行到底》一文就表明了态度。宜生却不然，现在他虽然陷入重围，四面楚歌，但如果接受改编军队的条件，使和谈能够成议，对于解放全国还是具有实际意义和深远影响的，中共和全国人民还是欢迎的。时机还赶得上，而且和议一成，就挽救了数十万军民的生命，保存了文化古都的完整，对国家对人民就是一大功绩。现在形势发展很快，我们要及时提醒宜生立即行动，千万不能徘徊迁延了。”刘厚同听了，心情转趋振奋。这时城工部也派来代表要刘厚同说服傅作义将军接受和平条件，并说：“解放军围而不打，就是给他留有余地的。”但这时傅作义将军对中共广播的战犯名单中有他的名字，产生懊丧情绪，思想陷入混乱，以致和谈仍不能立即进展。

在此以前，冯杰宸告诉我：刘厚同老先生因傅作义将军对和谈长时间犹豫不决，感到厌倦，打算返回天津去。我听到时立即让冯杰宸及时劝挽，并鼓励刘老先生把和平事业进行到底。冯杰宸为此还自己出钱为刘老先生购置了寒衣，并在生活上多方照顾老先生。

我得悉傅作义将军有懊丧情绪后，立即找到刘厚同，请他告诉傅作义将军：“不要心灰意冷，立功可以赎罪，共产党的政策是认真的，说话是算数的。只要接受和平条件，和平解放北平，对国家、对人民就是很大的贡献和功劳，是会得到中共的宽待的，否则一再拖延，解放军围城已久，不能一忍再忍，一旦城破，岂不罪上加罪！"紧接着我就向城工部反映了傅作义将军的思想情绪和上述情况。城工部得悉后又立即派人向刘厚同讲了类似的道理，并提出了保证，要他解除傅作义将军的顾虑。

和平解放北平的伟大胜利

经过上述多方面的曲折过程，傅作义将军终于让邓宝珊和周北峰由王克俊从德胜门送出城到解放军控制区域，与解放军前线司令部谈判和平协议的具体事项。在邓宝珊与周北峰到达等候谈判时，人民解放军已下达了对天津发起猛攻的命令，并很快歼灭了天津守敌。天津解放后，解放军前线司令部负责人说："天津已下，傅作义将军应该坚定下来了。可以给他留一个加强警卫团，其余被包围的军队调往城外指定地点后，到一定时期全部改编为人民解放军，解放军进城，这就叫和平解放北平，傅作义将军带领部队起义。"这些情况是邓宝珊回城向傅作义将军汇报后，在南池子王捷三家里告诉我的。

邓宝珊与解放军前线司令部参谋处处长苏静同志一同于1月18日回到城内。傅作义将军听了汇报谈判经过情况，接受了和平改编军队与其他条件。1月19日，由傅部政工处副处长阎又文同志与苏静同志拟定了和平协议的十四条。博作义将军与刘厚同商议，刘表示完全同意。

1月21日，东北人民解放军政治部副主任陶铸同志代表北平市军管会主任兼市长叶剑英同志，华北人民政府财政部部长戎子和同志代表华北人民政府，北平市副市长徐冰同志代表中共北平市委书记彭真同志，一同会见了傅作义将军，商定了双方设置处理军政事宜的联合机构问题。这是戎子和、徐冰等同志回到联络处与我相遇时告诉我的。傅作义将军方面参加联合机构的是他的副总司令郭宗汾、少将处长周北峰和副秘书长焦实斋。联合机构就设在联络处。这时，刘厚同老先生即移居于傅作义将军的公馆。由于他为和平解放北平奔走，终于获得成功，双方和社会人士都称颂他为"和平老人"。不久，他就带着"和平老人"的这一光荣称号回到天津家中去了。

1月22日清晨，阎又文同志电话告诉我，他将于当日下午6时在中山公园水榭代表傅作义将军举行记者招待会，宣布和平协议。我下午6时到达中山公园水榭后，中外记者已到达五六十人，等候傅的总部发言人公布和平协议。我从签到簿上看到，美国新闻处、南京行政院新闻局也都来人参加。6时半，阎又文同志作为傅部发言人正式宣布了"傅总司令文告"——"和平协议"。

关于军事部分，双方商定，城内军队除由傅作义将军保留一个加强警卫团而外，其余于1月22日开始出城，到30日全部撤到指定地点。被围困的几十万军队要撤到城外指定地点去，可能发生许多问题，因此在宣布和平协议之前，傅作义将军采取了预防措施，妥善安排。其中，重要的是，一方面，指示其政工处处长王克俊对蒋介石嫡系部队将领，趁开会之际，进行说服工作。因蒋介石曾电令其嫡系部队将领带其骨干军官飞往南京，但形势已不可能，于是"网开一面"，向他们说明，在和平协定公布之日，其不愿留北平的，允许一律以飞机送走。这样，也减少了整编军队时的阻力。另一方面，对城内部队各级军官做思想工作，说明和平解放北平，城内军队必须出城，以便人民解放军进城。在这一点上，傅部政工处处长王克俊也耐心地做了许多工作。特别要防止出城军队与解放军发生误会和冲突，否则一打起来，连锁反应，那就不可收拾，就破坏了和平协议，达不到和平解放北平的目的。于是傅作义将军亲自对他的嫡系部队做了详细的指示。他首先告诉他的模范部队骑兵师师长刘春方于1月22日带头向城外开出。刘春方很好地带了头，起了模范作用。然后各部队即按照序列向指定地点开出。最后，1月30日，傅作义将军也带上他的警卫团，回到西郊他的"剿总"旧址。同日，中国人民解放军总参谋长兼北平市军管会主任叶剑英同志即会见了傅作义将军。由于人民解放军1月31日前即做好了进城的一切准备，城工部自和平协议公布后也在城内从各方面做了准备，如进城部队的驻地，解放区来的机关、团体进城后的驻地等，并挑选一批可靠人员参加协助接管各学校、机关、工厂等事宜。1

月 31 日，这一天在满街满巷人民群众敲锣打鼓载歌载舞的欢迎下，人民解放军以坦克为先导，浩浩荡荡地开进北平城。从城外来的各机关、团体、经济部门等，也都井然有序地进驻到城工部事先指定的地点。接管公营企业公司、银行时，由于城内有关人员事前接受共产党的指示，设法保护了财产，准备好了财产清册与人员名单，军管会所派军代表率领的接管组，得以顺利而完整地进行接管。

至此，北平获得了和平解放。

（本文选自《平津战役亲历记》，中国文史出版社 2012 年版，标题为本书编者加。）

王之相[*]：解放前夕与三位将军的会谈

1948 年冬，我当时是华北文法学院俄国语文学系教授。许多进步人士和共产党的地下工作人员常来我家谈论时局，使我了解到共产党的方针政策是争取北平的和平解放，并且正在从多方面进行工作，开展和平运动，借以保护人民的安全和故都文物的完整。我拥护共产党的号召，并愿尽个人力量，进行和平解放运动。

与马占山的初次会面

这时正在寒假中，我的闲暇时间较多，可以在家会客，也可以外出访友。我想起多年同我办理中俄交涉事务的老友蔡运升。他住在马占山家中（地安门内油漆作一号）。他对我说过，马占山是他的好朋友。马在西北的时候，与傅作义、邓宝珊结拜为弟兄。马是黑龙江省嫩江桥战役的抗日英雄，是我素所钦敬的人物。经过蔡的介绍，我认识了马占山。现在我决定前往马占山住宅了解情况，进行和平工作。谈话时，我首先说，共产党的争取北平和平解放的政策是为了维护国家的人力物力，避免不必要的牺牲，这是一项重大的决策，我非常感动。然后说，不论何人，只要转变立场，走向革命，都能受到中国共产党的欢迎，前途是光明

＊作者时为华北文法学院俄国语文学系教授。

的。马占山将军可以借助友谊关系，劝告傅作义将军放下武器，接受和平，北平人民将感念不忘。

马、蔡二人知道我的来意以后，都很高兴。马将军说："对于当前局势和北平命运问题，大家都很苦闷。正想到你家里，同你谈谈。我这几天身体不舒服，当年行军经过蒙古草地受到的风湿病发作了，腰背疼痛，今天勉强起来坐坐，不然我同品三（蔡运升字）早到你家去了。你来得好，说得对。咱们以后再谈。"

两天以后，蔡运升到我家来。他说，马将军身体还是不好，不能前来，很觉抱歉，让我先来谈谈。又说，马和傅作义将军已经见过面了。他们谈得很好，认识到和平解放北平，是大势所趋、人心所向。傅将军说，八路军和共产党方面也希望和平解决北平问题，已经有人转达了这种意见。南京政府却正在要求加强部署，坚持防守，等待中央支援。问题复杂，形势紧迫。傅又对马说："您是旁观者清，今天抱病前来，我很感动。咱们好好谈谈。"他俩商谈后，共同决定发电报到兰州把邓宝珊请到北平，共商大计。蔡对我说："邓宝珊是现任省级大员，局外人士，又是傅、马的大哥，很受信任。看来，傅在听取邓的意见之后，就能做出最后决定。走和平解放道路会有什么阻碍，傅会走相反的道路吗？"当时估计，阻碍是有的，变化是可能的。首先是傅将军对本人和部下安全与前途的顾虑，其次是受蒋系和反动派的宣传与欺骗。这两种阻碍结合起来，就有可能使他误入歧途。我觉得必须尽力说明中国共产党的政策是欢迎起义，优待起义人员。将来对于起义人员无论官长和部下，必能给予妥善安排，有东北和辽沈战役中的实例在前，这是不容置疑的。两个例子：一个是白世昌，国民党党员，日本投降后被派往东北"接收"，任命为辽北省教育厅厅长，住在四平街。在解放军攻占四平街时被俘，送往佳木斯，安置在俘虏营。后来问他是否愿意参加革命，他说老母家属都在北平，必须回家。解放军就依照他的志愿，发给路费，让他回到北平，家庭团聚。他现仍在北平，非常感激共产党的宽待政策。再一个例子是长春解放时，对起义人员曾泽生和他的部队，都收编为解放军。我们认为必须由马占山将军恳切说明，使傅作义将军解除顾虑。我们又谈到关于蒋介石歧视和消灭杂牌军的问题。

蔡说，这种事实很多，这是蒋介石惯用的手段。又说，马将军说过，日本投降后，他的部队由西北返回东北。到沈阳后，蒋方当局始终不予安置，到了冬季，甚至有些人冻饿死亡，真是惨不忍言。他非常愤慨。马来到北平，是为了投奔傅将军。傅将军知道他的遭遇和处境，也知蒋介石对于军队只重嫡系、排斥杂牌的手段。傅将军说过，他在新保安的部队已经垮了，垮了就算垮了，解放军来得这样快，迅雷不及掩耳，这个部队当然无法补充；即使不是这样，非属嫡系，也是很难补充的。蔡深信不疑地说，蒋介石对待嫡系军队还有黄埔与非黄埔之分，杂牌军更不用说了。马、傅二将军作为军人，比我们知道得清楚，他们一定考虑到了，这是不成问题的。

与马占山、邓宝珊的交谈

此后，过了不到一个星期，已经是 1949 年 1 月上旬了。蔡运升又到我家来，通知我于当天（1 月 8 日或 9 日）晚 7 时后到马占山住宅会见邓宝珊。我晚间到了马宅，马占山先介绍我和邓宝珊相见。他说："邓将军已经和傅将军谈过两次了，谈得很痛快，问题都谈到了，也说到你们的意见和希望。现在请邓将军谈谈。"邓宝珊谈话的大意如下：

由于形势紧迫，问题复杂，我们和傅将军进行了两次深入的会谈。我们估计了形势，分析了问题。和平解放北平是大势所趋，人心所向。为了保护市民的生命财产和故都的文化古物，必须和平解放北平，避免不可估计的损失和空前的浩劫。中国共产党和人民解放军，也正是因此希望北平能够得到和平解放。傅将军说，抗日战争打了八年，国内战争又打了三年，元气大伤，再打内战，怎么得了。只是当前的处境、面临的问题，不能不审慎考虑。说到顾虑是有的，傅将军认为，自己现在和过去都是反动的，都是与解放军和共产党为敌的。今日响应和平解放北平的号召，可以受到宽容和优待，这是战时政策。将来正式成立政府，这种战时政策，会不会成为一时权宜之计，另有新政策，还要追究旧日的罪责，例如，作为战犯或反革命分子而加以惩办？

邓宝珊说：还有一个问题，有人向傅将军建议，作为和平解放北平的条件，要提出成立"华北政务委员会"，即由中国共产党和各界人士，以及志愿参加的国民党人士组成一个联合委员会，保留傅作义的现有部队和中国人民解放军共同维持治安。据说这是为了"缓和国内战争，防止国际战争"的暂时办法，将来如何，要看局势而定，如能达到国共合作，就成立统一的联合政府。这位建议的人分析说，中国人民解放军已经完全占领了东北各省，又占领了华北各省，这样就将严重危及南京蒋介石政府的存在，从而危及美国利益，根据美蒋条约的权利和利益，必将进行武装干涉，这是有各国共同武装干涉俄国十月革命的先例的。邓宝珊接着说，我们认为附有这样条件，就不是和平解放，中国人民解放军是不会答应的，我们不考虑这个方案。

邓宝珊还要我谈谈美苏到底能不能打起来的问题。我说：资本主义发展到帝国主义阶段，更加唯利是图，引起战争的因素是夺取原料和市场，争夺殖民地。因政治问题引起的纠纷，降到了次要地位。历史上的三十年宗教战争 [1] 和神圣同盟 [2] 不会再发生了。根据美蒋条约，美国在华的权利和利益都是纸上谈兵，不是现实的权益，为维护这种利益而发动战争，是不合算的。美国垄断资本家不做这种赔钱的买卖。说到 1919 年各国出兵西伯利亚干涉俄国革命的先例，美国等国曾出兵到伊尔库茨克，结果都撤退了。这是一个干涉外国革命的失败的先例，还有什么宣传价值。解放军号召和平解放，就是不愿打内战的表示。傅将军的队伍起义以后，自然会得到适当安置和编入人民解放军，成为人民的军队，参加革命和建设工作。

邓宝珊说："王教授谈得很好，我们的谈话应当保密，不可外传，其他各方面

---

[1] 宗教战争是 1618 年至 1648 年在欧洲以德意志为主要战场的国际性战争。所谓新旧教之争，只是借口，实际上皇帝要加强权力，新旧教诸侯要扩充领地，几个大国则乘机进行侵略。

[2] 神圣同盟是拿破仑帝国崩溃后，俄、普、奥三国君主在巴黎结成的有欧洲绝大多数君主国家加入的反革命同盟。

的谈话也是这样，都不外传，不然会引起麻烦，必须注意。我家一部分人住在北平，我来北平是以探望家属为理由，也不能公开活动。"

与傅、马、邓三人的见面

过了两天，蔡运升来我家说："已经内部决定和平解放北平。马将军叫我先告诉你，让你放心。马将军问过，附条件的方案和美苏必将发生战争问题，是谁提出和建议的。傅将军只说是燕京大学的一位教授，不肯说出姓名。据说，由于燕京大学是美国教会办的，校长司徒雷登在南京任美国大使，燕京大学同美蒋关系密切；人们普遍以为他的消息可靠。在蒋政权危急存亡的关头，美国武装干涉中国革命是有可能的。因此，虽然明知附条件的方案人民解放军决不能接受，但对美国武装干涉和引起美苏战争的说法，还是对傅作义有影响。你说垄断资本家如发动战争，政治原因降到次等地位，宗教战争和神圣同盟不会再出现了，而为经济利益发动战争，美帝国主义也要打算盘，不会做赔钱的买卖，很有说服力。这两天他们三人（傅、邓、马）连续会谈，已经决定响应和平号召，实行起义。北平现有的南京党政军人员，以及退入北平的残余部队，日内可以完全退出。马将军说，傅邓二人还要见见你，明晚 7 时，有汽车来接你我一同前往邓宅会见，让你在家等候。"

次日晚间，我和蔡运升同车前往邓宝珊住宅（南锣鼓巷黑芝麻胡同）。我们到达时，傅作义和邓马二人已在那里。马占山介绍我们同傅作义相见后，傅说："王教授和蔡交涉员都是办理外交事务很有经验的，我们都很钦佩。你们忧国忧民，关心时局，提供许多宝贵意见。现在已经决定和平解放北平，大家见面谈谈，请你们放心。"我回答说："傅将军早已看到'抗日战争打了八年，国内战争又打了三年，再打下去，怎么得了'。现在响应和平，停止内战，这是爱国爱民的重大贡献，我们和北平市民，十分感激。"然后谈到美蒋关系的前途，我重复上述美国不会出兵的一些话，着重谈到蒋介石的金圆券政策是竭泽而渔，饱入私囊，通货膨胀，物价高涨，国民经济已经破产，今后美国对蒋介石的经济援助亦将无能为力，从而加速蒋在政治上和军事上的破产，那是必然的。蒋只有自取灭亡的前途。不久，傅作义将军首先离去，我们谈了一阵，也随后散去。

中国人民解放军于 1949 年 1 月 31 日正式进入北平市，纪律严明，深受欢迎。凄凉苦闷的城市立刻变为活跃欢乐的地方。人民热烈拥护共产党。

北平和平解放，是毛泽东主席和中国共产党的统一战线政策的巨大胜利，今日回忆，使人感奋不已。

（本文选自《平津战役亲历记》，中国文史出版社 2012 年版，标题为本书编者加。）

傅冬＊：我在父亲身边做"卧底"

第一次加入中国共产党

1946 年秋，我到了天津《大公报》社工作，时间不长，我就向中共党组织提出了入党申请。因为那里有许多是西南联大的老同学，对我比较了解。一天，原西南联大老同学李定同志对我说：经过我们对你多年的了解与考察，党支部根据你的申请，决定发展你，你写个自传，明天下午在宿舍里等着，有一个人拿一张报纸来找你，你把自传交给他，以后你就在他那个小组过组织生活。

当天夜里，我加了个班，写到深夜 3 点半，才把自传写完。晚上激动得睡不着。

第二天下午，我小心翼翼地关上房门，静静地坐在床上，等着取自传人的到来。那时的内心，别提有多高兴了。突然，敲门声响了，我的心突突地跳个不停。当我说"请进"之后，进来的人使我大失所望，原来是我正在谈恋爱的男朋友。他手拿一卷报纸，看我茫然的样子，还把报纸在我面前摇来晃去，我怎么也没想到，来取自传的就是他，因为我不知道他是党员。当他说明来意之后，我高兴得

＊作者系傅作义之女，时为中共地下党员。

124

跳了起来。

从 1946 年底到 1948 年秋，平津地下党的同志们不断到天津大公报社找我，多数是开个"路条"到沧县泊镇去，因为当时华北局城市工作部刘仁同志在那里。所以，我每次回平都要想法多"抄点"华北"剿总"的便信笺。有这么一张信纸，陈塘庄附近的国民党岗卡见了就放行。有时这些同志缺少路费，我就给他们凑足。那时，觉得为党、为同志做一点事，心里特别痛快。

在父亲身边"卧底"与第二次入党

1948 年 9 月，我又到北平来组稿，任务完成后，我就要返回天津了。就在火车即将开动的时刻，李炳泉同志上车来找我，一把把我从火车上拉了下来，对我说：天津那边来电话了，叫你留下来，以照顾你父亲生活的名义，多向党提供一些你父亲的思想动向等方面的情报。还让我转告你，北平党的学委书记佘涤清近日可能与你接头，由他领导你的工作。没过几天，我爱人周毅之也来北平了。从此之后，我就留在了父亲身边，并与佘涤清书记接上了头，差不多每天都要到东皇城根李中同志家里，和佘见面，有时佘有事来不了，就由崔月犁秘书长替他来。我将能观察到父亲情绪上的细微变化，都毫无保留地告诉了党组织。

我和佘涤清接头不久，由于我的组织关系没有从天津转过来，佘还以为我是"民青"盟员，没有加入党组织，于是便对我说：你写个自传，党组织决定发展你入党。我当时一是年轻，二是新党员，与佘又不像与李定等同志那样熟，也没敢问，就照佘说的办了。这就是我第二次入党。

初次试探父亲

1948 年 11 月 2 日，辽沈战役结束。3 日，蒋介石来电，要我父亲到南京去开会，说是最高级的军事会议。那天，李世杰参谋长、张濯清总参议等，都来劝他不要亲自去，让李参谋长代替去。怕蒋把父亲扣在南京，不让回来了。这天夜里，我就在父亲的屋子里等他回来，想从父亲的言谈中探出点情况。

父亲回来后，嘱咐我说：我明天去南京开会，我不在北平，你少出门，免得特务们盯你的梢。

我问父亲，开几天会？什么时间回来？

父亲很不高兴地说：这些事，你不该问。

这时，我想，父亲去南京开会，肯定与平津的战局有关，我怕他像过去一样，蒋介石给他升个什么官，他再跟着蒋继续去打内战，于是我说：爸爸，今天我见到了一位老同学，他非常关心我，也十分关心你。他说：战争的形势发展这样快，你父亲是抗日英雄，和共产党、八路军合作抗日，并肩作战，所以有接受和谈的可能，共产党希望你父亲再次合作，和平解决平津问题，避免文化古都北平和工业城市天津再遭战火摧残！

我父亲一听，马上反问：你说的老同学是真共产党还是军统特务？你可别上当，要碰上假共产党就麻烦了。

我说：是真共产党，不是假的，更不是特务！

他又问：是毛泽东派来的还是聂荣臻派来的？

我说：是毛泽东派来的！

他沉思了一会儿说：这是件大事，我要好好思考思考才能告诉你。不过你的行动，一定要小心，没事不要到处乱跑，正因为你是我的女儿，特务们会加倍地注意你的。

致毛主席求和电

1948 年 11 月 7 日，父亲从南京开会回来了。开始，我看他的情绪还算正常。没过两三天，他又在屋子里踱起步来，或者一个人单独坐在那里考虑问题，饭也吃得少了，我知道他又遇到了难题。于是，我就用话套他的警卫秘书段清文。从段那里知道了 9 日中午，他请杜聿明吃了一顿饭，不知二人谈了些什么。10 日，他到孙连仲官邸去看了卫立煌，并把蒋介石给他发来的让他扣留卫立煌的电报，给了卫立煌。由此我想到，父亲肯定是在考虑前途问题。

连续几天，我在向佘涤清或崔月犁汇报上述情况时，他们对我说：11 月 8 日、9 日，山东《大众公报》连续发表了在济南战役中被我军俘虏的王耀武的《告国民党官兵书》和《告国民党党政军机关书》，11 月 15 日王耀武又亲自在山东新华广播电台发表广播演讲，你父亲要是知道了王耀武讲话的内容，肯定会有反应，会有新的决策，我们希望他向有利于和平解决平津战事方面决策，你这几天注意观察他的一举一动。

11 月 17 日早上，我来到父亲的房间，父亲说：近日你与那位同学又见面没有？他到底是真共产党还是假共产党？接触中有没有让你生疑的地方？

我回答得很肯定：是真共产党！是毛泽东派来的！没有让你生疑的地方！

父亲说："那好，我有一件十分机密的事，能不能请他帮我办一下？"

"能！当然能！"我回答。

于是，爸爸说：请他替我给毛泽东发个电报。

我说，好，就要去拿笔、纸。

父亲有些生气地说："一个字也不能用笔记，只能记在脑子里，对你的同学，也只能口授，决不能字传，一点痕迹不能留下。"于是，父亲口授了两遍，又让我复背了两遍，没有错误，这才罢休。

电报的原文大意是这样的：

我已认识到过去以蒋介石为中心来统一国家、复兴民族和随蒋戡乱是完全错误的，决计将所属的约六十万军队、二百架飞机交毛泽东指挥，以达救国救民之目的，请求派南汉宸来平商谈和平事宜。

这个电报发出后，一直没有得到回音。父亲问过我，我也问过佘涤清和王汉斌，谁也没有正面回答过我。

毛主席"元旦六条"的由来

1948 年 12 月 14 日，解放军包围北平后，第二天，父亲就派了崔载之为代表，在李炳泉的引导下，到平津前线指挥部谈判去了。正在谈判期间，解放军连续攻克了新保安和张家口，消灭了三十五军和一〇五军，25 日凌晨，中共又宣布了头号战犯，我父亲的名字也在里面，这一下子激怒了他，他把办公桌上的电话、茶杯、笔筒以及文件等，统统用臂横扫于地，跌跌撞撞走向卧室的时候，撞在门框上，摔倒在地。当我闻讯赶到时，他已躺在床上，嘴里念叨着："完了，一切都完了，政治生命也完了！"我刚要说什么，刘厚同老先生来了，他说："宜生，不要悲观，旧的生命完了，新的生命正好开始！现在要紧的是，你要认清形势，下决心，把和谈道路走下去，我不相信共产党非要用武力解决平津问题。"

父亲说："人家要价太高，我无法满足。"

"高！不就是让你把中央军的军师长抓起来，宣布起义嘛，你办不到，说明情况再谈嘛！"

"人家要的条件，是让我对不起朋友，也对不起死去的郭秀山（郭景云的字），是让我当叛逆，落千古骂名！"

"宜生，此念差矣。前些日子，我不是对你讲了，什么叫忠，忠要忠于什么人。"

关于"忠"的问题，刘老对父亲是这样说的：商汤、周武是桀、纣的臣，后来讨伐桀、纣，后人不但不骂他们是叛逆，倒赞美他们是圣贤。忠，要忠于人民，并非忠于一人。目前国事败坏到这个样子，人民流离失所，活在水深火热之中，人民希望和平，政府必须改造。如果你能按照历史发展，顺应人心，起来倡导和平，天下人会箪食壶浆欢迎你，谁还会骂你叛逆呢？

接着刘老还针对父亲企图依靠空投、固守平津，与城共存亡的想法说，文化古都不能毁在你傅宜生的手里，解放军四面而来，城是守不住的。蒋介石自顾不暇，哪有力量支援你。现在与中共和谈的资本虽然不如过去了，但议和一成，平津免遭战火破坏，城内军民生命财产得以保全，人民会感谢你的。共产党说话是算数的，政策也是很明确的，高树勋起义就是一个见证，你只要接受了和平起义，共产党是不会亏待你的，你和你的部属，都会有个光明前途的。

我把父亲大闹居仁堂的情况向佘、崔汇报后，1949年1月1日，毛主席为父亲不理解为什么宣布的战犯中也有他的名字，写了一个电报给父亲，电报发到平津前线指挥部，林彪派李炳泉回来传达的。这封电报，后来人们把它称为"元旦六条"，一下子解除了父亲的思想疑虑，把父亲又拉到了谈判桌上，这才有了派周北峰出城进行的第二次谈判。

不寻常的一顿饭

1948年12月底，父亲把邓宝珊将军接到了北平。当天晚上，他们一起到马占山将军家吃饭。他们三人早在抗日战争年代就拜了把子，成了异姓兄弟。邓伯伯来平不久，就与崔月犁同志接上了头，二人商量着如何做父亲的工作。

1949年1月12日，邓伯伯把我叫去，说他与父亲一起吃了一顿饭，这顿饭好像是邓伯伯张罗的，弄了五六个菜。这对我父亲来说，是第一次，因为平时，父亲吃饭只有两个菜，有客人时，才加一个。这次这么多菜，我就感到可能有好事。

后来，我去向崔月犁汇报情况时，我还没开口，崔问我：前一两天，你与父亲和邓宝珊将军一起吃了一顿饭吧？我很惊奇地说：你怎么知道？他答：邓将军对我说的。他说你父亲的问题解决了，下决心与我们党合作了。我当时听了这话，高兴极了！

董世贵／执笔整理

（本文选自《纵横》，2009年第1期，标题为本书编者加。）

王乔年 *："华北人民和平促进会"代表团出城谈判经过

　　辽沈战役结束，东北地区全部解放，紧接着人民解放军东北野战军迅速进关，会同华北野战军分割包围北平、天津、张家口地区，在攻克新保安、张家口、天津之后，紧缩了对北平的包围。当时北平城外门头沟、石景山、孙河等地已经解放，然而解放军对北平城内的煤、电、水照常供应。解放军对天坛、东单两个临时简易机场偶尔进行炮击，是为了阻断傅作义部队逃路与空中补给。这种形势的逼迫与解放军的宽大政策有力地支援了北平的和平力量。当时，中共在北平的地下党组织，对傅作义发动了强大的和平攻势，最后促使傅作义将军下决心走和平解放的道路。傅作义将军在广泛征询了各界意见后，先后秘密地派出了以崔载之、周北峰、邓宝珊为首的三批和谈代表，与解放军谈判北平的和平解放问题。

"华北人民和平促进会"代表团

　　东北解放后，国民党在东北的基层势力如党棍、特务、土豪劣绅等，纷纷逃亡关内，麇集平、津；加上华北大部解放，绥、察、热、晋、冀及天津等省市的参议会头头们也都流亡到北平。他们搞起什么"联谊会"等名堂，先是像一群苍

---

* 作者系北平解放前夕"华北人民和平促进会代表团"成员之一。

蝇一样，围在傅作义周围，鼓噪什么"加强剿共"；及至天津解放，北平形成死城一座，他们见大势已去，连傅作义也是泥菩萨过河自身难保，于是就摇身一变，又化装成"和平战士"，演起"和平"把戏来。"华北人民和平促进会"就是在这种形势下出场的。

"华北人民和平促进会"的主要发起人与组织者，是北平市参议会议长、国民党北平市党部前主任委员、国民党中央候补执行委员许惠东。他以东道主的身份，召集了当时五省两市参议会的头头们，组成了"华北人民和平促进会"。为了壮大声势，他们还吸收了东北地区逃亡来平的所谓士绅参加，用许惠东自己的话说："我们要入股（指捞取政治资本），股越大分红越多。"于是，他又把他平日看不起的所谓"群众团体"也拉进了"华北人民和平促进会"。在这时，恰巧因支持李宗仁竞选副总统而触怒了蒋介石被罢了官（撤掉北平市长职务）、又被国民党CC系遗弃的何思源回到北平，许惠东认为这是一张"王牌"，立即亲自把何请进了"华北人民和平促进会"。同时，许又邀请了戊戌变法的领袖人物康有为的女儿康同璧，前中国大学代校长吕复（吕剑秋），以及梁秋水、何海秋、周炳琳等社会上主张和平的知名人士参加活动。于是，"华北人民和平促进会"就这样正式宣告成立了。

"华北人民和平促进会"公开参加北平和平解放运动的行列，给傅作义将军的力主和谈增添了声势和力量。这可以从当时北平广播电台的广播和国民党统治区各地报纸的报道得到证明[①]。但是，当时若没有傅作义将军的批准，"华北人民和

---

① 北平解放前夕，北平市各报纸大量刊登了"华北人民和平促进会"代表团出城的报道，并刊登了"华北人民和平促进会"向全国呼吁和平的通电。例如，当时的《华北日报》连续四天做了如下报道：

（1）1949年1月17日刊登"华北人民和平促进会"和谈代表团成员的初步名单：何海秋、梁秋水、冯莲溪、刘鸿瑞、王乔年、马振源、卢其然、张宝万、何思源、周炳琳、傅华亭。

（2）1949年1月18日刊登"华北人民和平促进会"和谈代表团修改后的名单：何海秋、吕复、冯莲溪、刘鸿瑞、王乔年、马振源、卢其然、张宝万、何思源、康同璧、傅华亭。

（3）1949年1月19日刊登"华北人民和平促进会"和谈代表团于18日下午2时出城谈判。代表团成员是：吕复、康同璧、郭树棠、王乔年、张宝万、卢其然、马振源、刘鸿瑞、冯莲溪、何思源，共10人。

（4）1949年1月20日刊登："华北人民和平促进会代表何思源等11人，在会晤共方负责人，倾诉华北人民希望和平之愿望后，于19日下午2时一刻回城。"

平促进会"和谈代表团是出不去北平城的。同时，若不是得到傅作义将军的支持，我们还可能遭到国民党主战派（守城部队中蒋的嫡系部队以及军统特务等）的公开镇压。事实也正是这样。何思源先生还未出城，就遭到了军统特务定时炸弹的袭击。然而主战势力及其特务组织的阴谋手段，并不能阻止北平和平解放运动的进展，何思源先生还是毅然带着伤和代表团全体代表一起完成了出城和谈的使命。这是人民和平力量的胜利。主战势力的暗杀行动，只能说明他们的虚弱、恐惧和垂死挣扎。

代表团出城经过

1949年1月16日下午，经傅作义将军同意，"华北人民和平促进会"在北平市参议会大楼（中南海新华门对面）开会，到会的有：平、津、冀、晋、绥、察、热五省两市参议会的代表，北平市总工会、商会、工业会、农会、妇女会、教育会、河北省商会、农会等民众团体的代表，北平市社会知名人士何思源、吕复、康同璧等，以及东北地区流亡北平的士绅等近百人。会议由许惠东主持，经过反复讨论，大会做出决议，以"华北人民和平促进会"的名义发表通电，向全国呼吁和平，向解放军与傅作义双方呼吁举行和平谈判，以促成北平问题的和平解决。大会并决定：一、推派何思源、许惠东等人为代表，面见傅作义将军，陈述华北人民主张和平的意见；二、推选出代表十一人组成"华北人民和平促进会和谈代表团"，出城到解放军前线司令部转达北平市人民的和平意愿，呼吁国共双方举行和平谈判。代表团十一人由以下几个方面的代表组成，他们是：社会知名人士何思源、吕复（吕剑秋）、康同璧（女），北平市总工会王乔年、马振源，北平市工业会傅华亭（北平市工业会理事长，后因高血压病发作，临时未能出城），北平市商会张宝万，北平市妇女会卢其然（女，该会秘书），北平市教育会冯莲溪（女，西直门大街小学校长），河北省商会刘鸿瑞，河北省农会郭树棠。由何思源先生为代表团团长，兼首席发言人，定于次日（1月17日）上午9时出城。当时大会拟定了对解放军的广播稿，由代表团全体成员签名，然后送到北平广播电台向解放军广播；并拟定新闻稿，也由代表们签署，然后发到北平市各报社。

会后，由何思源、许惠东、贺翊新（河北省参议会议长）等人，走访了傅作义将军，向他汇报了大会的决议。傅将军说："我接受大家的意见，但是还要你们辛苦一趟，请你们大家走访一下各军种、各兵团总部，征询一下'中央军'各位司令的意见。"于是，何思源、许惠东诸人随即到各司令部走访，并就和平解决北平问题向他们做了游说工作。

不料，当夜何思源住宅被炸，何思源先生负伤，被送进医院治疗。

17日上午，代表团成员除何思源因伤未到会，其余诸人都及时来到市参议会。促进会的其他人士大部分也都陆续来到。大家开会研究何思源先生被炸事件后的形势和应采取的具体步骤。会议仍由许惠东主持。许首先向大家报告何思源先生住宅被炸事件经过。他说："16日夜里，七省市议长们在锡拉胡同何宅开会，直至深夜，何说：'夜深了，大家该饿了，弄点夜宵吃吃。我还有家乡味的扒鸡，请大家尝尝。'于是，何即叫他的副官到厨房传话。副官出去后，忽然匆匆地进来说：'何先生，不好了，房上有人。'何急忙拿起手枪，一手持手电筒，走到院中巡视，结果，并没有发现任何踪迹。何对副官说：'你眼差了吧？'大家吃完夜宵就走了，各自回家。因开会的关系，何思源睡得很晚。才睡下不久，忽听到他夫人房间里轰然巨响，接着就传来呼叫声。何急忙披衣向夫人房间跑去，刚要出房门，他自己的房间又是轰然一声巨响，房的脊檩被炸断，他的床被砸碎，炸下来的断木碎瓦把何的手臂和小腿砸伤。此次事件想系国民党特务的有计划行动①。在何先生家房上放了定时炸弹，其险恶目的想必是要破坏和谈。这次事件造成了何先生的全家负伤，都住进了医院，何先生的二女儿被炸死，她为北平的和平事业

---

① 根据军统特务在"清河训练大队"（北京解放后，属北京公安局的一个管制特务、反动党团分子的机构）的交代材料，是军统北平站收买飞贼段云鹏在何思源住宅的房上放置了两枚定时炸弹。军统技术总队还曾计划对出城的十名代表分别采取暗杀行动。只是因为对何思源暗杀失败，傅作义将军对代表们的安全采取了措施，军统技术总队的计划未能实现，北平即告解放。

献出了自己宝贵的生命。"听了许惠东的情况介绍，大家才知道何思源先生被炸伤的详细经过。何先生家出事的当夜，许惠东得到消息后马上坐汽车赶赴何家（因夜深了，司机不在，由许惠东的长子许仁开车），把全体伤员送往协和医院抢救。大家对何先生家被炸极为震惊，对何家二小姐的牺牲深表哀悼，同时对国民党特务的暴行非常痛恨。会议决定为何二小姐治丧，并立墓志铭记述牺牲经过。碑的正面主文题曰："和平之花。"还决定派代表到医院向何思源先生及其全家表示慰问。

接着，许惠东提出，代表团还可能遭受更大的危险，他提议，出城之行可以作罢。我在过去就对许的官僚作风有意见，曾与他发生过多次争吵。这时，我站起来向他质问："出城和谈是关系到北平市数百万市民和北平文化古都的命运的大事，是各界代表在大会上共同做出的决议，而且已经向解放军做了广播，约定好了的，你许某人有何权力可以任意变更或推翻大会的决议案？不论出现任何挫折和险阻，我们也应当坚决实行大会的决议。不然，你请我们民众团体出来干什么？我们不是玩物，可以任意摆布的。"许见我对他发起急来，赶忙红着脸解释说："老弟，现在是什么时候，你还犯老毛病？我不过是提出我个人的意见，同意不同意，大家可以讨论嘛。"于是大家展开了争论，最后决定仍继续执行出城谈判的决议。至于出城时间，要根据何思源先生的伤势，并在征询何先生的意见后再做出决定。代表们到协和医院看望了何先生及其家属。何先生首先对大家的关怀表示感谢，接着他表示：和平事业是大事，他个人被炸受伤是小事，不能因小而失大。他坚定地说："我的伤再重，就是走不动，抬着我也要出城去参加和谈。不能因为我个人而耽误了和谈大事，我就是为此而付出生命，也是光荣的。"大家听了，深为何先生对和平事业的坚定信心所感动，于是商定，把出城时间推迟到次日。

1月18日下午1时许，我们九个代表齐集在西直门电车北厂，等候尚未到来的何思源先生。不一会儿，何先生坐着由许惠东的长子许仁驾驶的小汽车到了。从车里走下两个人来，一个是何先生，他颈挎绷带，兜着右臂悬在胸前；另一位是个中等身材的中年人，我不认识。我们九个先到的代表纷纷向何先生握手慰问，表示敬意。于是大家一齐登上了一辆事先准备好的公共汽车，向西直门开去。我环视了一下我们的代表，共十名，不多不少。司机、副司机二人，另外还有那位随何先生来的人，算起来此行一共13人。只见陪同何先生来的那位手里提着一只大提箱，身穿藏蓝色斜纹布的中山装，面貌很英俊。我问：我们代表不是整整十位吗？这位又是谁呢？那人看了我一眼，没有说话。何先生却忙接过来说："这位是我的随从人员。"就在这当儿，代表之一，我的市总工会同事马振源扯了一下我的衣襟，附耳小声对我说了几句话，我这才知道他是中共派来与何先生联系的地下工作人员，名叫张实。

汽车开到西直门，迎面走过来国民党守军的少将司令官，这个中等个子、体格魁梧、满面笑容的军官走上汽车，握住我们的手说："诸位辛苦了，你们为老百姓做了件好事。这就好了，我欢送你们出城，祝你们顺利完成任务。"后来得知他名叫许书亭。

汽车出了城，我们车上打着两面白旗，上面用黑字写着："华北人民和平促进会和谈代表团"的字样。汽车沿着动物园西墙外的京颐公路向北驶去，打算直奔海淀镇解放军西郊部队司令部去。沿途只见公路西侧栽满密密麻麻的木桩，据说木桩外是布雷区。车开到白石桥，不料桥已被国民党军队拆毁，不能通过，汽车只好折向西郊机场公路。快到车道沟村附近，已是国民党军前沿阵地，公路被铁丝网封锁，路旁是碉堡，铁丝网外边布满了几层路障。国民党守军对我们问明了任务后，把铁丝网剪断，移开路障，于是我们通过关卡，向西驶去。只见路旁北侧紫竹院迤西的土丘上已挖成螺旋形战壕，这里，虽然充满了战场气氛，却非常宁静，除了我们的汽车发出的隆隆声响外，听不到任何声音。忽然一阵紧密的冲锋枪声传来，前方路旁闪出来两个解放军，一个手端冲锋枪，一个手握匣子枪，喝令停车。由于司机没有听到，车照常飞驶前进，那位手持冲锋枪的解放军就向天空鸣枪示警，车还是未停下来，那个解放军又向汽车前方地下打了一梭子，顿时沥青路面冒起了白烟。大家听到枪声，都在车里本能地卧倒下来。我因为坐在前面，距离驾驶员较近，见此情形急忙站起来喊："停车！停车！"这时司机才紧急刹车。解放军在车外大声喊道："下来！"我们十个代表当中数我年轻体壮（那时我正好三十周岁），而我又恰恰靠着车门站着，责无旁贷地立即手持白旗走下车去。才下车，解放军就喊我："过来！"我刚刚向前跨出两步，另一个解放军却又喊："不要向前走，有地雷！"因为两位解放军始终是站在公路下边，我就走下公路前进。不料解放军却又大喝一声："不要动！路下边有地雷！"弄得我不知如何是好，只好停下不动。两位解放军走过来问我："你们是干什么的？"我答道："我们是和谈代表团，不是事前在电台广播，和你们联系好了吗？"解放军又问："定好昨天上午九点来，为啥现在才到？"我解释说："因为昨天我们代表团团长何思源先生被特务炸伤了，所以耽误了。"那位手持匣枪的解放军哼了一声，旁边端着冲锋枪的解放军小声说："哼！苦肉计！"这时，突然东边枪声大作，还夹杂着机枪声。那位手持匣枪的解放军立即厉声喝道："你说是和淡的，为啥还要带着队伍来，你们到底搞的是啥名堂？"我说："谁带队伍来了？"解放军用手一指我的背后说："你看，那不是队伍是什么？"我回头一看，果然沿着车道沟的深沟露出一个个钢盔顶，向这方面蠕动前进。我生怕发生误会耽误了大事，急忙用白旗向后挥动，叫他们撤退，他们才退了回去。这时枪声也停止了。事后在归途中，我问国民党守军，这是怎么回事？他们说，听到冲锋枪响，怕代表们出了差错，想营救一下代表团，所以才摸了上来。后来知是误会，才放下心来撤了回去。

误会解除后，解放军和我一起登上汽车，我向他们介绍了何思源先生。其中一位解放军和何先生边握手边自我介绍说："我是人民解放军连长，奉命来迎接你们的。"于是我们由这位连长带路，向西郊机场方向驶去。

汽车在靠近机场的地方往东折向蓝靛厂镇，穿过火器营村和蓝靛厂大街，经长春桥跨越清水河，穿过东山子（一座植满枣林的土岗），走小南庄村，然后沿苏州街（清代的一条至颐和园的土马路）驶向海淀镇，再经过海淀镇南街，最后到达槐树街一号解放军司令部的招待所（我自幼生于海淀镇，长于万泉庄村，小学时代就读于蓝靛厂南门小学，这里是我的家乡，所以道路记得清清楚楚）。

解放军司令部的同志们安排我们休息了一下，吃过晚饭，司令部的莫文骅政委来了，陪同他一起来的还有欧阳副政委等多人。经一一介绍，代表团十人都递过名片，大家落座互致寒暄，然后开始会谈。首先，由莫政委致辞，他对代表团的到来表示欢迎。接着由何思源先生说明来意。他说："我们受二百五十万北平市民的委托，希望国共双方以大局为重，对北平这座文化古城应采取和平方式来解决。"随后，吕复、康同璧两位先生相继发言，表达了华北人民要求和平的意愿。之后，何先生接着发言。他说："傅作义将军为了保护北平这座七百年古都的文化古迹，为了保障二百五十万市民的生命财产不受损害，他已经表示同意我们提出的和平解决的主张……"话还未完，莫将军马上插言说："我们认为不是傅作义保护了北平城，倒是北平这座古城保护了傅作义。"停顿一下，何先生接着说："傅作义将军向来是尊重民意的，他的部队一向注重军队纪律，不扰民、不害民……"莫将军听到这里，马上打断何的发言，严肃地质问道："照何先生这样说，傅作义如此'爱民'，那么，我们解放军要革傅作义的命是革错了？"何思源被质问得无言以对，非常尴尬。会谈一开始就如此针锋相对，那么，会谈将如何进行下去呢？大家很替我们这位代表团团长兼首席发言人着急。这时，会场是一片沉寂。于是，我便站起来为何先生解围，说道："请莫将军不要误会，解放军是为了解放人民的革命军队，傅作义将军的部队根本不能和解放军对比。何先生的意思是说，在国民党各派系军队中间，从纪律方面而言，傅作义将军的部队要比蒋介石嫡系的中央军好得多了。"这时，莫将军看了我一眼，态度缓和下来接着说："那么，请诸位告诉傅作义，他不要躲在北平城里耍赖，把破坏北平文化古城的责任转嫁给中国人民解放军。傅作义不是自认为很能打仗吗？那么，请他把部队拉出北平城外来，我们让出一片战场，彼此较量一番。"何先生接过来说："我看，还是以和平解决为好。"最后，莫将军说："那么好吧，就请何先生转告傅作义将军，三条路，任他选择。第一条是打。他不是说要保护北平文化古都不受炮火损伤吗？我们同意他的意见，那么，就请他把部队拉出北平城来一决雌雄，不要躲在北平城里装蒜。第二条是无条件投降。也请他把部队拉出北平城，到指定地点集中，听候改编。第三条叫作'和平解放'，订上它几条君子协定，同样也要请他把部队拉出城来改编。总之，第一条路不用讲了，第二条和第三条路，我们都保障傅作义将军和他的部下的生命财产的安全。这三条路如果他都不同意，就无话可讲了，我们只好被迫走攻城一条路。那么，城破之日，老百姓和文物古迹的损伤，这笔账是要算在傅作义头上的。长时间以来我们是围而不打，已给傅作义先生留下了考虑时间，请何先生转告傅作义，我们还可以给他几天时间，等待他的答复。但是，要告诉他，时间是不能再多等的。到一定的限度，就不要怪我们不客气了。"

会后，莫将军退席走了，双方参加者各找对象交谈。有位高个子的解放军某主任拉我一起坐下谈话。他满口浓重的外乡口音（可能是湖南人），我一句也听不懂，而他却很健谈。起先，我听不懂还问他几次，但不能总是问人家呀。没办法，后来只好他说一句，我应一声。

天晚了，解放军留我们在招待所住了一夜，睡前，嘱咐我们夜间不要随便走动，以免发生误会。

睡下后，夜已深了，从远方不断传来零星的枪炮声。据说，这已是惯例了，国民党部队在夜间总是不断地打枪打炮。大概是为了壮壮胆吧。在近处，只有解放军警卫岗哨的踱步声。不一会儿，我就沉沉入睡了。

第二天睁开眼，已是天光大亮。解放军同志打来热水，我们洗漱完毕，司令部从海淀镇里有名的饭馆"海顺居"叫来了丰盛的酒席，为我们代表团饯行。彼此谈笑甚欢。饭后，送我们上汽车，握手告别。

跟随何思源先生一起来的那位张实同志，一到解放区就提着大皮箱走了。他既未参加会谈，也没有随车回城里。

临行前，解放军把大批宣传品塞进我们的那辆汽车。车沿着原路驶回城去。到了西直门，国民党守城的官兵们立即把代表们围了起来，问长问短。他们争相询问的问题是"和平有希望吗？"当代表们回答"和平解决大有可能"时，他们不禁雀跃欢呼起来。有的说："本来嘛，还打个什么劲儿呢？"在回程中，我们在公路上和解放军战士谈话时，他们都异口同声地说："打进北平城，活捉傅作义。""打倒蒋介石，解放全中国。"国民党是官兵厌战，解放军是坚决把革命战争进行到底。这种鲜明的士气对比，也就注定了国民党反动派必然灭亡，解放战争必然胜利。

在返城途中的汽车上，代表们商定由何思源先生会同许惠东等向傅作义将军汇报出城谈判经过，敦促傅作义将军对北平的和平解决早下决心，使和平能早日到来。

代表团回城之后

返城后我回到本单位。北平邮局的职工们听到我已经回来，自动地集合到邮政管理局投递处大厅，要求我把出城谈判情况向大家讲一下。盛情难却，我只好向大家做了汇报。我详细地把出城经过向大家介绍一番。最后，我说："堪以告慰于大家的是：北平和平大有希望，古城解放即将到来。"大家听到这里，不禁欢声四起，掌声雷动，有的人竟情不自禁地高呼："北平和平解放万岁！"回想我此次出城临行前，将要由邮局乘车去西直门的时候，邮局职工们也是自动地集合到一起，来送我。但那个场面不像欢迎我归来时那样欢腾喜悦，而是神态严肃，既满怀期望，又怀有几分忧虑，有的老职工千嘱咐万叮咛地对我说："小王啊，全体职工要求和平解放的心情，你千万要替我们向解放军转达！"有的青年职工竟振臂高呼："我们要和平，不要战争。"

同样，当我回到我的住所时，邻居们也都不约而同地拥向我家，争相打听和平的消息，使我应接不暇。

以上种种情形表明人民是多么向往和平、厌恶战争，又是多么盼望解放。这是大势所趋，民心所向。这足以证明顽固的国民党主战派是多么不得人心。

我们归来两日后，傅作义将军的代表邓宝珊将军也谈判归来，与解放军达成了《北平和平解放协议》。三日后，傅作义将军广播，公布了《协议》的部分条款，古城沸腾了。不久，中国人民解放军举行了盛大的入城式。北平市人民倾城出动，载歌载舞，迎接人民的子弟兵——解放军的进城。随后，北平市民自动地举行了盛大游行——这是北京有史以来人民自动的最大的庆祝游行，它充分显示了人民的力量，充分表达出人民对于和平、对于解放的无比欢欣和无比兴奋的感情。

（本文选自《文史资料选辑》第 18 辑，北京出版社 1983 年版，标题为本书编者加。）

何思源[*]：我参加和平解放北平的经过

1948 年冬、1949 年春我为和平解放北平而奔走，是我前半生被共产党和人民肯定为 "做对了"^① 的一件事，特忆述其简要经过如下。

寻找一条明路

1946 年冬，我由国民党山东省政府主席调任北平市市长，到北平不久，就知道市长干不长，不是我干不长，而是蒋家天下不会长了。蒋介石发动的内战，在东北和关内各处一败再败，各地人民的愤恨一天天扩大，而蒋家官员，各顾自己，有钱的赶紧把钱存进外国银行，把眷属尽快地送往美国或香港。这是蒋介石的反动统治已濒临瓦解崩溃的征象。这时我思想上起了重要变化。我觉悟到以前已经走了绝路，这条路我不能再走下去了。我也无权再带着子女走死路，他们是小孩子，应有他们的新生命、新世界。因此，在当北平市市长的 20 个月里，例如，

---

* 作者于 1946 年 11 月至 1948 年 6 月任国民党北平市市长。

① 据新华社陕北 1949 年 2 月 1 日电："一月十八日北平人民的十一个代表出城和人民解放军公开接洽。……代表们中的一个是前北平市长何思源，他是过去山东国民党省政府的主席，坚决反对过人民解放军，当北平市长时也是坚决压迫人民的。他是国民党 CC 系北方派的干员之一。不管他过去做得怎么坏，这一次总算做对了。"

处理学生示威游行问题、人民生活问题等，我和蒋介石的特务发生了矛盾。1948
年 4 月，在景山东街，我挨了蒋介石特务的第一枪，幸而没有打中。6 月，蒋介
石就下令撤了我的职。7 月 1 日我向新任市长刘瑶章交代清楚以后，移居锡拉胡
同十二号。

7 月 5 日下午，我在家听见外面枪声很急，有人跑来告诉我，才知道发生了
震惊全国的蒋介石军警开枪打死、打伤东北学生 30 多人的"七五"大惨案。那
时，傅作义任国民党华北"剿总"总司令。我同傅先生原已有些交往，这时更慢
慢地接近了。我被撤职的那天，傅向我表明此事与他无关，还有一点惋惜的意思。
"七五"事件发生，他又找我去谈话。一见面，我就直率地对他说："傅先生，你
看蒋先生的统治，腐烂到何等地步！光天化日之下，陈继承竟敢越过你，调兵开
动机枪屠杀无辜青年学生！"傅说："你早离职了几天，不然你可以帮我的忙。"
我乘机对傅说："傅先生是奋发有为、励精图治的，领导自己的部下努力向前。但
你是枝叶，所依附的根已经腐烂了，所以你无论如何努力，也无法生长、开花、
结果。局势变化太大，不如乘此机会脱离腐根。"我说："抗日战争期间，我在山
东乡下打游击，对全局情况不甚明了。到了北平，接触到许多现象，就知道跟蒋
先生走下去是绝路。"

为"七五"惨案事，东北士绅邀同各地反蒋人士向傅作义大吵大闹，傅作义
既花钱又赔罪，而主要凶手陈继承却没事，就被调走了。我怕蒋家特务向我开第
二枪，乘机溜到青岛去躲避。蒋介石来北平，我不敢回北平，但天天留心战局。

1948 年 10 月上旬，蒋介石返回南京。我于 11 月 6 日回到北平，7 日就去城
外见傅作义。原来，他看军事紧急，已住到城外一个村庄里，并在那里修了一座
军事堡垒。我一到，他从房里迎出来，一边走着一边说："军事真糟。"坐定以后，
我着急地对傅说："傅先生为什么还不跟那边（指中共）接头？迟了不利啊！"我
们谈了很多。傅有顾虑，也有许多想法，幻想美国可能出兵干涉，李宗仁可能有
希望代蒋（我看傅与李似有默契）。他说：如果改与中共"合作"，他虽然有几
十万人，但用他个人的名义也不行，更不能用"剿总"的名义与中共合作。他的

意思是想在北平先组织一个"华北××委员会"，请顾孟余为主任，他任常委或副主任，专管军事。傅要我去南京一趟，看看李宗仁还有什么办法，并找找顾孟余。当时我听说傅已派人去请邓宝珊，另外天津还有一个姓刘的来帮助他对付中共[1]。我想，大概他是在各方面进行活动。

逐渐破灭的幻想

我也想去南京看看，于是 11 月上旬我飞到南京。我在南京住在李宗仁处，几乎每天晚上都和李谈。李有时乐观，有时悲观。蒋介石把李宗仁看成"小孩子"，想法子骗他。有时对李说他"可退职""休息""告假"；有时甚至说"可以让给你"（指李宗仁）；有时又说"现在还不能"。事实上，蒋、李矛盾很大，竞选副总统时，蒋对李就怀恨在心。

我和李的副参谋长徐某也常闲谈。徐说：第七军驻防芜湖以东，芜湖到南京不过一两个钟头路程。第七军的人怕蒋介石杀害李，因此徐常来往于芜湖、南京之间。徐对我说："李先生当选副总统时，你在北平怀仁堂为李举行酒会，并燃放鞭炮，蒋介石很恨你。"

事到如今，蒋政权内部仍是钩心斗角，四分五裂。蒋介石还是妄图靠杀人来"稳住"他的天下。

在南京，我看到蒋介石集团内部的分崩离析，更坚定了我为争取和平解放北平而奔走的决心。我没有找顾孟余，因为我认为找顾一举是毫无意义的。从南京回来的时候，形势发展异常迅速。解放军胜利结束辽沈战役后，大军迅速进关，把傅作义的军队分割包围于张家口、新保安、塘沽、天津、北平等地。有些围而不打，有些隔而不围，截断了傅军南逃、西撤的通路。

从南京回到北平后，我去见傅作义，向他汇报了在南京与李宗仁谈话的情况。

---

① 姓刘的，即刘厚同。请参阅本书杜任之文。

我说，李宗仁的嫡系部队驻扎在芜湖，南京仍在蒋介石的实力控制下；蒋介石暂时还不会下台，李宗仁也一时代理不了总统。我分析当时三方面的主张：中共提出的大都是政治问题、根本问题，例如，如何不剥削人民，不压迫人民。蒋介石提的是枪炮、子弹、美国出兵等，尽是那些中国人最讨厌的问题。李宗仁所提的"民主"问题，实际是玩弄花样，徒尚空谈，例如，取消戒严、取消特种刑庭、停止特务活动、释放民主人士、释放张学良等。李派人物在内部天天讨论这些问题，认为用这些名词玩花样，就可以获得和平。那时，华中"剿总"总司令白崇禧也利用当时对蒋介石极为不利的形势，向蒋提出"和平解决"的主张，逼蒋下台。河南的张轸打电报要蒋立刻改弦更张，"寻取途径，恢复和平"。我认为这些都是桂系催逼蒋介石下台的手段，都没有触及根本问题。我对傅说："现在南京四分五裂，已经管不了我们，你应该当机立断，彻底'换根'，早早和平解决。不要搞南京那些政客、党棍的那一套。"当时，傅作义的思想还在动摇不定中。

1948 年 12 月 23 日，人民解放军在新保安围歼了傅作义的部队第三十五军，24 日解放了张家口。到 1949 年初，人民解放军已分别紧密地包围了天津和北平。北平城外西边，解放军指挥部已设在海淀，前沿战线从动物园北小河沟向西围绕紫竹院；城南解放军靠近永定门护城河。

这时候，傅作义请来的邓宝珊已同周北峰与中共方面进行接触。周北峰于解放军开始包围北平时，已出城接洽，听说谈判忽松忽紧。我回到北平后，天津形势紧急。天津市参议会两次派代表谈判，都被国民党军破坏，毫无结果。那时天津市市长杜建时恐惧特甚，几次给我打电话，并且托人来问我北平方面的情况，应该怎么办？其实，天津、北平的和平解决条件是一样的，并且原已跟解放军说明同时解决。由于傅一度又松懈下来，为此，解放军方面曾提出过责问。天津国民党军负隅顽抗，于 1949 年 1 月 15 日被解放军攻破，解除了武装。1 月 14 日，毛泽东主席宣布了八项和平条件。

被围在城圈里的北平人民，生活困难。石景山、门头沟、清河镇等都解放了，解放军已经控制了北平城内的煤源、电源、水源，但为了照顾人民生活，石景山仍然供电，自来水还在畅流，门头沟也还在运煤。我觉得，城内人民与城外军队是一个心，都希望北平能早日和平解放。

事到如今，傅作义已无可奈何。我认为无论以和平方式也罢，或用武力也罢，北平总是要解放的，但是为了避免损失，还是和平解放为上。这种信念更驱使我积极奔走。

为和平奔走及遭遇

大概是 1949 年 1 月 16 日晚，我去见傅作义，向他说明各方面的绝望情形：北平现在处于绝对孤立，国民党的兵也不愿打仗了，北平的解放已成了人心所向，大势所趋，北平人民无论城内、城外已经团结起来。我对傅作义说："你若下令强迫军队再做毫无出路的抵抗，那是很危险的。"

谈话时，北平市参议会议长许惠东也在座。傅作义向我们说，决定召集华北七省市参议会，讨论北平问题，定于明天中午聚餐商议。傅对我说："何先生可以市民的名义（北平市参议会曾通过议案，授予我'北平荣誉市民'的称号），由许议长陪同先访问各军长、兵团司令，如石觉、李文、黄翔等，以及青年军二〇五师、装甲兵团、宪兵团等，征询他们的意见；总部副总司令郭宗汾、军长安春山、参谋长等，我另派人通知。请许议长负责通知北平、天津、河北、察哈尔、绥远、山西、热河等七省市参议会议长或代表和北平市刘瑶章市长出席，商妥办法后，推派代表出城向解放军前线指挥部正式表示。"

17 日一早，我和许惠东，还有另外两个人（现已记不清姓名）遍访各军军长、兵团司令，向他们详细说明情况，要求他们顾念北平 200 万人民的痛苦，几千年的文化古迹；并说明，我们都是中国人，大家应该和平共处，以求国家的兴盛。那天上午，这些军长、师长、兵团司令等都在家，向他们都说明了。他们都说："什么都不知道，无意见。"其实他们什么都知道，但什么都不肯说，心中有底。傅作义历来办事仔细，他的部下都各办自己负责的事，彼此互不串通。邓宝珊和周北峰去城外谈判的事，大家都知道，但谁也不愿多嘴。

17日中午，华北七省市参议会代表和北平市各界人士，在新华门对面旧参议会集会。到会的有蒋系各军官长、傅作义总部的将级军官、七省市参议会议长和代表、北平市工商、教育界的代表和北平市长刘瑶章，共五桌约 50 人，还有许多记者。几个参议会议长、参议员讲话，一致要求和平解决。接着推选我、吕复、康同璧等 11 人为和平代表，并决议以大会名义通电南京与中共两方。当时军人都在座，都一言不发，也无人表示反对。这样好像与傅作义无多大关系。

许多参议员帮着拟电稿。我留心观察，在场的军统、中统特务也不少。通电拟稿时，许多人围着看，拟一段就有人抄一段往外跑。这里没有秘密，我们也不要秘密，但大家都注意通电要求些什么。

当时，我讲了几句话。我说：我在南京看到白崇禧统治下的湖北省参议会、河南省张轸的通电，说什么"如战祸继续蔓延，不立谋改弦更张之道，则国将不国，民将不民"，要求蒋介石"循政治解决之常轨，寻取途径，恢复和谈"，等等，这是政客故技，目的在打击蒋介石，抬高李宗仁。我们不要这样，我们简单直说。我提了三个意思：（一）要求将北平改为北京。北京人最讨厌叫北平而不称北京，这个要求是最符合民心的。（二）要求在北京设中央政府。（三）北京人民喜欢中央政府有统一全权。要求按中共毛主席的八条进行改革。其他如干部留用、军队改编等，那是中央政府、国家主席应当操心的事。我认为这才是"真正的民意"，国家统一，靠民心统一。

我讲完以上三条，大家都同意。军人们在推出代表之后，就都告辞走了。我对市参议会议长许惠东说：你留在这里，看着把电文写好两份，一份发给南京蒋介石政府，一份发给中共毛主席，并通知解放军平津前线司令部，说我们定于1月 18 日出城向解放军正式请求。

当天下午 4 时，我由参议会回家。刚一进门就遇见中共方面常来接头的张实同志和另一位同志（我已记不清他的姓名）。他们两位对我说：中共北平市委的负责同志派他二人前来提醒我要提高警惕，并说："你今晚要防备，有危险。"我感谢这两位同志对我的关怀，但我并未充分注意，只是打开后门，多个出路而已。张同志等走后，我告诉爱人和子女，北平问题就要和平解决，我们要准备庆祝。谁知 18 日凌晨 3 时，蒋介石派特务安置在我家屋顶的两颗定时炸弹，轰然两声，接连爆炸。我一家六口，一死五伤。我的次女何鲁美，是女一中学生，当场毙命。我爱人何宜文（原籍法国）受伤最重，在协和医院急救，从头部开出炸弹片四块，神经受伤，始终未痊愈。我负伤后，就被送到东交民巷北平医院地下室，因为怕在家里还埋伏有带枪的特务。医生检查后，发现我虽流血不少，但伤势不重，主要是因为没有被弹片炸伤，大部分是砖瓦木石塌下砸伤。这是因为里间屋顶炸弹先响，我和两个儿子在外间屋，赶紧起来扑向里屋去救人，刚起身走了几步，安放在外间屋顶正对我床头的那颗炸弹才响。如果外间屋顶炸弹先响，里间屋顶那颗后响，那么我算着至少要死四人，伤二人。定时炸弹爆炸迟早不一，救了我的命。

据在昆明起义的国民党国防部保密局云南站原站长沈醉发表的文章说：1948 年冬，蒋介石就叫毛人凤派人去北平暗杀奔走局部和平、投降共产党的何思源。毛人凤找了主持这项业务的第二处处长叶翔之、特种技术研究室主任刘绍复和沈醉，一共四个人研究过两次。原来准备等我出门时，在我的住宅附近用手枪暗杀，但是考虑到那样做凶手逃走不容易，以后才决定用定时炸弹放在我的住宅上面，凶手可以从容逃走。毛人凤特地叫叶翔之率领四名特务坐飞机赶到北平，事先并通知了当时还留在北平的特务协助进行。据在北平起义的军统北平原站站长徐宗尧回忆说：何思源从南京秘密飞回北平，蒋介石闻讯，十分恼火，责成毛人凤电令北平站徐的前任站长王蒲臣，必须置何于死地。王命该站主任秘书指使北平站豢养的有名飞贼段云鹏等前往何宅屋顶安放定时炸弹。沈醉说："没有炸死何思源，而误杀其女儿何鲁美，蒋介石非常生气，指责了毛人凤一顿。毛人凤便埋怨叶翔之没有照他的意思在路上狙击，而为了考虑凶手的安全，误了大事。毛人凤认为牺牲个把特务换一个何思源总是值得的。"

共产党事前派人告诉我警惕、防备，我未能充分注意，致遭暗算。我对共产党派来张实等二同志提醒我，至今铭感在心。解放几年后，组织上曾来我家查询当时我被炸情况，为的是了解当年派去警告我的两位同志到过我家没有。由此可见中共办事认真负责的精神。

可是，当时南京国民党中央社却无耻地造谣说：这是"中共攻城，打中和平使者"。以致有的朋友受骗，纷纷来信、来电向我慰问。

"傅作义服从人民"

1949 年 1 月 18 日，我正在北平医院治疗。上午，昨天推选的和平代表前来医院探望，我感谢他们的关怀。我对他们说：我的伤势不重，不需要休养。蒋介石的两枚炸弹，没有吓倒我，反而给我加劲不小，这会使全国各界更认清了蒋介石的面目。我说，我们必须赶快出城，请解放军加紧前进。

我没有顾得上去看家里死伤的人。我让其余十位代表坐车到西直门电车厂前等我，我和张实同志一同走。张同志扮成护士搀扶着我。我们到西直门时，那里已经有许多买卖人、军人和过路行人等着，他们听说我今天要从这里出城，一见汽车里坐着一个裹着绷带的人，就都围上来说话，打招呼。我们坐车从那里前进到动物园，沿着围墙，再折向北驶向通往颐和园的大路。但是因为两边工事太高太大，又有较深的小河隔着，车子通不过，只得折回，沿着紫竹院向西南走，到了两军对垒的前沿，穿过"无人"地带时，其他代表不敢走了，因为路北边枪声甚密。他们留在战壕里等候。我和张实同志往前走，快要达到解放军阵地时，忽见一人从地沟里跳出，赶到我跟前抓住我的手说："你是何思源吗？我是解放军连长。我等你多时了。"我谢了他，并问："为什么枪还打得如此紧呢？"他说："你看，东北边敌人还在运动军队。"

从西直门电车厂起，一路上我不断下车，和沿路军民特别是小贩等谈话。在战壕内外，接触到更多的国民党军士兵。我包扎着绷带，容易被人认出。最使我感动的是人人鼓励我，都来围着看我一眼，争着向我表示赞成。他们大都大拇指一伸，说"做得好！"战壕里的国民党军士兵也有多人说："祝你成功！"虽然我家里刚刚死了人，我还负着伤，北平人的这种心意和国民党军兵士的这种表示，给了我莫大的安慰。我走过的那块"无人地"，其实是两军交通大道，战壕不深，鹿角不多，随手拉开就可通过。我们十来人有一辆小公共汽车，本来可坐车过去，但我怕有误会，所以我和张同志在前面走。果然，当我遇见解放军连长时，就看见后边不远处并排放着四门战炮。我们越过战壕，向西北走，走过蓝靛厂，碰到很多送菜、送粮的大车，人们有说有笑，和一家人一样。

我们蒙解放军接待，双方并进行了畅谈。解放军和我们接谈的有十几位，以第四十一军①莫文骅同志为主，也许有别的或更高一级的负责人参加，但不认识，他们也没有介绍。莫文骅说："你们不要受傅作义的欺骗，傅不可靠，每次都有变化。对于你们的要求，傅作义如何说的？你们来时，傅说了些什么？两方协议细节，傅作义为何至今不签字？"莫文骅说这话是在1月18日下午3时许。

我用肯定的语气说："我们出城前问了傅作义，见了解放军，应当怎样说明你的态度？傅作义毫不迟疑地回答：'你们就说傅作义服从人民。'"莫文骅说："我们限定他应该从1月17日到1月21日签字，现在是18日下午了，为何还不签字？怎么，又有变化？"我笑一笑说："我认为事到如今，傅不会有变化，他不会骗我们。"我说时显得有些着急，莫反而安慰我说："你放心，北平城里我们也有人做工作。如果实行攻城，本军将予敢于顽抗者以最沉重的打击。"

当晚，解放军设宴招待我们。我们在这里住了一夜，又谈了很久。解放军代表对我们详细解释了宽大处理政策，我们甚为满意。在谈判时，我曾要求晋见毛主席，解放军有一位代表回答说："主席不在这里，住得很远，不好去。"又有一位说："主席总要答复你们的。"

1月20日下午，我们回到城里，向大家汇报出城洽谈的情况。

在这以前，1月16日人民解放军平津前线司令部曾将一件公函当面交给傅作

---

① 即东北野战军第四纵队。

义将军的谈判代表邓宝珊和周北峰。邓宝珊将军偕同解放军平津前线司令部代表入城联络，傅作义将军即决心接受人民解放军的指示，愿令所部出城听候改编为人民解放军。21 日傅作义将军将协议诸点经国民党中央社公告，正式宣告北平和平解放。

傅部于 22 日开始履行协议，至 1 月 31 日傅部主力移动完毕，人民解放军正式入城接管北平。

傅作义将军在 21 日夜里广播、22 日见报的公告中说的"获致人民公议的和平"，就是指的我们的奔走活动而言，我们是反映了人民的意愿。

尚传道 / 整理

（本文选自《平津战役亲历记》，中国文史出版社 2012 年版，标题为本书编者加。）

刘瑶章 *：和平解放前后的北平市政府

傅作义起义，接受和平改编

北平围城之前，华北"剿总"已成立"战时工作委员会"，并由省、市政府分别组织战时工作队，担任运输、救护等工作。围城前后，"剿总"又成立"应变委员会"，通知省、市实行战时体制，缩减机构，精减人员。由于当时兵荒马乱，人心不安，我考虑以暂缓实行为妥，曾向傅作义陈述意见，傅未加可否，因而搁置起来。看情形，可能那时傅已提出或准备提出和平解放的要求。差不多同时，市政府急电行政院，要求在预算外拨款应变，行政院没有批复。

接着，"剿总"为了配合军事，紧急通知市政府，进行以下工作：（一）为了扫清射界，要拆除附郭某些民房或其他建筑物。拆除开始后，我曾出城视察，一些被拆户拦车喊叫，要求赔偿。（二）为了便于固守，要打通城墙内侧的环行马路。（三）傅的部队已有部分撤入城内。有的占用民房，引起纠纷，要妥当安排，避免扩大。（四）先赶修东单南面、城墙以北机场，因跑道嫌短，起飞不安全，只用了几次就放弃。其次赶修天坛南端、城墙以北机场，使用的次数较多，但距城

---

* 作者时任国民政府北平市市长。

外特近，受城外炮火威胁。以上工作，当时好像急如星火，可是事后了解，主要在表演固守北平的姿态给蒋介石看，也企图以此混淆解放军的耳目。当然，最后一项有利于达官贵人逃命，也是题中应有之义。

远在北平围城之前，达官要人们已开始陆续离平，搭机离平都需要得到"剿总"批准。我记忆中，离平最早的一个是胡适。他搭乘的飞机是由华北"剿总"代订的。胡过去曾到华北"剿总"做过关于国内外形势的报告。听说他的结论是共产党必败。他还兼任过官厅水库工程款物保管委员会主任委员（我是兼任委员之一）。这些款物都是善后救济总署拨给的，实际由冀热平津救济分署负责保管（童冠贤任分署署长，顾德铭、杨亦周副之）。据说，这些款物曾经动用一部分修筑有关水库工程的一段公路，意图不明。

这时离平南下的铁路早已不通，部分蒋嫡系军队撤往南京，也是靠飞机运输。达官贵人们逃命，大多利用天坛机场。市府中上层人物，除财政局局长翟维淇、工务局局长谭炳训早已离平外，会计长王鸿儒、教育局局长王季高、警察局局长杨清植等，也纷纷在这时候离平。当时传说傅和楚溪春家属都已离平（事后听说傅家属去重庆，楚家属去台湾）。我的家属（一个老伴、两个女孩）也在12月中旬飞沪转台（后来，老伴死在台湾，两个女儿转往美国）。地下党员李庆深（中学同学）听到我的家属离平消息后，特地来家告诉我："安心，不要走。"

辽沈战役结束后，解放军兼程入关，出乎傅作义的预料。12月下旬，新保安一役，切断平绥交通，接着张家口解放，对傅重回西北的念头泼了冷水。淮海战役于1949年1月10日胜利结束，天津又于1月15日解放。这样，不但北平陷于孤立，南下也成泡影，战守两难，傅比一般人都要清楚。问题焦点集中在部队改编问题上。对于他自己多少年来费尽心血培植起来的几十万部队，一旦改编，不能不介于怀，是可以理解的。在这个问题上，他有一段时间，在自己的头脑中，思想斗争很厉害。我到中南海总部，看见他在屋里踱来踱去，反复沉思，有难以做出最后决定的样子。但是，大势所趋，人心所向，除了接受和平改编以外，别无二途。

傅在解放后，亲自对我说，美国人曾派人找过他，说愿意提供军火援助，支持对解放军作战。傅婉转地答复美国人，说这个问题最好先征求南京的同意。可见他深知蒋的为人。蒋还让傅把他的全部军队海运到东南一带，仍请傅指挥作战，并表示，东南一带的军队都可交傅指挥。谁都了解，海运困难很大，蒋的嫡系军队也不会听傅调遣，问题的实质，是把傅的军队骗到东南去，一口吞掉。傅当然不肯上他的钩。在紧张的当儿，蒋还曾派徐永昌等乘飞机北来，劝傅南下。蒋的内心里，是唯恐傅接受和平改编。

傅激于爱国家、爱民族的热情，毅然决然地以维护北平二百万人民的生命财产和几百年来的故都文物为重，先后派人秘密出城求和，也经过了一段曲折过程，不是偶然的。据我所知，先是崔载之，后是周北峰，最后是邓宝珊。和谈的内容和过程，我知道得很少，只是邓对我闪闪烁烁地谈过一点。从邓的谈话看来，邓好像很乐观，而且他让我安心，说有什么重要消息会随时告诉我。但是傅作义从未向我提过一个字。我想，这可能因为：一是傅一向谨慎，办事机密；二是根据当时情况，和谈问题不便公开，公开了反而增加困难；三是我和傅没有长久的历史关系，相知不够深；四是和谈内容，首先是军事，特别是军队改编问题，事实上只能由傅个人考虑。关于这个问题，李世杰和王克俊可能所知较多。从当时社会上一般情况来看，和平的空气相当浓厚，无论是"剿总"内部或以外的人，向傅进言的确是不少，虽然出发点不尽相同，但对和谈进行都起了一定的促进作用。例如，北平市参议会，曾有人去过海淀（据说解放军某部驻在那里），我曾去参议会打听消息。在武汉的白崇禧，派李荷来平，通过楚溪春了解北平和谈情况，但白另有打算。我和石志仁商定，联名电邀在台的杨扶青北来，促进和谈（杨和周总理熟识），但缓不济急。这说明傅的起义，正符合大家的心愿。

和平解放，影响全国

大约是 1949 年 1 月 21 日，傅作义召集北平市政府、河北省政府和中央驻平的有关人员，在中南海开会，宣布和谈结果，并嘱咐大家努力保护公共财物和档案文书，安心工作，准备接管，将来都会有妥善安排工作的机会。

第二天，在市府"朝会"上，我传达了傅的报告，并提出市府人员有关交接的注意事项。在"朝会"以后，就听说有人，特别是潜伏的特务分子有反感。此后，我在市府时较少，在中南海"剿总"时较多，这是为了便于联系处理问题。市府日常事务，由秘书长高文伯应付。

这时，城内存粮和存煤越来越少，水和电的供应时断时续；青菜，由于城门警察勒索，菜农不敢进城，谣言四起，人心惶惶。经向行政院吁请空投粮食接济，结果，一次空投到北海，一次空投到新街口，砸坏民房。

"协军自卫工作团"查封粮店和"大户"存粮，反而激起粮商进一步地逃避和隐藏。

向来青黄不接之时，正是多事之秋。在市政府，为了"马干差价"问题，又招来一场风波。事情是这样的："剿总"为了解决"马干差价"问题，送来一部分现洋，让转送北平市参议会转发郊区农民。市财政局、民政局等部分职员闻讯，赶到市政府要求把这批现洋发放他们的欠薪，逼着秘书长高文伯找来北平市参议会议长许惠东。许来后，解释无效，这部分职员硬把现洋分后扬长而去，都未出收据。第二天，到市政府来索薪的人更多，其中可能包括若干已经分到现洋的人。我不敢出面，他们威胁高文伯还要现洋，因已无现洋，他们改要金圆券，因金圆券不够，他们强迫高同往中央银行北平分行，找到经理俞丹榴，立逼开库，抢去若干金圆券瓜分。第三天到市政府来的人更多，也更复杂，各局长也辨认不清。这时高住入医院。他们蜂拥到社会局面粉仓库。要把库存"平价粉"均分，幸被已入城的解放军拦住。他们想冲进中南海找我，也被阻。有些人折回我住在南长街的家里，其中恐也混杂了一些不明来历的人，把我家里的东西毁坏抢掠一空。

我在中南海住了两夜，于 1949 年 1 月 29 日或 30 日，换上军衣随傅作义乘吉普车出复兴门，到西郊原"剿总"旧址暂住。解放军于 31 日入城。

过了两天，军管会正式入城办公，即将于 2 月 4 日接管北平市政府，同时，关于总的接管的联系和进行，由叶剑英、陶铸、戎子和、徐冰、郭宗汾、周北峰、焦实斋组成七人小组主持办理。我大约于2月3日迁往军管会招待所，先派民政局长程厚之去颐和园汇报准备交接情况。在招待所期间，我曾同叶、戎晤谈，向叶汇报市政府"马干差价"风波经过，向戎汇报北平市内有关经济机构（包括中央和地方）名称、地址和负责人。2月底，我移住法勤中学，会见了由解放区来的几个朋友。不久，听说华北大学政治研究所开办，我即分函叶和傅，请介绍参加学习，一直到12月水利部成立为止。

由五棵松移住招待所后，看到报载傅起义通电。实际上，1月21日以后，傅的部队已开始接受改编。傅曾向这些部队讲了话。2月下旬傅去河北平山县西柏坡谒见毛主席。以后，傅和我一次谈话中，说他过去阅读毛主席的《论持久战》，深受感动。我想，在傅为部队改编问题的思想斗争中，他一定受到了毛主席这个教导的很大帮助。

北平和平解放，当然最直接受益的是北平市全体人民，出死入生，开辟了新天地，同时，影响所及，整个华北马上也变了样，而且加速了绥远、湖南、西康、云南等省一个接一个起义，因而大大促成了除台湾省以外的全国解放。这一方面证明了傅接受和平改编确实有功，同时更主要的是证明了共产党的统一战线的伟大胜利。

（本文节选自《我任北平市长的七个月》，《平津战役亲历记》，中国文史出版社2012年版，标题为本书编者加。）

焦实斋*：从"华北总部"到"北平联合办事处"

应邀参加"华北总部"工作

1948 年冬，战局紧张，平津已是山雨欲来之势，傅的"华北总部"秘书长郑道儒托词南下。郑道儒原是中、农、工、建四行在华北的总负责人，与傅并无深厚渊源。蒋介石要稳住傅先生为他支撑华北大局，特命郑道儒担任傅的秘书长，以表示保证在财政上对傅的支持。辽沈战役结束后，东北解放军迅速向平津进军，郑道儒便以筹谋经费为由，在北平围城前夕，一走了之。这时傅先生找我去，辞诚意切地让我担任副秘书长，以代郑道儒。从当时傅的处境和我与他的关系，不管如何，此时此刻，傅的重托，我万难推辞。

1948 年 12 月 8 日，我到傅的西郊"总部"就职。仅仅过了五天，即 12 月 13 日，解放军即对北平形成合围之势。傅的"总部"匆匆迁进城内中南海。我担任傅授予的职务，自认为这是临危受命，虽力鲜能薄，但愿全力以赴。

在 1948 年下半年，我曾听说，傅正酝酿成立一个政务委员会。目的是"总部"专管军事，政务委员会管行政、财经、文教。并听说委员会所属各处的人选，

---

*作者时为傅作义"华北剿总"秘书长，后任"北平联合办事处"傅作义方面代表。

也均大体内定。如土地处为周北峰，文教处为秦丰川，经济处为冀朝鼎，财政处为俞杰等，这些人都是管理各部门的专门人才。从人选上，看得出傅是想有所作为的。但是我去"总部"任职时，战云密布，形势紧迫，已经无暇顾此。我也没听傅先生再提此事。"总部"迁进城内，我的主要日常工作是接待教授名流，催发教育经费，联系民意机构、人民团体以及安排市民生活等，既烦琐而又紧急的事务，忙作一团。有一次，北平围城后，我曾参加由"华北总部"文教处在辅仁大学举办的各界人士报告会。会上我以《和平问题与生活问题》转达了傅先生对人民生活的亲切关怀与具体措施。在此前后，我还在御河桥二号傅的"华北总部"联络处，以文教处的名义召开过几次教授座谈会，以便把社会各阶层对战或和的意见，及时向傅先生反映。

形势急转直下，究竟走哪条路，要做出最后的抉择，这必然要经过一番痛苦的思想斗争。不论是和还是战，都要做严肃认真、对国家民族负责的考虑，绝不能轻率从事。事实也正是这样。这时，傅先生更是矛盾重重，思虑万千，整天在办公室独自踱来踱去，时而以手击额，时而仰天长叹。我有几次向他汇报工作，到他办公室门前，从外面看到他这情形，心里也替他难过，只好退了回来。他终于下定决心，走投向人民的光明大道，以极为秘密的方式，向解放军派出了和谈代表。

在北平和平即将定局之际，傅先生指示我通知各高校校长和学者教授们："愿留者欢迎，愿去者欢送。"最早离平南去的是胡适。他接到有飞机来的通知，只穿件棉袍，拿个皮包，仓促来到中南海，等候南来的飞机，等到中午，飞机未来，我给他备了一份饭，他匆匆吃过，下午飞机来了，我亲自送他到东单临时修筑的机场，上了飞机。他是单人走的，报纸上说他夫妇同行，是一种误传。以后南京接连两次派飞机来接校长教授。第一批大多是校长，第二批是教授。当时南飞的人，我记得的有梅贻琦、张含英、徐诵明、陈寅恪、冯友兰、袁敦礼、袁同礼、张佛泉等。绝大部分教授不走，特别记得的是郑天挺、朱光潜、徐悲鸿和周炳琳不走，坦率地表示要欢迎解放军。

1949 年 1 月 16 日下午，傅先生发请帖请学者名流到中南海勤政殿吃西餐。这是一次有重大意义的聚会，我称其为"最后一席话"。发请帖的客人名单上有徐悲鸿、周炳琳、马衡、郑天挺、黄觉非、朱光潜、许德珩、杨人楩、贺麟、叶企孙、胡先骕、杨振声、何海秋、王铁崖、黄国璋等 20 余人。傅来到之前，由我接待，我同每个人都打了招呼，请他们畅所欲言，不要顾虑。宴会中，傅诚恳简要地说："局势如何？想听听各位的意见，以作定夺。"当时大家都相继发言，一致的意见是只有和平，别无他途。徐悲鸿说："北平两百万市民的生命财产，系于将军一身。当前形势，战则败，和则安，这已是目前的常识问题。"特别是杨人楩教授慷慨陈词："内战已经给人民造成很大灾难，仗不能再打，希望傅先生效法意大利建国三杰，流芳百世。如果傅先生顺从民意，采取和平行动，我们作为一个历史学家，对此义举，一定要大书特书，列入历史篇章。"

1 月 17 日，傅先生的和谈代表邓宝珊、周北峰与解放军领导人，签订了《关于和平解放北平问题的协议》。北平终于实现了和平解放。我认为这与上面说的傅与知识界人士往来以及"最后一席话"，大家一致要求和平解决，肯定是起到积极影响的。

另外，这里附带谈一下傅先生与民众的和平运动的关系与支持。在围城之后，一部分以五省两市参议会议长为中心，代表民众要求停战，以免使民众遭到伤亡、文物受损失，由北平参议会议长领衔，向傅提出请愿书，交我转达。另外一部分社会名流，如何思源、康同璧、吕复等，也奔走呼吁和平。后来这两部分很快汇成一起，向傅倡议停止战争，争取和平。傅先生命我接待并指示我向他们转达：一是赞成，二是支持。对他们要求出城向解放军呼吁和平，要妥善安排，保证他们的安全。我当然按傅的指示办事，作了周到的布置。

虽然这时傅早已派代表出城，秘密进行和谈，并已趋于成熟，但民众的意愿，对傅先生来说，这就是民心所向、民意所归，是有重要作用的，傅先生是很重视的。

参加北平联合办事处的一些情况

北平的和平解放，毛主席称为"北平方式"，我想其中就包括成立"北平联合办事处"。

1949年1月中旬，傅先生派邓宝珊、周北峰为第三次和谈代表，出城到解放区，商订了《关于和平解决北平问题的协议》十四条。联合办事处是根据协议第二条"过渡期间双方派员成立联合办事机构，处理有关军政事宜"的规定成立的。办事处由叶剑英同志亲自领导，双方各派代表三人组成领导班子。最初，傅先生拟命我为代表之一，我因事务很忙推辞了。傅先生指定郭宗汾、周北峰二人为代表后，又把我找去，并写了一张代表名单送交叶帅，名单写得很简单："叶剑英将军：大函敬悉。兹特派郭宗汾、焦实斋、周北峰前往参加。"下面署傅作义1月28日（原件现存北京档案馆）。共产党方面三位代表是陶铸、徐冰、戎子和，组成以叶帅为首的领导班子。双方还派了些工作人员。联合办事处设在御河桥二号（傅的"总部"联络处原址）。

1949年1月29日，那天正是春节。叶帅召集双方代表，在颐和园景福阁举行第一次会议，参加者：共方是陶铸、徐冰、戎子和；傅方是郭宗汾、焦实斋、周北峰。此外，还有秘书主任、共方的艾大炎；副秘书主任、傅方的崔载之。会议整整开了一天，中午叶帅设宴招待了与会人员。会议主要谈的是整编方案，工作范围、程序和具体措施。共方代表的分工：军队整编由陶铸同志负责联系，行政方面由徐冰同志负责接收，财经方面由戎子和同志负责接收，文教方面由共方军代表钱俊瑞同志负责接收。傅方代表的分工：郭宗汾、周北峰负责联系整编工作，焦实斋负责行政、财经、文教等方面的移交工作。

不久前有人从档案馆资料中发现当时陶铸同志写的《关于部队改编与人员处理具体方案》，这是一份很珍贵的资料，也正好补充我记忆的不足，现将全文抄在下面：

北平：我的1949

郭、焦、周三先生：

前与傅先生所谈关于部队改编与人员处理具体方案，现特将要点，再书面提出，以作备查。

一、前华北总部及所属第四、九兵团及八个军建制均撤销，以师为单位改编为人民解放军独立师（番号另定）。

二、部队改编后各级政工人员，愿在人民解放军工作者，先集中受训。

三、凡接受解放军分配工作者，其待遇（本人与家属）均按人民解放军各级干部之供给规定，享受同等之待遇。

四、愿先学习者，按工作职位与程度分班组织学习，其待遇适用上述分配工作者之同样规定。

五、愿回家者，甲、按各级原薪发三个月饷。乙、由北平至上海或其他地区同等路程之车票船票（包括家属）均由人民解放军平津前线司令部发给。丙、除不准带走武器与公家物资外，私人财物应予全部带走。丁、按工作与职务需要，准予带一二名护兵同走。戊、家居解放区回家后可分得应得的一份土地，如本人系地主家庭，其土地财产不管已分或未分，均按土地法大纲第八条之规定处理，只要今后遵守政府法令，过去一切，概不追究。己、参加北平和平解决后，均有功，应发给归家证明书，以后如再愿到解放军工作，仍应受欢迎。

陶铸

二，十八

附记：第一条所规定撤销之机构，其人员处理亦按三、四、五项规定办理。

部队改编就是按上述这个方案进行的。关于军队以外的单位移交，有两种形式：一种是事前通知一般机关学校负责人，按时与共方军代表见面共同办理交接手续，点验所有人员、物资、文卷和资产等；另一种是陪同共方代表直接到较大单位接收。我便是陪同徐冰同志到北平市政府去接管的，徐冰向全体人员讲话，交代政策，人心得到稳定，交接很顺利。随同傅先生"总部"起义人员的安置，也基本按照陶铸同志所订方案，分三种办法办理：一是安置工作，予以留用；二是由联合办事处保送学习；三是发给证明、路费，回原籍生产。原则上由本人自报志愿，由代表审核后安排。根据这三种办法，对起义人员均陆续做了妥善安排。陶铸同志明确表示，凡随傅起义人员都有功，都不咎既往，一视同仁，凡参加工作或学习的，均按参加革命对待。参加工作或学习前，按不同级别享受供给制待遇，与进城的革命干部相同。这对傅部起义人员是很大鼓舞，人心安定。军队改编和全市各个机关单位的移交，都进行得很顺利，从2月开始到5月全部结束。军队（特别是蒋系的中央军）没出乱子，市民的生命财产没受损失，珍贵文物得到妥善保护，北平这座古城，完完整整地交还给人民。

联合办事处的工作是错综复杂、千头万绪的繁重工作，经过有领导、有步骤地进行，使得金融不乱，物价平稳，水电粮煤不缺，仓库物资没有损失，人民安谧如常。在短短两三个月中，双方和衷共济地做到按部就班、有条不紊地全部完成。这种情况，在历史上是空前的，所以我说，成立联合办事处及其工作，是北平和平解放中的一个创举。当时，作为这项工作的参与者，我衷心地佩服共产党是有魄力、有办法的。工作结束后，我们到西郊向傅先生做了汇报。傅先生鼓励大家说："你们工作得很好，我心中的一块石头也落地了，过去我领你们走了错路，这次是走对了，今后大家要好好地跟共产党走。"

当解放军一接管北平城防，傅先生便移住西郊原来"华北总部"所在地。随去的只有几个人。傅先生有一个时期是寂寞苦闷的。他戎马半生，饱经忧患，处此境地，不免郁郁不乐。而且接踵而来的是发生了一些不愉快的事，特别是2月1日报上发表了《致傅作义将军公函》，傅的心情更为不佳。傅便写信给毛主席，请指定监狱，他去投监，把他按战犯惩办。这时陶铸同志知道了，便约郭宗汾和我，陪同他去看傅，向傅亲切慰问，握手言欢，分析了当前形势，转达了党中央的问候，以诚相见，满腔热情。以后每隔几天，陶铸同志便邀我或郭、周陪同他到傅那里，同傅推心置腹，促膝谈心，这对安定傅的情绪起了很大作用。陶铸同

161

志这种共产党人的坦白襟怀，以及有如老朋友一样的关切备至，确实感人至深，使我至今难忘。

2月下旬，傅先生与邓宝珊飞往平山西柏坡，受到毛主席、周副主席等党中央领导同志的亲切接见，对傅毅然决然率部起义，和平解放北平，给予很高评价，慰勉有加。傅先生如拨云见日，很受鼓舞，返北平时，满面红光，极为兴奋。不久，发表了《北平和平通电》，得到毛主席回电慰勉。这时北平联合办事处也恰好结束。古城北京焕发了青春，迈向新的历史进程。

凡塞 / 记录

（本文节选自《北平和平解放前后我经历的几件事》《回忆傅作义》，中国文史出版社 2013 年版，标题为本书编者加。）

第 三 章

重生：起义、改编与接管

朱大纯*：第三十五军北平和平改编经过

在中国人民解放军不断打击下，北平地区的国民党军队被迫退入北平城内。当时北平城内计有国民党"中央军"石觉兵团所属的第十三军，李文兵团所属的第十六军，以及九十二军、青年军八十七师等；傅系部队有重建的第三十五军、一〇一军、一〇四军及骑兵第四师等；此外还有宪兵第三团以及河北省的地方团队和兵站补给部队。"华北总部"住在中南海。估计有二十余万人。

北平是一个大城市，又是一个消费城市，人口较多，突然增加一二十万人，生活成了问题。南京国民党政府每日派飞机向北平投掷粮食，仅能供给城内国民党军队的食用，市民生活解决不了，于是每天从朝阳门放出500—1000人。但仍然解决不了生活问题。这时城内人心不安，怨声很多。军队士气非常低落，认为守城只有死路一条。就连"华北总部"负责人员也是唉声叹气，悲观失望。这时中国共产党发出和平解决的号召，大家认为有了希望。同时中共北平地下组织派中共党员傅冬（傅作义的女儿）对傅做工作。"华北总部"的副秘书长阎又文（中共党员）也对傅提供意见。"华北总部"总参议张濯清召集傅系第一〇四军军长安春山和我征求意见，大家都同意走和平解放的道路。傅作义先生考虑了上述情况，认为只有走和平解放的道路，才是唯一正确的道路。于是派邓宝珊、周北峰、崔

* 作者时任国民党第三十五军军长，改编后任中国人民解放军第四十九军副军长。

载之等先后出城与解放军正式接头，接受和平解放北平的号召。经过几次反复商谈，最后达成协议。协议有十几条，其中最重要的是北平国民党军队改编为中国人民解放军。军官的处理有三条：愿意工作的，留在军内，仍按原来的级别职务任用；愿意学习的，送到华北军政大学学习；愿意回家的，发给证明及路费，自行回家。这个协议于 1949 年 1 月 22 日在报纸上公布实行。"华北总部"参谋长李世杰召集各部队师长以上军官开会，发表了协议的内容。当时石觉发言，不同意和平解放，傅系几位军长发言，坚决走和平解放的道路，就确定下来。从此，各部队就开始整理，准备出城整编。自宣布了北平和平解放的消息以后，朝阳门一带不断发生枪炮声，傅作义先生恐怕发生事故，派第三十五军的部队经常到大街巡视，防止发生意外。

中国人民解放军平津前线司令部对这次北平和平解放非常重视，成立了联合办事处，由人民解放军叶剑英副总参谋长兼主任，由原"华北总部"副总司令郭宗汾任副主任，处理北平起义部队的整编工作。

1949 年 1 月下旬，平津前线司令部召开欢迎北平和平解放大会，团长以上的军官都参加。陶铸同志主持，叶剑英副总参谋长、罗荣桓政委、薄一波政委都讲了话。大意是参加中国人民解放军是非常光荣的，大家这次参加北平和平解放，走上了正确道路；但是两种军队是不同的，人民解放军是人民的军队，有光荣的传统，大家今后要学习人民解放军的好传统。会后举行了会餐。晚上参加文艺晚会，演出了白毛女，大家感动得流了泪，开始产生对地主的愤恨。这时各军成立了招待所，办理介绍到华北军政大学学习的手续，并办理回家人员的证明文件和发给路费。政工人员一律给资遣散。宪兵三团已换了便衣潜逃。由于石觉等人的请求，当时派了一架飞机，把"中央军"的团长以上军官送到南京。

1949 年 1 月 31 日，北平国民党军队开出城外，住在北平城外 30 华里以外的地区，听候整编。我带第三十五军驻扎到长辛店以东和以西地区，军部驻在南岗洼。按原编制发给生活用品和生活费用。从 1949 年 2 月起部队开始编造人员、马匹、车辆、武器、弹药以及电台等名册，以备整编使用，并对部队进行教育。

这时第三十五军骑兵连有一骑兵排乘夜向西逃跑，我立即派骑兵连长带全连向西追去，并令驻长辛店以西的部队协同追捕。第二天把逃跑的部队追回，排长爬山逃跑。3月1日，第三十五军军部及所属二六七师开到天津，编入中国人民解放军第四十九军，我被任命为第四十九军副军长，向军长钟伟、政委袁升平汇报了三十五军军部直属部队及所属二六七师的情况。当时第三十五军直属部队驻在天津市内，第二六七师驻在天津以南20余里的村庄。军首长决定先整编三十五军部队直属部队，把三十五军的警卫营、骑兵连、炮兵营、工兵营、通信营及辎重营分别编入解放军第四十九军直属部队内。军部召开了欢迎大会，各直属部队都到场，军首长致了欢迎词，我也讲了话，表示参加人民解放军非常光荣，要好好学习解放军的优良传统，做好整编工作。会后召集各直属部队长研究了整编具体工作，在一周内把第三十五军直属部队都编入人民解放军第四十九军内，进行得很顺利。

第三十五军军部人员除留在解放军四十九军内任职的以外，由参谋长孙玘云带回北平，大部分转入华北军大学习，个别人员发给证明及路费回家。

第二步对第三十五军所属二六七师进行整编工作。1949年3月中旬，我协同军部负责同志到二六七师，召集军官说明参加人民解放军的重要意义，并勉励大家努力学习人民解放军的优良传统，把部队整编好。第二天带领第四十九军选出的政工人员充实在部队中。当时政工人员与军官见了面，交谈情况，从此部队就充实了。第二六七师作为解放军第四十九军的第四个师积极进行了整训。

1949年4月，四十九军要南下，执行解放长江一带以及南方各省的任务。为了便于作战，将第二六七师番号撤销，以团为单位，编入第四十九军三个师内，作为每师的第四团。从此第三十五军的整编工作就完成了。第三十五军的其他两个师编入解放军的另外两个军。

［本文选自《文史资料存稿选编·全面内战（中）》，中国文史出版社2002年版。］

安春山*：退守北平接受和平改编前后

兵临城郊的一次军事会议

1948年12月中旬，傅的总部迁回城内后，在北平中南海居仁堂内召集了军和独立师长及兵团司令和总部副参谋长郑长海、梁述哉和各处长参加的军事会议。傅先致辞，略谓：解放军先头已到西山，我在城外的部队，大都已撤回北平城内及近郊，几十万大军入城，应有一个适当部署和作战方针，盼望各兵团司令，各兵种军师长，各抒己见，畅所欲言，集思广益，想出好办法来，打好这场保卫战争。蒋介石的嫡系部队石觉兵团司令官首先发言，他说："我们首先是在傅长官的统一领导下鼓舞士气，各尽所能，打好这场保卫北平文化古都的大会战，我们的决心是要破釜沉舟地打好打胜这一仗；只有打好打胜这一仗，我们才有出路，否则，就没有我们的前途。"他还说什么"对不起党国，对不起委员长"等话。

其次是蒋的又一嫡系部队李文兵团司令官发言，他说同意石司令官的发言，"我们要在傅司令长官的领导指挥下精诚团结，拼命打好这场保卫战，我们才有出路，否则党国前途、个人前途都是不堪设想的"。

---

* 作者当时系国民党第一〇四军中将军长。

第三个发言的是我。我说："我过去和两位兵团司令是同样主张，军人带上军队就是打仗的，打仗就要打胜仗、打好仗；但我经过这几年打仗的经验，认为今天我们所处的形势，用军事打仗的办法已肯定不能解决任何问题。从日本投降，就开始打仗，已经三年，打的结果怎样？八路军越打越强大，我们则是越打越缩小，这就是三年打的结果，再打的前途怎样？我的军队，已经打完了，没有谈打的资格，再打全靠各位了。要打必须出去打（我知他们的军队已是惊弓之鸟），北平不能打仗，因为北平不是涿州。涿州有三分之一的空地，可以承受炮击；北平人口太密，死伤的人民太多了，人民就不愿打。单靠军队打，人民反对打，就不行。"说到这里，傅认为我说的话是反话，即喊"休会"。休会后傅叫我单独谈话。我从居仁堂的会场走出时，看见郑长海、梁述哉二位副参谋长和几位处长，已先我走出会场，坐在炉边议论。梁述哉说："身子已经掉入井内了，耳朵怎能挂得住？军事打仗是已不能挽回趋势了，但谁敢这样说呢？"我放心了些，认为还有同情我的人。傅叫我进入他的办公室，劈头就问："你今天的发言是否代表共产党来向我们劝降？"我说："不是！绝对不是。我是从客观事实出发，为我们今天该怎么办才能好些设想，为国家，为人民，为军队，更为你我设想，说出我的心里话，供你决策参考。"

接着傅先生提出以下的一系列问题：

——打仗不能解决问题，岂不是要我们向共产党投降？

——这样做我们是不是对国民党和蒋介石的背叛？

——我们过去虽和共产党有过一段历史交道，但在日本人投降后，又打了几年仗，共产党要我们这些人吗？共产党对你我，对我们的部下杀不杀？用不用？信不信？

总之，当时他考虑的，一个是他本人的名节问题，一个是他和部下的安全和出路问题。我就这些问题扼要地向他陈述了自己的看法。傅说："今天咱们谈的是内心话，你相信我，我也相信你。你今天对我说实话是对的。但你今天说话的场合太冒险，如果李文、石觉他们向我当场提出安春山叛变，你叫我怎么处理？在那样的会议场合，当然得把你交军法处会审。军法处处长是张庆恩，他能放过你吗？有话为什么不先给我说？今天的会议是讨论作战，你的发言太文不对题了。今天的会还要开下去，你要承认说错了，重新表示拥护主战，你明白吗？向共产党求和，就是通敌，在目前说是犯罪，是有危险的！今天晚上咱们两个再详细研究。先结束这个会议。"复会后，傅说："我完全同意李文和石觉两位司令的决心和方针。军队以战为主，打好仗就有了我们的一切，打败了仗就丢掉我们的一切。我们要团结起来，决心打好这一仗。"又说："方才安春山军长，由于怀来战败，有点泄气，说泄气话，文不对题，我感到他说的不对，在休会中我对他作了严厉的教训，他已认错；不过他跟我多年，他的军队这次损失很大，进城后我们业已调拨军旅为他补齐，他还是能打的。"傅问："安军长你怎么样？还有什么意见？"我说："我接受傅长官对我的申斥，我坚决拥护李、石两位司令的发言，只有打胜这一仗，我们才有出路。我准备接受艰苦和重要的任务，决不泄气。"

傅说："好了，今天这个会就开到这里，关于军队部署，由参谋处拟定，以命令下达。散会。"

反复考虑初谈求和

我吃了晚饭，六点钟就乘车赶到居仁堂，傅正等着我。见面就座后，卫士段青文给我们送来茶，就离去。傅开头还是问："你是不是接受了共产党的和谈任务？"我说："我真是没有。我跟你有二十年，未曾离开过你一步，任何地方的受训我都没去过。我的志愿就是跟一个人，就是你，对你跟到底；做一件事，当军人，打倒帝国主义，打倒军阀，打倒日本，算作成功；你还不相信我吗？你成功就是我的成功，你失败就是我的失败。我们过去、现在、今后，都是同生死共患难共荣辱到底的。你还怀疑我吗？今天蒋政权肯定完蛋了，我们不应当跟他一起完，要研究咱们如何转败为胜。我们读古人书，知道'否极泰来'，'罪之魁者可以为功之首'，今天要看我们是不是读懂这句书，如何运用它了。"

傅提出几个问题同我进行磋商：

——仗能不能再打下去？首先肯定仗是不能再打下去了，因为最主要的是兵不愿再打了。不能打，能不能走呢？走肯定也是死路。不能战，不能走，摆在面前唯一的活路是求和。

——求和是不是投降？投降是不是背叛？

——我们在前年绥包战役时向解放军求和还可以，今天我们跟人家打了几年仗，人家要不要我们？杀不杀？要下了，用不用？重用不重用？

对于这些问题，我说了自己的看法。傅先生最后说："当前形势只有求和是生路。走和平的路，也符合北平几百万老百姓的愿望，是替人民办好事，但是要冒风险，不会也不能全像你想的那样，一切如意。我考虑过：可能有人骂我们是降将；可能有人骂我们是国民党的叛徒；可能有人认为我们是叛变而打死我们；也有可能定我们为战犯，把我们关起来。所有这些风险我们都要准备承担。"这次谈话表明傅先生对于求和已初下决心。

记得在我临出来以前，傅还郑重地对我说："你要知道，今天我们求和就是阵前通敌，失密即有杀身之患。这可要绝对保密。我们今天力量太小了，中央有两个兵团在我们附近，求和的事不能让他们知道，他们知道就要对我们讨逆。因此事情要绝对秘密进行，不是你说的由我领衔打个通电就行，还必须计算到在进行中万一失密怎么办？你能担负起中央下令对我们讨逆的风险吗？和解放军尚未谈好，发生了内外夹击，怎么办？这个问题，必须有严密的部署。"傅与我谈话以后，又曾分别找刘春方、王建业师长谈话，征询他们的意见。他们向傅说的意见与我大体相同。

在人民解放军已在东北战场上取得了全面胜利、对平津包围形势已成的条件下，在中国共产党争取和平解放北平政策的影响下，再加上他本人的历史条件，傅将军向他的亲信的部下初次说出了他的求和念头与他的种种顾虑和考虑。

严密部署确保和谈安全

我们研究了做怎样的军事部署，才能确保和谈安全。

傅说："你这个军直属部队，大部损失才补充起来；二五〇师、二六九师损失太重，调拨几个训练有素的保安旅，原配属你的装甲兵团也编到二六九师作为一个正式团；还拨给你赵树桥三〇九师，代替已丢在张家口的张惠源二五八师。军的各师完整了。再以孙英年和王步云的三一一师，丁宗宪和刘一平的三〇八师都归你指挥，再给你增加一个野炮团。还有第二六二师及新编骑兵第四师暂归总部，在中南海担任警卫，我们这点力量基本上都归你指挥了。你考虑能否完成既要打仗，又要掩护进行秘密和谈，还要担负和谈万一失密后，可能发生的'中央军'打我们，内外作战，那时节，北平的文化古都就被打烂了！这里有'中央军'两个兵团，城内还有'中央'的宪兵团，到那时他们不听我们的怎么办？"

傅又说："虽然试求和谈，但还应严密地备战。我觉得我的判断如果不是错误的话，那么以我们现有力量，去打硬仗，是有点不够充分，但部署得当，则确保和谈进行的安全，确保北平文明古都的不乱、不毁，人民群众不受灾难，我们这点力量还是足够应付的。"

傅问我怎么部署的意见。我拟把第三〇九、二六九两个师，放在阜成门、西直门、德胜门的城外阵地上。这是因为解放军主力在西山，我担任第一线。把"中央军"的各兵团、军师放在北城、南城、西南城及东城的外边依城阵地上，依城野战，为了保护他们兵团及军师司令部的安全，让他们各带警卫营，住在联系和指挥他们部队近便的城内，这个部署他们是欢迎的。我把王建业二五〇师放在东城，孙英年三一一师放在西城，丁宗宪三〇八师放在南城，野炮团控制在故宫制高点景山上，城内部署的三个师作为总预备队，归我统一指挥，专门防止内部变乱；有事先控制各门，同时攻击他们的司令部，我想他们是不敢轻举妄动的。傅听了我拟的军队部署，认为可以。我又说："我们和解放军和谈的人，可以由我们的防线内出入，西直门、德胜门都可以，西直门是赵树桥，德胜门是慕新亚的马毅英八〇五团，其余两团在城内。我的军部在阜成门内的顺承王府（今为全国政协机关办公地点），必要时移到景山上。这样就可以保护和谈行动安全，秘密进行。"

傅又说："和谈派谁去？我过去曾派过崔载之出去，和人家联系过，没有得到什么结果，因为没有和有关负责人接上头，得回来的只是骂我执行了蒋介石的'戡乱'政策，对人民犯下了滔天罪行，等等。还说解放军的领导将把我定为战犯。好多问题没解决，因此也就停止了联系。这次要找见中共高级的负责领导谈，谈出一个所以然，要求解决我们思想上考虑的那些问题。我想派周北峰去接谈。要他去找见高级负责人谈。"

傅问："你再想想，究竟还能否打胜？"我说："我认为肯定是不能打了。再打下去，前途是不堪设想啊！"

傅又说："我从来没有任何野心，我认为自己没有救国的能力，我们也没有救国的广大人才和群众。只要有人能救国，成功何必自我！"

和谈失密发生干扰

1948年12月下旬，和谈进行得很迟缓。总部内早有很多大小特务，监视傅先生的行动。我自己司令部内也不干净。虽然我和傅长官约定绝对以伪装行动保密，但是仍发生过干扰。约在12月底，连续几天起了大雾，城内外对面看不见人。有一天早晨，城内忽然发生向四外城墙上乱打机关枪的事件。据报在东城的某胡同内，也发生过枪声。我即令各师预备队严查迅速扑灭。据第二五〇师王建业报告，是东城一庙内国民党的中央军校第二分校的军官学生，把机枪架在庙内的大树上向外打枪，企图挑起城内混乱。我即令该师派队剿除，全部缴械，将该官兵等俘虏，送总部法办。但该校校长陈继承不知何时早已逃亡，我又令该师去查缴宪兵第十九团的枪，到那里见营房已空，足证我们的和谈行动有人通风。但城内恢复了安定，没有再乱起来。

关于军队纪律问题，先从我的部队整饬起。我颁布了一些民主纪律的命令：（一）官管兵，兵亦管官，不论任何人，只要违法乱纪，搞烟、赌、赃，奸污妇女，擅取民财，破坏社会治安和古都文物古迹的，一律严拿法办；（二）凡各级领导，对所属官兵违法乱纪，熟视无睹者，与违法者同罪，兵对官的犯罪，看见不管，与违法者连坐；（三）兵对官只要看见其上级违法乱纪，证据确凿，应即予以逮捕，送军部法办，并给士兵适当奖励，包括升级；（四）伪造情况诬告者反坐。命令发布后，西直门某连长从进城运面粉的民用汽车上，擅借检查为名，取下面粉五袋，经该连官兵把该连长扭送军部，我即依法惩办，以后城内部队基本没有违法乱纪的，维护了和谈期间城内社会治安。

国民党中央军校的借雾放枪和宪兵团营房已空这两件事合并发生，就是和谈失密的明证。我令城内外部队，加强戒备，严密注视意外事件的发生。正好这几天，解放军向城内天坛放了两炮，城内军民没有伤亡。我认为我们既然与解放军已开始和谈，已谈了好几次，无论如何他们不能向我们攻城，为什么发炮呢？这是因为我们在天坛和东单修了简易机场，以接受在围城后的空投补给。解放军炮击天坛，可能是对这些地方降落飞机的警告。

和谈危机

我内心对和谈进行太迟缓感到不耐烦，给傅写了几句话，交给傅的政工处处长王克俊转交。内容是：和谈必须抓紧进行，否则夜长梦多，前景可虑。王克俊看了后说："再不要逼迫头儿了，头儿已经够苦恼了。"12 月 22 日，华北解放军全歼围困在新保安的三十五军（欠第二六二师）及其所属一〇一师、二六七师及守护团一部。23 日，华北解放军又解放了华北战略据点张家口，全歼第十一兵团部、第一〇五军军部及所属二一〇师、二五一师，二五九师、三一〇师以及第一〇四军的二五八师和整编骑五旅，整编骑十一旅，计五个步兵师、两个骑兵旅，还有察哈尔保安司令部和它所属的四团、五团全部，共五万四千人，毙伤三千六百多人，被俘将级军官十三名。惨败的原因，我认为是：（1）在蒋介石长期企图改造傅部成为其嫡系的阴谋指导下，挑拨离间，人事不和。孙兰峰是傅的老人（傅守涿州时，孙就当营长），名义上是兵团司令，但直接指挥的只是几个骑兵旅；在张家口吃紧时，傅亲临布置，令孙代察哈尔省主席（原为傅兼），叫袁庆荣统一指挥军事。袁是陆大学生（蒋介石兼陆大校长），在战役紧张进行中，独断专行，孙兰峰对军事行动根本不了解。（2）最根本的，傅何不早些在 11 月下旬，即通电呼吁停战或起义呢？思想矛盾，疑神疑鬼，当断不断，反受其乱，总是舍不得，结果是都舍了。

1948 年 12 月下旬，蒋介石派他的特务头子郑介民携其亲笔信来平①，信略云："宜生弟：仰以全局为重，即放弃华北，率北方各军全部经济南撤向青岛，中央已商由美国海军舰队②白吉尔司令，率海军接运部队撤回南京，由弟接任江南军政长官，集中力量确保江南，勿再延误为盼。"傅即打电话叫我去商量。我正在熟睡中，听说有要事相商，立即起床乘车前往居仁堂傅的办公室谒见。傅把郑介民的来意给我说明，并问：蒋令放弃华北，将所有北方部队都经济南撤至青岛，再由美国海军舰队接运到江南，如何撤法？能否撤走？途中的战斗由空军掩护，补给也由空投担任，你看能否完成南撤任务？

我说："不行！"并陈述了几点看法：

（一）济南已于 9 月失守，蒋介石调兵遣将，力图克复，终遭惨败。目前平津铁路不通，津浦路节节被切断，平汉路保定被占，解放军早已占了高碑店车站。北平附近的道路已不通。由济南到青岛，能够畅通无阻吗？由北平到青岛将是一场扫荡华北，打通半个中国的大战，如果我们有这么大的能力，那又何必退守江南？

---

① 据当年《华北日报》记载，1949 年 1 月 6 日郑介民飞平晤傅作义。

② 指美国海军西太平洋舰队。

（二）北方官兵南撤，背井离乡，骨肉分散，前途渺茫，谁也不愿离开。部队走，他们散，兵法上说：这是"散地"，必然发生官兵大量逃亡。

（三）黄河是行军路上的天险。前有黄河，后有追兵，人民武装必然控制渡河工具，这样就把我们置之死地。然而我们在后方并没有给解放军以致命打击的生力军。兵法说："置之死地而后生。"我们置之死地没有生，必然全军覆灭。

（四）放弃华北，集中兵力确保江南，是美帝国主义企图把中国一分为二，扶植蒋介石在它的保护下当儿皇帝，是违反中华民族共同愿望的事。美蒋这种打算必败。

傅同意这些意见，他决定派飞机去包头接邓宝珊来北平协助谈判。

在邓宝珊到北平的当晚，傅以给邓宝珊洗尘为名，在马占山家研究了怎样办。不几天，邓出城同解放军首长接上了头，初步协议：双方军队停战，解放军进城接防，国民党军队开往城外指定地区整训，候令改编等项原则。傅同意后，过了几天，解放军平津前线政治部陶铸副主任进城，与傅作义将军见面，直接会谈，傅作为战犯可以豁免，部队改编为人民解放军可以宽大，给傅交了底。傅在思想上的矛盾完全得到解决。这样，几经曲折，傅作义将军终于选择了和平解放北平的光明道路。

接受和平条件

傅为了给人民办好事，以赎他错误地执行蒋介石所谓"戡乱"政策的罪行，接受了邓宝珊代表带回的中国人民解放军平津前线司令部给傅将军的公函（公函全文，当时报纸已经刊登，从略）。傅作义将军决心接受人民解放军的指示，愿令其所属部队出城，改编为人民解放军，1 月 19 日，北平各界人民代表、民主人士何思源、康同璧等出城与海淀人民解放军第四十一军[①] 接洽联系。此后数日，又

---

① 即东北野战军第四纵队。

经数度接洽，解决关于双方过渡交接问题。傅作义将军于 21 日在中南海居仁堂会议厅，召集了第四兵团司令李文、第九兵团司令石觉及各军师长以上干部与其总部正副参谋长、各处处长等，宣布了协议的要点。随后，傅通过广播电台，正式宣布北平和平解放。傅部即于 22 日开始履行协议。人民解放军程子华将军的部队第四十一军从 1 月 31 日开始入城，接收第一〇四军城内外防务。其他部队开始开赴城外指定地点，进行整训，准备按解放军制度改编为人民解放军。

在宣布和平解放协议时，所有军师干部均无异议，可知人心所向、大势所趋，完全符合广大官兵的心愿。只有蒋的嫡系第四兵团司令李文及第九兵团司令石觉两人提出意见。他们异口同声地说："我们二人对这个和平协定完全拥护，我们的部属也服从执行。就是我们两个因为是蒋委员长的学生，有着特殊关系，不能留在这里执行，请总司令容许我们各带必要的几个师长，飞回南京。"傅当即答复："可以容许，但不得影响部队服从协议的执行。你们要带谁走？连同你们两位离职后代理人都是谁？请你们当场指定，不要影响部队的安定。"他们即当场指定了所有的代理人，并写了姓名交傅总司令。这是傅为完整地执行协议，不使部队失去指挥而采取的措施。

由于我所指挥的部队及所属的各师团都分别担任城内治安责任，所有文物古迹，如故宫、博物馆、图书馆等以及城内阵地设施，都要逐一交代。尤其是埋在地下的地雷炸弹位置，要指点明白，帮助撤销，保证不伤害人，不留后患。21 日宣布协议后，我派副军长邓世通在东交民巷前日本大使馆，欢迎陶铸和罗瑞卿政委及人民解放军第四十一军李处长等，接洽解放军进城接收城防的手续：（1）由第一线阵地开始逐步到达城内，以连为单位进行交接，以友军态度进行换防；（2）其他各军 23 日早开始出城，开赴指定地点。第一〇四军为交接防务，维持治安，到 31 日才完全开赴城外，指定地点是，北自良乡，南至琉璃河之间平汉铁路的两侧村庄，军部在窦店。

宣布接受改编方案

1月31日，人民解放军举行了胜利和平解放北平的入城式。北平工农及各界人民群众，都欢天喜地夹道欢迎。由叶剑英任主任委员，由郭宗汾任副主任委员，成立了北平联合办事处，办理接收北平市国民党各机关、团体及河北省政府、保安司令部及华北"剿总"各处局的工作。

2月6日，解放军大部入城，原国民党军已完全开赴指定地点。安置就绪后，解放军平津前线司令部及北平军管委员会领导人在御河桥二号礼堂设宴邀请原国民党军师长以上军官与解放军领导人举行了一次盛大联欢晚会[①]。

参加的人，解放军方面有叶剑英、林彪、罗荣桓、聂荣臻、薄一波、杨成武、杨得志等数十人；原国民党军方面有傅作义、邓宝珊、郭宗汾、李世杰、郑长海、梁述哉、周北峰、朱大纯、刘春方、安春山、赵树桥、王建业、慕新亚、邓世通、孙英年等及原"中央军"各军师长以上军官黄翔等数十人。

首先由叶剑英总参谋长致辞，大意说：我们原为两军对阵、各为其主的敌人，但今天却能欢聚一堂，这是人民胜利的奇迹。傅作义先生指挥的部队，愿意接受人民解放军的办法，改编为人民解放军，并欢迎解放军入城和平接收，保护了北平几百万人民生命财产和工商各业的安全，使文化古都文物不遭破坏。这是为中国人民办了一件大好事，并为今后国民党军队投靠人民树立了榜样，是我们和全国人民都欢迎的。这是你们从黑暗走向光明的开始，也就是你们的胜利。请为人民的胜利，为我们共同的胜利而祝贺！

傅作义先生也讲了话，大意是：北平和平解放，是毛主席、中国共产党制定的为解放中国各族人民的伟大政治和军事路线的胜利结果。我对这条伟大路线的正确认识是经历了长时间的内心矛盾和痛苦斗争过程的，我深切地感激各位对我

---

① 据查，这次宴会和晚会，是在 1949 年 2 月 14 日举行的。

的教育和帮助。

会后进行宴会和晚会，由解放军文工团演出《白毛女》，我和黄翔坐在一起，看了《白毛女》，使我激动得流泪不止。

尔后为讨论军队改编办法，军管会又召集军长以上干部开了几次小会，其中关于第三十五军和第一〇四军两个军的保留与否，傅先生召集我做过商量。我们共同认为不必要保持这个建制部队。第一，为了迅速整军南下，使部队便于团结一致，统一指挥，最好还是合二为一打乱建制，不留原来新旧界限，指挥者能不分彼此，一视同仁，被指挥的官兵能不怀戒心，听从指挥，有利于作战。第二，我们和"中央军"，同是参加北平和平解放的，应受同等待遇，不分彼此，为什么我们的部队就保留原建制？对"中央"部队就不保留原建制？这样，就会影响革命团结。我们完全服从革命需要，这就有利于革命，谁都没闲话。第三，我们是把国家军队交给国家的主人——人民，成为人民的解放军，这是还军权于人民，这是名正言顺的事。我们不是军阀，不把军队视为私有。我们不干军队了干什么都可以。这样，就由傅先生做出决定，转告叶总长，不要保留傅部这两个军了。

2月21日北平军管委员会宣布对北平原国民党军改编方案：

北平周围听候改编的原国民党军队，从开赴城外起即结束其原有的指挥系统，正式隶属于人民解放军平津前线司令部指挥和补给。这一新的关系，是于当天在受编部队师级以上军官会议中正式宣布的。此次会议是由人民解放军平津前线司令部、政治部主持，林彪司令员、聂荣臻司令员、罗荣桓政委、刘亚楼参谋长、政治部主任谭政、副主任陶铸，傅作义将军的代表郭宗汾及受编部队师级以上军官全体出席。

会议首先由陶铸副主任致辞，宣布改编方案。这一方案曾由联合办事处和傅作义将军几次交换意见，大家认为合理，并已在国民党军兵团一级军官会议中宣布，均无异议。此项方案规定如下。

（一）原属华北"剿总"的第九、第四两个兵团部和八个军部的三级指挥机构，应全结束，其所有工作人员和直属部队，分别编入人民解放军平津前线司令部与各兵团部及各军部，其所属的二十五个师，则改编为人民解放军独立师，各特种部队则与解放军的特种部队合编。

（二）国民党部队中的政工人员，愿留解放军工作的，须经过训练，再行录用。

（三）原国民党部队各级军官凡接受解放军分配工作的，其本人和家属，均按解放军各级干部和家属享受同样待遇。

（四）原国民党部队军官中愿意学习深造的，按其工作职位与程度，分班组织学习。学习期间其待遇与在职干部相同。

（五）国民党军官中愿意回家的，按以下规定处理：甲、回家军官一律按原薪发给三个月薪；乙、由平津前线司令部发给车票，在解放区沿途供给食宿（包括其家属在内）；丙、除不许携带武器及公用资财外，一切私人财物均可全部带走；丁、回家的国民党军官，可按其工作职务与需要，酌许带一二名护兵同行；戊、凡在解放区居住的国民党军官，回家后可分得应有的一份土地，如其本人是地主家庭，则其土地财产，已分与未分，均按土地法大纲第八条之规定处理，至其本人，只要今后遵守民主政府一切法令，其过去对于农民的行为如何一概不加追究；己、回家的国民党军，一律发给"参加北平和平解放证明书"，以后愿来解放军工作，仍然受到欢迎。

陶铸副主任在这里特加说明：采取以上措施，是因为参加此次北平和平解放的国民党军官们，有功于国家和人民，并且给全国树立了一个和平解放的榜样，所以解放军和人民愿意奖励和优待。

继即由罗荣桓政委就改编问题予以指示：首先向到会接受改编的军官们表示欢迎之意，并指出，此次改编的目的，是要使北平原有的国民党部队，在编制上成为人民解放军，实质上成为了人民利益、解放人民，属于人民的军队，这就是必须在政治性质上和思想作风上，都来个彻底的转变。他从阶级本质上，从军队内部和外部的关系上，说明人民解放军的性质。又指出：旧的指挥机构的结束，新的指挥关系的建立，将便于军队的革新，便于全体官兵的进步。至于人员的去留，只要是愿意进步，愿意参加革命，拥护中共一切政策的人，我们一概允其参加工作。蒋介石的军事力量业已基本打垮，解放全中国的时间就要到来，解放军已是一支不可抗拒的力量，全国统一的局面很快就可实现，全国人民的力量将要向伟大的建国事业上转变。我们的光明前途就在眼前。大家有了这一次的大转变，祖国的伟大建设事业大有英雄用武之地。大家要认识这一个巨大的转变！这次的改编，不仅是军队的改编，不只是改旗易帜，换个番号，而是一个政治的改变，是从蒋介石所指挥的军队，为大地主与大资产阶级服务的军队，改变为为人民服务的军队。这是一个立场上的根本改变。首先要学习人民解放军的一套政治制度，是启发战士的自觉，讲真理，讲民主。彻底粉碎国民党军队那一套政治制度，为少数人服务，为少数人控制，靠特务监视，靠欺骗蒙蔽的做法。

罗政委又指示：不要怕发扬部队中的民主，而是要看自己有没有要求进步的决心。他宣布，为了实现改编，人民解放军将派出政治干部到各受编部队，以提高官兵觉悟，使部队进步，使官兵关系、军民关系焕然一新。

最后，刘亚楼参谋长宣布关于改编部队的指挥关系、补给关系，一律按解放军的规定同样待遇。当即颁发各独立师的新番号。改编会议在愉快的气氛中结束。

当晚，解放军平津前线司令部政治部设宴招待与会军官，并由前线司令部文工团演出《杨勇立功》等节目。到会军官欣赏了反映解放军生活作风的各种演唱，大家深感兴趣，备致赞扬，直到深夜才尽欢而散。

尚传道／整理

（本文选自《平津战役亲历记》，中国文史出版社2012年版。）

周之同*：执行北平警备任务的日子

向北平进军

1948 年 12 月 24 日，中国人民解放军东北野战军第四十一军刚刚结束张家口追歼战，正在打扫战场，中午时分接到东北野战军总部的命令："以最快的速度返回平郊。"我军立即向北平进军。一二三师的干部当日下午 3 时乘火车离开张家口，而军部率一二一师、一二二师于 25 日出发，30 日直达北平外围指定位置。一二一师驻土井、东北旺地区；一二二师驻海淀及其以北地区，一二三师驻西苑机场及其附近地区；军部驻颐和园以北大有庄；军炮兵团驻青龙桥。一五四师于 1949 年 1 月 6 日进驻丰台地区。

进至北平西北郊，配合兄弟部队完成了对北平的包围后，我军的任务是：尽快扫除西北郊外围的敌人据点工事，并完成对阜成门至东直门及城内北半部的侦察工作，做好进攻的准备。

一二一师师部进驻土井、东北旺地区后，师团干部到圆明园、黑山扈、玉泉山一带察看地形。部队进行一周的康（庄）怀（来）张（家口）追歼战的总结和时事

---

* 作者时为中国人民解放军东北野战军第四十一军一二一师三六三团政委。

政策纪律教育。上级决定由一二一师担负攻城任务，我们于1月7日起开始了紧张的攻城和巷战训练。当时，我任一二一师三六三团政委。我团在圆明园旧址利用被八国联军破坏的楼堂亭台练习攻坚、爬梯、爆破和步炮协同等战术战斗动作，还研究怎样既把敌人打掉又能保护文物。只等攻城令下达，保证把红旗插上城楼。

担负警备北平任务

毛主席发表了《关于时局的声明》后，1月18日，北平民间各界代表从西直门出城到四十一军要求和平谈判，和平解放北平的可能性日益增强。

1月20日，我四十一军接到平津总前委的指示：北平解放后由我军担负警备北平的任务。为了迅速建立革命秩序，党中央、中央军委命令叶剑英为北平军事管制委员会主任兼北平市市长，彭真为中共北平市委书记，聂荣臻为平津卫戍区司令员，薄一波为平津卫戍区政治委员。成立北平警备司令部，程子华为北平警备司令员兼政治委员，彭明治、吴克华为副司令员，莫文骅为副政治委员，黄志勇为参谋长，刘道生为政治部主任。

我军的工作重心由夺取城市转为警备大城市。为适应这个转折，顺利完成党交给我军警备北平的光荣任务，军党委立即召开党委会。在会上，军领导明确指出："我军是代表我党我军进城警备，在北平市的政策纪律执行的好坏，不仅是我们四十一军的问题，而是关系到全党、全军在国际国内的声誉。"军领导号召每个军人自觉严格遵守"三大纪律、八项注意"，发扬拥政爱民的优良传统，搞好军民关系，对市政文化建设、工商业、名胜古迹、仓库物资以及一切公共设施等，保证"只许看管，不许动用；只许保护，不许破坏；空手进去，空手出来"。

军党委会结束后，全军上下立即开始从各方面进行准备。首先是思想动员，主要内容为政策和纪律教育。军政委莫文骅在颐和园对全军团以上干部进行动员，在传达了总前委交给的担负北平警备任务和军党委会决议后，风趣地说："什么是形势？这就是形势！我们今天坐在排云殿下，就说明革命已经发展到战略决战阶段。我们的思想必须适应这个形势。"接着，各师团遵照统一布置召开党员大会、士兵代表大会认真传达贯彻军党委会精神，对干部战士进行一周的政策纪律教育。连以上干部、司务长、上士由师部统一集训，勤杂人员由各团集训。为不留死角，工作深入扎实，普遍进行检查。我们一二一师进行"政策点名"，利用集会或操课时间，点名要干部战士回答"入城八项守则"和"警备须知"等有关内容。随后，遵照军政治部推广一二三师的办法"评入城资格"，先由本人发言，然后大家讨论。从上到下、从下到上，逐一评定。在此基础上，又进行互助互保活动，成立互助组，互相监督，互相帮助。大家决心在遵守军党委的四条规定外，还要做到：（一）原封不动，一点不拿；（二）不准随便进入民居家中；（三）借物资须经上报批准；（四）遵守人民群众风俗习惯，争取新的光荣。

在抓紧思想动员政策纪律教育的同时，还进行军容风纪的整顿和队列礼节的训练。战士干部都拆洗了棉衣、棉被，用新的白布做了一丈七尺长半寸宽的背包带，调整了部分装备，以求军容整齐划一。我军各级后勤供管人员从供给部部长到炊事员，个个进行紧张工作，蒸窝窝头，烙高粱面饼，买菜，打油买盐，准备马草，筹齐进城后的生活用具，备足了进城后三天的粮草。

筹备入城式

1月22日10时，随着双方进入休战状态，北平国民党军队26万余人分批陆续开出城外进驻指定地点，听候改编。1月23日，我们又接到上级对入城后的五条新规定：外国领事馆其人员为侨民，进出大门时不给行军礼；要保护侨民安全；不准进入外国人房间；尊重接管人员；傅部人员专由阜成门出入。

1月27日，蔡正国师长向我们传达说：中央军委已经批准平津总前委关于举行入城仪式的提议。参加的步兵部队有四十军的一一八师和我们一二一师，摩托化部队由东总警卫团的80辆卡车，机械化部队有坦克和装甲车60辆，炮兵师包括卡车牵引的战防炮、高射炮、化学迫击炮、美式和日式榴弹炮、加农炮，另外还有一个骑兵师也参加仪式。对行军队形序列、装备、着装等都有具体规定，要整齐划一，精神振奋，丝毫不能马虎，党委要向上向下表态。由程子华司令统一指挥。入城式要搞出经验来，不是阅兵式而是示威式性质，显示力量，提高群众信心，压抑反动者。听完传达后，我们立即进行动员，进一步整理装备、军容风纪，加强队列训练。

在上级的布置下，我军军事干部两次换便衣秘密进城。第一次是在1月25日，由军司令部组织七八个人，从西直门进入，傅部派联络官在西直门等候。联络官坐车在前面带路，把我们的人直接引到其联谊处（在王府井南口原日本大使馆），见到我方代表四野参谋处处长苏静和傅作义的副官长。当副官长出去后，苏静处长对我们的同志说："你们来注意隐蔽，要装成他们的人，你们的任务是熟悉他们市区内部队的主要防区，以便进来接管。"吃完午饭后，傅部派两名军官带我们的人在城内活动，黄昏之后送出西直门。第二次是在1月29日，进城的人包括我师三个团的营长，主要任务是划分接防地区，以便部队进城后各营直接到指定防区。

春节前夕，北平军管会叶剑英主任在西苑宴请十四兵团、华北兄弟部队、军管会和我军团以上干部。会场洋溢着胜利喜悦的节日气氛。在热烈的掌声中，叶剑英、程子华等领导同志先后举杯敬酒。叶剑英主任神采奕奕，祝大家春节愉快。他说："你们不仅在战场上打硬仗，还要在新解放的大城市打好警备仗，这次进城不简单哩，正像你们说的，是代表我党我军进城的！"程子华司令接着说："北平解放就在眼前，让我们为北平解放、为全中国人民解放干杯！"

交接北平防务

1月31日，我军最先入城接防的是一二一师。师部和三六一团、三六二团、三六三团于6时在白石桥路集合列队，按照规定检查整理军容风纪，之后走一段路点验一次。师里要求我们每个连指定一个排在枪里压上子弹，重机枪脱掉枪衣由人抬着，以防敌人袭击。队伍转向西直门外大街，整齐雄伟壮观，由蔡正国师长、李丙令政委率领抵达西直门外。我们团的干部骑马在西直门外桥的西端。我师作战科科长辛影同志带着测绘员和警卫营的一个排，在西直门瓮城南边同傅部的一个排相互敬礼交接防务。随后，傅部的这个排向右转撤回城里。辛影科长一挥手，警卫排向左转跑步进城。12 时城楼上由我军臂戴"平警"臂章的战士站岗，解放军的红旗在城门上高高飘扬。我军代表苏静和前线记者刘白羽事先乘傅部汽车出城，在西直门外一座小楼内观看了顺利交接防务的仪式。

我们一进西直门，就受到工人、大学生和市民的热烈欢迎。群众手里挥动彩色三角小旗，高喊着欢迎的口号。一路上欢迎的队伍逐渐增多，和我们拥在一起，乃至部队行进遇到一些困难，一个三轮车工人骑着车主动在前面为部队引导开路。宣传卡车上的喇叭高呼欢迎口号，随时报告解放军到达什么地方了。

我们团随师直属队经过新街口到平安里。师部向南走到西四牌楼，在万众欢呼声中进驻蚂坛寺。蚂坛寺原是国民党军华北联勤所在地，南半部是东西两排砖木结构的二层黑灰色楼房 16 座，北半部是马厩。南半部北端有一个台子，台前是一个广场，时有尘土飞扬。我们团部、团直属队和一营由平安里向东经养蜂夹道进驻蚂坛寺。街道旁有两所中学，学生在楼上开着窗户唱歌欢迎我们。所唱的歌曲是《团结就是力量》《永远跟着您走》。他们唱得很熟练，像是平时就在唱，足见我党北平地下工作的影响。

进驻北平与入城式

三六一团团部驻东北大学，三六三团团部驻仓南胡同 5 号（又称老段府）。三六三团二营驻黄花门民生工厂，三营驻东单青年剧院，警卫连一个班警卫驻六国饭店，一个排驻团城，一个排警卫中南海，两个高炮连驻景山公园内北面的平房。我团的警备地区是：中南海（北部是北平市政府，2 月 1 日住进；南部是以后进来的华北行政委员会，2 月 20 日开始办公）、故宫、景山、前门箭楼、东交民巷、西交民巷东段、崇文门、东单临时机场、建国门内。

下午 4 时后，北大学生冯甘霖来联系开联欢会。师里同意后，即展开筹备工作。电讯局和北大、东大、辅仁、朝阳、市立女一中、艺术专科学校等十余所学校的工人、学生 4000 多人陆续进入游坛寺广场，和师司政机关、炮兵营、我团直属队一营进行联欢。四个大学的代表先后登台致欢迎词，然后由师政治部主任何英致辞答谢。接下来，慰问团体开始表演打锣鼓、扭秧歌、歌舞，博得了战士们的阵阵掌声。舞蹈艺术家戴爱莲女士也赶来，在大方桌上表演了"青春舞"，使干部战士大饱眼福。入夜实行戒严，工人回厂护厂，学生回校护校，部队进入战备。当天夜间还是很平静的。

2 月 1 日，一二一师司令部移驻大取灯胡同 9 号。一二二师进驻西城南区，师部驻绒线胡同。2 月 2 日，一二三师进驻南城，师部驻财经学校，担负相当于现在宣武区和崇文区的警备任务。军部驻报子胡同。

2 月 3 日，平津前线总部举行了具有历史意义的解放北平入城式。主要的一路由装甲部队、炮兵部队、坦克部队、摩托化部队、骑兵部队、步兵部队组成，由永定门入城。雄壮的行列经前门大街、东交民巷、崇文门内大街、东四牌楼、地安门、鼓楼、西四牌楼，同由西直门入城的一路部队会合向南走，经西长安街、和平门、骡马市大街，从广安门出城。虽然这天北风呼啸，欢迎解放军的群众人山人海，比 1 月 31 日那天更为热烈、拥挤。成群结队的工人、学生、市民从早晨起，就拥向前门广场。各民主党派、各大学教授等知名人士也加入欢迎的行列。9 时半，林彪、罗荣桓、聂荣臻、叶剑英等出现在前门箭楼上。10 时，入城式开始。带队的是一辆装甲车，摇着指挥红旗，朝着欢迎群众开来，随后高悬毛主席、朱总司令肖像的四辆卡车满载军乐队，吹奏着雄壮的进行曲，装甲部队等一条线相接行走在后面。欢迎的群众和部队拥挤在一起，有的青年爬上坦克，有的骑在大炮筒上，有的争着和战士握手。掌声、歌声、欢笑声、锣鼓声四起，彩旗飘飘，整个北平沸腾了。伫立街旁的人们忘记了疲劳。太阳夕照时分，部队陆续走出广安门。当我们团到广安门时天已经快黑了，由于街上没有公厕，又不能随地大小便，有的战士憋得竟尿了裤子。

部队刚进城，大都吃干粮喝凉水，睡在水泥地上，但是大家有说有笑，觉得比吃住在战壕里的时候要好得多了。

对领事馆和外国人居住区的保卫工作非常艰巨，因为当时情况比较复杂，所以既要严格管理，还需要注意相关政策。外国人乘车进入领事馆，我哨兵都要他们停车检查。一次，"中美经济联合总署"的美国人要向外拉白面，站岗的哨兵因为他们没有军管会的手续不让拉，那个美国人就称自己是苏联人，哨兵说没有手续是哪国人都不行。比利时领事馆给我哨兵送开水喝，端洗脸水，给烟卷抽，还让出一间小房子让哨兵进去休息。哨兵则予以委婉谢绝。

六国饭店是军管会交际处处长王炳南领导一些人工作的地方。我团警卫连一个班担任警卫，全班 12 个人都是农民出身。饭店的很多员工都精通多国外语，开始以为和我们这些"大老粗"说不来，经过一段时间的接触，听战士们讲国际国内形势、革命道理，又见战士们军容风纪好，守纪律，讲文明，很快改变了他们的看法。

强化北平治安

2 月 19 日，我第一次参加北平市委召开的治安工作会议。市委书记彭真同志先谈了进城后的工作，主要是"治安、接管、安定人民生活、把党的组织联系起来"等方面的内容。之后，北平警备司令员兼政委程子华讲了进城后的工作、敌情和下一步工作。他说：军队忠于职责，收容散兵游勇 5000 多人，破获了制假人民币据点、查获电台 100 多部，抓了张荫梧、许惠东和策反专员覃可平，收枪若干。但是，当前治安的状况复杂：四区内有散兵游勇军官 1000 多人。他提出下一步工作办法是对敌人情报队、宪兵十九团要限期登记缴械，逃亡地主介绍回乡，号召叛徒回头，并大力肃清军统中统特务等工作。同时成立区治安委员会，由区委书记、区长、公安局、驻区军队政委等组成。

3 月 14 日，听军李福泽参谋长讲我军执行治安任务的情况。李参谋长说：执行指示要认真负责。近来发生问题的原因主要是有些规定指示传达不下去，有些单位出现了自己规定一套而不上报、自己戒严检查行人的现象。另外，对军管会工作人员和纠察队要搞好关系，首先要尊重他们，如我们站岗的不让他们坐三轮车，纠正他们的军容风纪是不必要的。最后，要把所有有关这方面的通知规定重新传达一遍。

接着，我们加入北平市突击"治安周"工作。当时，在北平市内存在着大量的散兵游勇，还有数百部电台，因此，强化治安是当务之急。这次行动以公安局、纠察队为主，我军负责协助。经过短短几天的突击治理，北京的治安有了明显的改善。

人民的军队

做群众工作，密切军民关系是我军制胜的法宝。我们在驻地，积极助民劳动，坚决做到拒收报酬，对于损坏的物品则予以赔偿。七连二班帮助房东打扫卫生，帮助掏水沟，排净污水，清除杂物，战士不要群众给的大米饭、开水。一位大娘感动地说：以前国民党的兵在这儿抢着什么吃什么，人民的军队就是不一样。3月4日晚饭后，六连炊事员刘喜林到连部集合去看戏，路过故宫角楼，看见100多人在吵嚷，挤进去一看，原来是一个30多岁的男子掉在护城河里，连忙脱下棉衣下去救人。忽然被周围的人抓住说："水深哇！你甭下去，下去你也完了！"刘喜林对大家说，解放军是保护老百姓生命财产的，哪有见死不救的道理？一面把人拨开，光穿短裤跳下还没有完全融化的冰水里，把喝醉酒的人救了上来。这时候，围观的人更多了，一齐鼓起掌来，纷纷议论"到底是解放军"！有人当场拿钱给刘喜林。刘喜林说："解放军就是为了老百姓，不是为了钱！"第二天，被救的人到六连驻地找到刘喜林送东西请吃饭。刘喜林一面谢绝一面说："不应该喝醉酒。若是没人看见不就白白把命送了嘛！"那人说："我的命全靠解放军，以后决不喝酒了。"而三营重机枪连为防马啃树皮，都是先用自己的雨布和毯子把树包起来再拴马。

3月6日下午6时半，在黄花门民生工厂举行军民联欢会。首先，军政代表讲话，希望民众多对驻军提出批评和建议。三轮车工人郭家福说："共产党来了，解放军来了，我们劳苦人民不但今后生活有了保障，还能自由自在地公开发表意见，这样好的党、这样好的军队，我们能不拥护嘛！我坚决拥护！"然后，各群众单位和四连演出了文艺节目。群众说，解放军真是文武双全。

3月8日至22日，北平市开始了清洁运动。警备司令部和四十一军拨出大批卡车以供运送垃圾之用。我团直属队和师炮兵营驻地如游坛寺、养蜂夹道和北海公园沿墙等地的垃圾堆得很高，司号员每天早晨去北海岸边练习吹号，都是从垃圾堆上把梯子放过北海公园墙内下上。我团一营和师炮兵营动员起来，配备卡车、骡马车，开展了一场清除垃圾的大会战。广大指战员挥锹抡镐，人推车拉，很快把堆放多年的十六多万吨垃圾清理干净。市政府于22日召开的区长会议上，叶剑英市长即席讲话，说清洁运动是为着全市人民的健康和卫生，和国民党为了给帝国主义看而整饬市容完全不同。人民政府要积极领导这个运动，发动群众，教育群众，建设和巩固人民政权。

2月21日，北平故宫博物院通告：自2月21日至2月28日开放，慰问解放军。与此同时，总部慰问参战部队，驻北平城外的营以上干部进城参观一次故宫、游览一次颐和园、观看一场京剧（演员都是名角）、会餐一次。我四十一军受到优待，连以上干部享受同样待遇。由我团二营担任故宫的警卫。四十一军也在两个月内有组织地集体参观一次故宫，观看一场京剧，洗一次澡，为干部战士解决一些实际问题。

3月25日，中共中央委员会和解放军总部迁至北平办公，在西苑机场受到在北平市的机关首长及党、政、军、工、农、青、妇等各界代表和民主人士的热烈欢迎。中国人民革命军事委员会主席毛泽东、中国人民解放军总司令朱德出席了盛大的阅兵式。中共各领导及各界代表、各民主党派领导都参加了检阅。下午5时，一发照明弹升空，阅兵式开始。毛主席登上第一辆吉普车，朱德、刘少奇、周恩来、任弼时、林伯渠等领导同志依次登车，缓缓行进在漫长的解放军行列中。同时五十门六○炮鸣放500发礼炮。受阅部队是第四野战军特种兵部队、摩托化部队和担负北平警备任务的第四十一军。千万只手不断地举起高呼"毛主席万岁！""朱总司令万岁！"等口号。这一天，让我终生难忘。

向江南进军

自2月下旬起，在抓紧警备工作的同时，我们从思想教育、组织上开始准备南下的工作。3月2日开始群众纪律大检查，特别对出城工作要做到：进得好城，出得好城；来得干净，走得干净。除检查是否有违犯群众纪律情况以外，对所住的各户共用水电区分定量，开出条子，以便自来水公司、电力公司汇集向军管会换取现款。

4月11日，兵团机关和四十一军连以上干部到中山公园音乐厅听朱总司令动员南下的报告。在会上，朱总司令指出：从迪化（今乌鲁木齐）、昆明、海南岛到台湾都必须去解放。解决的办法正如毛泽东主席说的，一个是用战争打的办法，一个是和平的办法。毛主席还提出，召开政治协商会议，成立新的民主联合政府，实现建设新中国的理想，这就要发动群众，执行城市政策，进行土地改革。毛主席还提醒我们，力戒骄傲，骄兵必败，自高自大很危险。要防止被糖衣炮弹打倒。三大纪律八项注意，干部要以身作则。毛主席号召我们要学习，不学习跟不上社会进步就落后了。要在战争中积累经验。

4月13日，一二一师召开士兵代表大会。会上总结了即将完成的警备北平工作，并举行南下宣誓。警备北平工作受奖的有：三六二团二连、三连、九连及三六三团三营、警卫连。内六区职工献上"进军江南""解放全中国"的鲜红旗帜。

从4月14日7时起，我四十一军开始南下，沿街都有工人、学生、市民夹道欢送。有的忙着给部队献上珍贵的丁香花、白梨花，有的把彩旗插在战士的枪口上，"打到江南去，解放全中国！"的口号响彻四方。至此，警卫北平的任务胜利结束，我们又投入了新的战斗。

（本文选自《纵横》，2009年第2期，标题为本书编者加。）

黄翔*：第九十二军在北平和平起义经过

1948 年 9 月，我在北平陆军第六训练处工作，10 月 10 日奉命到唐山接替第九十二军军长职务。10 月 11 日，就接到华北"剿总"的命令，着即日出发到塘沽集中，船运至葫芦岛登陆，归第十七兵团司令官侯镜如指挥，以解锦州之围。10 月 15 日，第九十二军的主力还没有集结完毕，就得知锦州已经解放，守军全部被歼。第九十二军也随之奉命中止出关了。

调防北平前后

国民党军东北的主力部队被歼灭之后，华北的形势也就更加紧迫了。原来从华北调出关外的部队如林伟俦的第六十二军和朱致一的独立第九十五师以及第九十二军的第二十一师和第十七兵团部，都陆续撤回关内。在这之前，第九十二军曾奉命做防守天津的一切准备工作，并在天津警备司令陈长捷的主持和天津市市长杜建时的参加下，我们开了一次关于天津防守工作的会议。第九十二军准备承担天津市北区的防守任务，我并做了一天的地形侦察。当时感到这种无险可守的城市防御，其结果还不是和锦州一样，所以对于战争的前途，越来越感到悲观

---

* 作者时为国民党第九十二军中将军长。

失望。在防御工作会议上决定：为了加紧对天津防御工程的构筑，以及扫清射界，还准予征集数以万计的民工，协助部队进行构筑工事，并准备拆毁近郊妨碍射击的一部分民房。

可是，一切还未开始，第九十二军又接到华北"剿总"的命令，调到冀东宝坻县东南地区担任搜索任务。根据当时"剿总"的意图，主要为了维护平津铁路线的安全，同时也为了搜索解放军的情况。这时第十七兵团司令部和第九十二军的第二十一师也已从葫芦岛撤回来了，所以第九十二军的搜索任务，是在第十七兵团部的统一计划下进行的。我们搜索了三四天，实际上又同1947年我在山东鲁西地区任第五军第九十六师师长时所进行的武装游行没有两样，不仅没有发现一个解放军，连老百姓也躲避了，十室九空，所看到的只是几条新修的通向天津和北平的临时公路，公路两侧都挖了一条条供行军时防空用的交通壕。一些村庄的围墙上写了许多"打到北平去，活捉傅作义！"的大标语。我想，决定我们命运的时刻恐怕就要来临了。

一天晚上，我到驻在杨村附近的第十七兵团司令部去见侯镜如司令官，向他说出了我的想法。我说："现在应该是我们决定自己出路的时候了。我们应该就在天津塘沽地区待下来，保住海上通路，以便进退有据，否则就要遭到廖耀湘的同一下场。"侯说，他也早有这样的考虑，他同意这样的打算，但具体行动，还得再看看形势的发展，也就是要看东北解放军的行动而定。因为当时大家都认为东北解放军在辽沈战役之后，可能还得休整一个时期，不会马上入关；要入关可能要到春暖之后，也就是三四月间，所以我们还多少存在一种侥幸心理。不仅我们是这样想，而且蒋介石还在利用这种侥幸心理来进行欺骗勾当。

大概是在10月中旬的某一天，蒋介石从沈阳又飞到北平，匆忙地在北平西郊华北"剿总"总部召集各部队师长以上的官员讲话。我也是从天津急忙赶来参加的。他讲话的主要内容有三点：（一）华北决定新编若干个师，武装完全由美国供应；（二）共产党最怕发生第三次世界大战，第三次大战明年就要爆发，那时我们就可大大好转，大家要有必胜的信心；（三）共产党最怕我们的币制改革、财政巩固，现在我们实行了金圆券，经济形势越来越好。

我听了之后，并没有受到鼓舞，相反，只是感到他好像是在哄小孩子，因而产生了许多疑问：一是新成立的师，新兵从哪儿来？二是金圆券实行以后，物价还在继续猛涨，挤兑黄金的风潮也日趋紧迫，哪有一点好转的希望呢？至于第三次世界大战，究竟打不打得起来，谁也不敢断定。那天听了他的讲话的人，我感到没有不是面色阴沉沉的。我在当日晚上又回到了天津。

12 月初，因傅作义所属的第三十五军在新保安被围，原驻北平的第十六军又被调到怀来①，企图解第三十五军之围。北平一时感到空虚，第九十二军于是又急调北平。经过几天的时间，第九十二军各师在天津和杨村两处，陆续车运至北平以南丰台、黄村两车站下车，到北平城南地区集合待命，受李文的指挥。这时，我先将第九十二军军部驻扎在大红门。第二天我到北平城内去见李文，正遇到第十六军军长袁朴哭丧着脸和李文谈话。这时我才知道傅作义的第三十五军在新保安突围已失败，困守待援。第十六军也在康庄附近受到重创；同时也得知，东北的解放军主力正在继续进关，向冀东地区挺进，平津铁路已被截断，情况越来越紧迫，华北的国民党军队已完全陷入了被动挨打的局面。就在这时，华北"剿总"仓促地决定了固守北平和天津的部署。那时集结在北平的主力基本上是蒋介石的嫡系：第十三、十六、九十二、九十四等军和第三十一军的第二〇五师，再就是傅作义的第一〇一军的残部和一个骑兵师。北平防御的兵力配备是：北城自德胜门至安定门间为第十六军和第三十一军之第二〇五师；西城自西直门至广安门间为第九十四军；东城自东直门经朝阳门至广渠门间为第十三军加第一〇一军之一部；南城自右安门经永定门至左安门间包含南苑机场，为第九十二军，归第九兵团石觉指挥。第九十二军各师的配备是：右安门包含永定门为第一四二师，永定门（不含）至左安门间为第五十六师，第二十一师暂时担任南苑机场至大红门间的守备，防御战斗开始后，撤至城内正阳门附近地区作为军的预备队。傅作义的

---

① 第十六军调到康庄，第一〇四军调到怀来。

一个骑兵师因在城郊失去活动余地，只得退入城内，作为傅作义的警卫部队[①]。

各部队进入各自防区之后，就开始在城墙外设防，以外围为第一线，以城郭为第二线。为了清扫射界还拆除了城厢的许多民房。这一清扫工作，以第十三军的防区，即东直门至朝阳门地区搞得最彻底，把城墙脚以外二三百米以内的民房，几乎都铲平了。为此，李文和石觉还召集所属各军的团长以上军官，到第十三军的防区去参观，以便大家照此办理。但我们九十二军并没有完全依照他们的意图行事，因为我对战争的前途，既没有信心，也没有决心，认为这只是徒劳而已。

准备起义

12月12日以后，丰台、通县等外围据点相继失守，平津铁路也从此中断，北平完全处于被包围之中。我们第九十二军原来打算再回到天津，保住塘沽海口，这时希望已经破灭，成了笼中鸟、瓮中鳖。我感到非常焦急，也悔恨当时不该到北平来自投罗网。凑巧，这时原在第九十二军的一位地下党员李介人（以前我不知道他是地下党员）陪同第二十一师师长张伯权，到王府井梯子胡同我的家中来见我。李介人问我："现在北平已被包围，形势这样危急，军长有什么打算没有？"我说："除了准备当俘虏或者战死以外，还有什么打算呢？还有什么出路呢？"我反问他们："你们有什么打算？"这时李介人就说明了他的来意，并说是否可以走起义的道路。当时我猜测可能是侯镜如的意见，因为侯镜如早已对我有过暗示[②]，所以当时我就很兴奋地直截了当地对他们表示：能走起义的道路，这是一条生路，我完全同意。

---

① 战役期间，北平城区兵力配置几经调整，各文内有关忆述不尽相同。

② 据侯镜如谈，1948年8月，中共北平地下组织即与侯联系。平津战役期间，中共北平地下组织派人与第九十二军联系酝酿起义的同时也派人到塘沽同侯取得了联系。他赞成第九十二军相机举义的决心。但他苦于当时塘沽守军主力第八十七军，独立第九十五师等部均为忠蒋嫡系，不易控制，第九十二军又远在北平，侯能直接控制的仅一个新兵师（第三一八师），力量单薄，难以举义，表示南撤后相机行动。后于1949年10月第三一八师按侯的意图在福州宣布起义。

接着，我和李介人、张伯权共同商定，选派第二十一师的中校参谋宋铨夏（宋是军校学生、湖北同乡，比较可靠）随同李介人出城同解放军接洽。大约两天之后，他们回来见我说，他们在马驹桥见到了东北野战军第三纵队的负责人，得到他的热情赞扬，并嘱咐我军以后的行动另候指示；同时口头协定从即日起，彼此停止交火。当时，我的心里有一种"山重水复疑无路，柳暗花明又一村"的惊喜的感觉。在这段时间里，还有我在陆军大学第十期的一位张锡田同学，也来到我的家中，策动我起义。当时我不知道他的来头，而且我们正在接洽起义，唯恐事情败露，所以当时我没有明确地答复他，我只是说："让我多考虑一下再说。"

在我们和解放军接洽起义之后没有几天，第二十一师所守备的南苑飞机场，一天夜间遭到解放军的袭击而失守，这一北平依靠南京的唯一补给线路被截断了。傅作义对我大为不满，严令第九十二军必须即日收复机场。因为我们第九十二军与解放军协定不再交火，我当时感到很为难，但又不能不执行傅作义的命令，只好照样下命令给第二十一师师长张伯权负责反攻。张伯权当天派一个团去执行反击任务，实际上那个团只派出一个连去佯攻了一下。当晚，傅作义得知第九十二军还没有收复飞机场，更为震怒，说："他们哪里是在打仗，简直是在表演！"听说傅作义决定要趁此机会（这是傅的副参谋长郑长海在电话中告诉我的）把我撤换，让第十七兵团副司令刘春岭（第九十二军原副军长），从塘沽前来北平接替军长，由于侯镜如不同意傅作义的处置，未予照办。同时随着形势日益紧张，撤我之议就此中止。这时只好决定在城内天坛和东单的一个空场开辟了两个简易临时机场。另外，为开辟天坛机场，还毁掉了一大片古柏，但不到几天，机场就受到解放军炮火的威胁，飞机还是不敢停留太久，只偶尔做突击式降落而已。

在北平被围初期，蒋介石为了鼓舞士气，曾两次派参谋次长李及兰坐飞机到北平来。第一次是传递蒋介石给守城军长以上的一封信，因为临时机场尚未修好，不能降落，只好将信件空投下来，再油印转给各军长。信的内容：首先是说北平的重要性，最后要大家"固守待援"，做到不成功便成仁，以完成革命大业，云云。当时我想：好家伙，什么不成功便成仁，完成什么革命大业，简直是废话，现在谁还听你这一套？我接着把一页油印纸片，揉成一团，送进了火炉。当然，我之所以这样，是因为我已经有了新的出路。大概是 1 月中旬，李及兰第二次飞到北平，又来传达蒋介石的意旨。他在东单临时机场降落之后，就马上召集几个黄埔同学军长以上的人，告诉我们说：大家要安心，到必要时，准备用飞机把我们接出去。并说在必要时美国可以帮助我们使用细菌武器。这回，李及兰再也没有提到蒋介石上次信中所说的，要我们"不成功便成仁"的话了。

自 12 月底至 1 月初这段时间里，北平城郊的情况比较沉寂，但据通报，解放军一部兵力已经东调，正在做进攻天津的准备，同时从侧面得知傅作义也在秘密地进行和谈。有一天傅作义通知我到中南海去见他。去的时候，我心里非常不安，深恐我起义的意图被他知道，对我有不利的处置。可是见面时，我看到他的态度还很和蔼，问我对战事的前途有什么看法。这时，我就放了心，对他说："北平能不能守下去，主要是一个补给问题。现在城内几十万军队，光靠飞机投送粮食（那时北海湖面结冰，是一个投掷场地），是不能解决补给问题的；还有弹药武器，就更不能依靠飞机来投送了。城内虽然正在赶修临时机场，但很容易受到炮火威胁，也不太可靠。"我的这番话主要意思就是表示：北平是难以长期固守的。最后我说："我完全听从总司令的命令。"当时，傅作义虽然没有向我表明他的意图，但我已感到他并没有死守北平的打算，所以我接着说："总司令要我们怎样就怎样吧！"他当时只是点了点头说："我们今天就谈到这里，以后有事再谈吧！"当时我还不了解傅作义本人真正的意图究竟怎样，所以我还是把出路寄托在第九十二军单独起义方面。但是好久没有得到解放军方面进一步的指示，而自己对于起义的行动，也毫无把握，所以感到十分焦急。

宣布和平协议的前后

到 1949 年 1 月中旬，随着天津攻防战的展开，傅作义同共产党和谈的消息也随之传遍北平全城。几周来黑暗的城市，由于石景山电厂又开始送电，电灯又亮起来了，好像预示着北平的光明也将要到来了。1月21日下午，我又被召到中南海华北"剿总"总部。我一进会议室，就看到李文、石觉两人以及其他各军军长都在座，大家面色阴沉，相对无言。少顷，"剿总"参谋长李世杰出现在我们的眼前，他开始简单地叙述了目前的形势以及国共近来和谈的大概经过，随即宣读了和谈的协议。

这一协定的宣布，免除了北平文化古都的一场浩劫，减少了几百万生命的无谓牺牲；对我个人来说，也免遭覆亡的命运，这种愉快而轻松的心情，当时确实是难以言表的。但同一事实、同一时间、同一地点，感到如丧考妣的也大有人在，如李文、袁朴等人，在协定宣读之后，都痛哭流涕，尤其是那位第十六军军长袁朴连续地号叫着："对不起领袖呀！对不起领袖呀！"这就表明这些人，还不甘心于自己的失败，对蒋家王朝还未丢掉幻想。

在宣布和平协定的第二天晚上，我已经睡觉了，忽然接到石觉的电话，要我马上到他兵团部去。我到时李文也在座，石觉告诉我说："奉领袖的指示：为了保存一部分战斗力，要各师连夜选拔连以上优秀军官五十人，携带轻机关枪五十挺，于明晨六时前在东单机场集合，乘飞机到南京去。"我一时感到很突然，因为那时第九十二军除第一四二师留在永定门担任警戒外，其他各师和军直属部队，均已奉北平军管会的命令，移驻北平东北顺义县附近地区，听候改编。我自己也根本没有再回蒋管区的打算，所以我当时就以部队主力不在城内，加上城外都是解放军，夜间行动困难很多，临时抽调，时间上来不及为理由，请他们允许我晚一天再走，就这样石觉也只好同意了。石觉、李文两人以及第十三、第十六、第九十四各军和第三十一军二〇五师的团长以上的军官，在第二天早晨，坐了两架飞机逃到南京去了，但第九十二军的军官却没有一人去步他们的后尘。

1949年2月中旬，原在北平的国民党部队都在北平远郊区各县地区，陆续改编为人民解放军，分别并入解放军各军师编制之内。第九十二军所部以师为单位，分别并入杨成武的第二十兵团所属各军之内，军直属部队同样分别并入解放军直属单位。据当时负责改编的陶铸同志亲自告诉我，准备把我调升为解放军十兵团的副司令员。由于我当时思想上有很多顾虑，同时也不愿再过部队的艰苦生活。我就借部队改编的机会，离开了第九十二军，从那天起也就结束了我在国民党22年的军人生活。

第九十二军全军在共产党的英明政策感召下，在北平和平解放的过程中，全部起义和平改编为解放军。但第九十二军还有一个新编的第三一八师，原驻塘沽，以便接收从南方运来的新兵和武器装备。天津和北平相继解放以后，他们随同第十七兵团撤退，海运至上海，以后又撤到福州。到1949年秋，由于侯镜如的指示，也在福州起义了。从此，第九十二军全部归顺了人民，走上了光明的道路。

（本文选自《平津战役亲历记》，中国文史出版社2012年版。）

郑海楼*：第二七三师在北平和平解放前后

北平和平解放时，我担任第二七三师师长职务。第二七三师隶属第一〇一军（这个部队的前身系新编第二军，简称新二军），原系第十一战区保安部队，1947年8月间在通县由保安第三师改编为新编第三十三师。其编成系以第十一战区保安第四师一个团和保定警备司令部直辖独立团与第十一战区长官部卫队团合编而成。1947年11月，由通县移防保定。1948年11月北撤至涿县，改变番号为第一〇一军第二七三师，旋撤守北平广安门外。1949年1月31日北平和平解放，第二七三师于1月23日奉命首先开驻平南黄村接受人民解放军改编，是年2月22日改编为人民解放军独立第四十二师，委我为师长。旋由黄村开往霸县并编于人民解放军第四十六军詹才芳部，我赴石家庄军政大学学习。

本文主要记述该部由保定撤出，直至北平和平解放一段经过。

撤出保定

1948年秋，东北各省解放前夜，华北国民党军事当局，为了应付东北解放军入关作战，不得不将华北国民党军重点集中，挣扎求存。是年11月命令驻守保定

---

* 作者时为国民党第一〇一军第二七三师少将师长。

的新编第二军（军长李士林，欠新编第三十一师）除留新编第三十二师（师长刘化南）仍守保定外，李士林率新编第三十三师（师长郑海楼）移防涿县，指定出发日期为11月7日。

第一〇一军接到上项命令后，当即转令第二七三师第二七二师在三日之内完成交接出发各项准备。当时两师驻保概况是：第二七二师驻守南关，担任东关与飞机场各要点守备；第二七三师担任城防及西、北两关各要点驻守。两师交接防务事宜，只由两师互派参谋交接兵力配备要图就算了事，军部与第二七三师在准备移防过程中，不仅情况极为混乱，而且机密完全自泄。例如：（一）移防命令，一经宣布，各个眷属争先恐后拍卖家具什物；（二）国民党各级部队以及个人，很少不和地方拉公私关系的，一听移防，忙着互办结束手续；（三）部队移防运输力不足，就利用政府向乡间征雇车骡，以致部队尚未行动，早已满城风雨，无所谓机密了。因此我对移防任务的完成，信心不足。

11月6日午后，距离出发限期仅剩一夜，忽报徐水、保定间的漕河东西两侧伏有人民解放军四个旅准备截击。我当即询问军部，是否得到同样情报，万一属实，如何处置？军部答复，已将上项情况电报华北"剿总"，稍待或有复电云云。不久我就接到一份命令，满以为必是"剿总"的新指示，拆阅竟是第四兵团司令李文重转11月7日开拔的"剿总"原令，大失所望。等到午夜2时许，"剿总"复电始到，大意是：已派第十六军第一〇九师及第九十四军第一二一师前往徐水、定兴附近担任掩护，出发日期改为11月9日。

11月9日出发以前，保定并无任何情况，但城内秩序依然大乱。单就国民党各机关来说，就有农民银行、电报（话）局、邮政局各主要负责人相偕逃出保定。华北"剿总"唯恐留下的第二七二刘化南师心情不安，特派第三处副处长任兆同向刘师长解说并作安慰。当第二七三师通过漕河后，只听东面第一〇九师掩护部队有断断续续机枪声，并无较大情况。于是我偕同本军副军长刘本厚就在行军道旁和第一〇九师周士瀛师长略谈情况。部队过完周师长恳切要求："如共军上来，你可别走哇！"我说："那当然。"由于以后共军没有上来，当晚宿营于徐水白塔铺。10 日在拒马河南边的一个村庄宿营，夜间枪声突起，经侦察始知是民兵扰乱。次日部队出发，又在行军途中踏响了几个地雷，炸伤骡马数匹。11 月 11 日军部与第二七三师到达涿县时，方知留在保定的第二七二师，就在我们出发次日（11 月 10 日）被解放军重重包围了！后复由第四兵团司令李文率第十六军和第二七三师（欠一个团）前往保定接援，第二七二师才得退出保定[①]。11 月 18 日第二七三师停止于涿县，军部离开涿县同第二七二师进驻良乡，保定城从此归还人民怀抱。

再由涿县继续北撤

11 月 18 日，我带着两个团回到涿县。涿县是 1927 年傅作义坚守过的名城，我当时在是非不明顽固反动的思想支配下，曾准备死守该城进行顽抗。当时队伍的部署是：以第一团（团长刘舜元）担任城防及涿县火车站守备；以第二团（团长郑希成）守备东关、北关；以第三团（团长蔡继忠）守备南关、西关。并在原有工事的基础上，增筑碉堡，添设各种附属防御，计划挖掘地下交通壕，使城内外重要守点，暗中沟通。

约在 11 月下旬，有一名曾被解放军俘虏的士兵逃到涿县，他说有好多共军都从涿县以南入山，径往西北方向去了。我问他部队从何处而来，共走几天到达此地，他也一一相告。我将上项情况报告华北"剿总"后，"剿总"非常重视，傅作义曾亲自站在电话机旁，叫他第三处处长雷立法详细问我，并要我做出判断。我不明全面情况，当然做不出正确判断，只有搪塞应付地说那些解放军也许是奔向平绥铁路方面，不然就是要从北平西山出来威胁北平。

记得这一情况发生不久，张家口方面紧张起来。12 月 5 日，傅系第三十五军由张家口回撤北平时，被解放军截围在新保安。傅派第一〇四军主力驰援，亦

---

① 据查，国民党军最后撤出保定的时间是 11 月 22 日。

未能解围（后被歼灭）。自此第二七三师又奉命退出涿县，到长辛店南岗洼一带待命。在南岗洼大约仅仅停留一日，又随军部退至卢沟桥。军部命二七三师派兵一团担任石景山煤矿区警卫，我派第一团前往（该团到石景山后归"剿总"直接指挥）。

12月13日，在"剿总"总部已移到北平城内时，我由卢沟桥到石景山视察第一团驻地情况，回北平时已夜阑更深。翌日晨出复兴门回转卢沟桥师部，走到西郊华北"剿总"旧址以西，闻远方有枪声，又走了一段，直到子弹射到自己的车轮附近时，才调车转回飞驶。未走多远，又听南侧方向（由卢沟桥至广安门间），突然枪炮齐鸣。当时我不明情况，还拟绕道回去，后又被迫改变计划，打算先到总部问明再走。不想回到复兴门时，城门已关，城里城外拥挤多人，争出争进乱成一团。经交涉，始放我进来。刚走到中南海总部大门时，恰好遇到本军参谋长李得勋来"剿总"报告，据说11日军部曾接到两次命令，第一次着我师随同军部移到北平西郊，着第二七二师移到外馆。至夜十二时，接电话改为第二七三师移至丰台，第二七二师随军部到广安门外财神庙附近待命。不期14日早，第一〇一军由卢沟桥出发，行抵中途与南进的东北解放军某纵队遭遇，突然发生战斗。我一听这些，当即与李分手，奔到广安门外，旋奉军部指示，第二七三师速撤广安门，待将部队撤至广安门外时，已暮色苍茫，万家灯火，大街小巷呈现一片惊慌混乱情景。

困守北平

第一〇一军退到广安门外后，已是暮色沉沉，更由于解放军出其不意兵临城下，华北"剿总"纵然胸有成竹，但整个守城部署，并未安排下来，于是军部暂令第二七二师与第二七三师以广安门马路为界，马路以北（含马路）属第二七二师，马路以南沿关厢边缘由第二七三师布置警戒，并构筑简单工事。翌日军部挪至广安门内，从此北平的国民党军就被解放军团团包围了。

记得北平被围以后，华北"剿总"始将守城部署确定下来。第二七三师几经调动又回到广安门外最初布防的地区（广安门外关厢马路以南）。当时我对第二七三师的部署是：右自广安门马路边缘起，左至外城西南城角止，第二团在左，第三团在右，占领阵地、构筑工事。广安门外，地下水水位浅，有的地方挖掘一米，就出水结冰，加上街心巷口，受房屋马路限制，部队做工比较困难，最后还是由"剿总"筹发麻袋，改由麻袋装土，才普遍构成多种临时性掩体与散兵沟壕，认为重要处，则作了一些洋灰矮碉。

　　解放军包围北平以后，广安门外，白天无战斗，只是夜里，解放军有时向第二七三师阵地佯攻，有时向第二七二师前方如莲花池一带作侦察性攻击，有时对两师阵地同时进击，也有时利用白天施行炮轰，炮弹落在城外的伤亡很少，落在城里的由于人烟稠密，略有伤亡。有一天傅作义召集各军师长以上军官在中南海开会讲话，主要精神是鼓励士气，在言语间流露出来，只要打一个胜仗，似乎就有办法，但这种自欺欺人的说教，信者已然寥寥。没过几天，命令中央军某部（忘记番号）出右安门……命令第二七三师同骑兵第四师附重炮团归我指挥，就地出击，最后目标是指向丰台。结果，战斗一日，毫无所得，而骑四师还未用上，又各自缩回原地了。

　　前边曾说，第二七三师到达卢沟桥时，派第一团前往石景山担任煤矿区警卫，后守北平发电厂。北平被围后，解放军首先对它进行扫荡，它连电告急，迄"剿总"以下均无办法。最后因发电厂外围碉堡间有丢失，厂内高楼亦被解放军占领，恢复未成，阵亡营长一员，军部命它突围，中途被歼，幸免归来者，只团长刘舜元和一些零星官兵，总计不足一营人，以后由"剿总"补充两营人，重新编成第一团，团长改由第三团副团长王德安充任。

　　北平各部队，仓促守城，事前很少有人做好积草、储煤各项准备。士气低沉，人可假装镇静，唯马无草、炊无煤，事实不能掩盖。所以每天总有一大批人员、车辆、驮骡等拥出广安门拉煤找草。恰巧煤厂又在莲花池阵地后面，被解放军发觉后，每见多人拥挤抢煤，则开炮射击。这些人便似群鸟惊弓，四散狂奔，以致竟有时将广安门整个堵塞达一两个小时不能出入。穷途末日的景象，不一而足。

12 月下旬，傅系第三十五军军部和所属两个师在新保安被歼。据守张家口的第一〇五军（暂编第四军）军部和五个师两个骑兵旅以及地方部队，突围未成，又被解放军全部消灭。这种不利消息接踵而来，不只影响着北平各部队悲观失望以致产生孤城必破自谋善后的形形色色想法，就是傅作义本人，也寝食不安。自辽沈战役以后，傅作义为了应付解放战局急转直下的形势，原拟将所部集中在绥远、张家口、北平、天津等处，列出可战可守可走的态势，以便相机行事。不期战役刚一开始，所谓精锐的第三十五军及第一〇四军和据守张家口的第一〇五军相继解除武装，傅才觉得大势已去，没有什么挣扎的条件了。所以解放军新保安和张家口战役的胜利，便促成和决定了后来北平的和平解放。

1949 年 1 月 15 日，天津解放，塘沽的国民党军乘轮南逃，只落北平奄奄一息，一切都成泡影。继续顽抗，不但是死路一条，且徒给军民造成无谓伤亡，故都文化亦难免不遭破坏，于是傅作义在大势所趋，强兵压境下，在共产党的英明政策的争取下，接受了人民解放军的八项和平条件，达成北平和平解放的协议。

（本文选自《平津战役亲历记》，中国文史出版社 2012 年版。）

黄剑夫[*]：从康庄突围到北平接受和平改编

1948 年 10 月以后，东北战局急转直下，人民解放军相继解放锦州、沈阳，华北形势顿呈紧张状态。为了集中兵力应付事变，国民党军队先后又放弃保定和承德，第十六军曾到徐水以南掩护第一〇一军（原新编第二军）由保定撤至涿州附近，第十六军也集结在高碑店附近。这时第二十二师师长冯龙升任本军副军长，调我继任第二十二师师长。这时华北国民党军分别集结在张家口、北平、天津三个地区，准备应付即将到来的重大事变。

康庄突围经过

1948 年 12 月上旬，张垣战事吃紧，傅作义派其第三十五军前往增援，被解放军包围于新保安附近。傅又派第一〇四军前往增援，又被解放军包围于怀来附近。傅又派第十六军前往增援，全军按第二十二师、军部、一〇九师、九十四师序列由火车输送。12 月 6 日上午 8 时，第二十二师到达康庄车站下车，第一〇四军军长安春山早在车站等着，和我一见面就说："前面战事很顺利，解放军已开始撤退，为了及时打击敌人，请你派四个步兵营归我指挥。"我说："袁军长就在

　　* 作者时任国民党第十六军第二十二师少将师长。

后面一列车上，即可到达，我请示军长后即照办。"安恐袁军长不答应他的要求，又用铁路上电话请傅作义令第十六军派四个步兵营归他指挥。袁军长一到康庄车站即接到傅的电话命令，于是由第二十二师派出第六十四团和第六十五团之一营，留下马匹，立即用汽车向怀来输送。到当天中午，第十六军除第九十四师留八达岭外，都到康庄车站下车。这时延庆方面已发现敌情，显然第十六军又将陷入包围。部队即占领康庄及其北侧一个小村庄，康庄交由第一〇九师防守。时已过午，解放军搜索部队已在康庄西侧与第一〇九师警戒部队接触，由延庆方面向康庄东北侧迫近的解放军，已到达离康庄一千米左右地带构筑工事①。在这种情况下，两个师要互换阵地，重新部署，不但容易惹起混乱，为敌所乘，而且也影响了构筑工事的时间。我将这些利害向军长陈述。当时他坐在床上，听我说完后，即向床上一躺，用被把头一蒙，不理我。我只好暂时回到师部。停了片时，我又到军部向他说："不是我不服从命令，这一变动，关系全军安危，不能不请军长慎重考虑！"他终于同意不互换阵地了，叫赶紧构筑工事。到达黄昏时候接到傅作义的电令，内容大要说："据空军侦察，共军已完成对康庄的包围，第十六军应以勇敢行动突围出来，回到八达岭附近集结，掩护北平。"同时又接到第四兵团司令官李文的电令，嘱突围要慎重，如认为突围已不可能，可加强工事固守。两个命令的要求相反，军长立即召集团长以上的军官到军部开会，将两个命令要旨宣布后，要大家发表意见。我首先发言主张突围，理由是：突围容易实现，解放军目前包围我军的兵力还不十分强大，阻止我军突围的工事还不够坚强，康庄离八达岭不远，乘夜突围，成功的把握是很大的；而固守的困难则不少，粮弹没有储备，来不及构筑坚固的工事，不可能希望友军来解围。大家都同意了我的意见。下一步是分配退却道路的问题。我又建议第二十二师沿铁道以南长城山麓的道路转进，军部和第一〇九师沿铁路及其近旁的公路转进。理由是：估计长城山麓必

① 据查，东北野战军第四纵队于1948年12月9日晨逼近康庄，并与国民党军第十六军第二十二师一部遭遇，发生战斗。

然有解放军埋伏部队,阻止我军转进。第二十二师已残缺了四个营,可将车辆部队随军部行动,各部以轻装绕至山腰行进,解放军埋伏部队发觉,也可以居高临下之势进行战斗。第一〇九师部队完整,师炮兵是野炮,须在公路上通行。军炮兵营、辎重营都不能离开公路,在铁路两侧派出有力侧卫,是可以防止袭击的。万一遭到阻截,也可用强大火力开辟前进道路。军长坚决不同意我的意见,一定要第二十二师沿着铁路行动,军部和第一〇九师沿着山麓行动。我只好服从命令。会毕,各部即开始突围准备。到夜间 12 时许,各部分头撤离康庄 ①。第十六军被迫夜间突围,这还是初次,所以难免混乱。行军序列没有完全按照命令行事,准备好了的先走,动作慢的就落在后面。不过由于在敌前行动,音响和光亮的管制还是执行得比较好,所以部队撤离了康庄,包围的解放军并没有发觉。我率领第二十二师沿着铁路转进,除两侧派出侧卫外,预期可能遭到袭击的地点,都预先派出了掩护部队,沿途并未遭到解放军的阻击,竟安全到达了八达岭。在八达岭北侧地区,我师和解放军部队走在一起,彼此不相问答。我看见他们都戴着皮帽子,我佯作不知,各走各的路,他们并没有发觉我们是敌人。等到我的后尾部队快到八达岭的时候,军部和第一〇九师转进的部队被解放军发现了,立即遭到猛烈袭击,一时照明弹飞舞空中,照得大地通明,军部和第一〇九师且战且走,遭到很大损失,炮兵、辎重和重武器都丢光了,第一〇九师师部官佐也有部分被俘。残余部队 17 日 ② 天明都陆续到达了八达岭、青龙桥与第九十四师会合,主力总算突出了包围。紧接着撤到南口,第九十四师增援已到达南口附近,由于解放军压力过大,南口不能立脚,继续向北平撤退。北平空军不断轰炸和扫射追击的解放军,企图迟滞其前进。入夜,第二十二师撤到海淀附近,第九十四师撤到清华园附近,军部和第一〇九师撤到西直门外。军长要我指挥第九十四师和第二十二师阻止解放军前进。解放军先头部队跟踪追到万寿山附近,可能出于保护古代建筑

---

① 据了解,第十六军从康庄突围的时间是 12 月 9 日夜。

② 时间记忆有误。据查,第十六军突围后被追歼的时间是 12 月 10 日凌晨,战至上午 8 时许结束。第十六军指挥所、第一〇九师等大部被歼。

的考虑，他们没有继续进逼，因此没有发生剧烈战斗。

固守北平与和平解放

18 日上午，全军退入城内与第九十二军、第九十四军，以及第九兵团所属第十三军、第三十一军等部队固守北平。第十六军担任防守城西南隅、第二十二师担任永定门至右安门的防守任务①，第九十四师担任右安门至西便门的防守任务，第一○九师作预备队。各部占领防御阵地后，积极沿城墙和关厢民房构筑工事，利用城墙，把抗战时期在城脚下挖的防空洞打穿出去开设枪眼。以后总部还在城内东单和天坛开辟了飞机降落场。各部进入防守阵地后，傅作义在总部召集师长以上军官会议，他说："部队靠拢来了就好了，北平有坚固的城垣可资防守，粮弹补给可用空运。解放军如来攻城，正面吸引着它，城内部队从左右两面出去包围其两翼，可加以歼灭。如能在城下消灭解放军几个纵队，问题就好解决了。"以此来向大家打气，但在座的军官们都明白当前局势是很不乐观的。总部参谋长李世杰，副参谋长梁述哉都面色惨白，掩饰不了他们内心的惶恐。解放军围城部队逐渐增多，根据总部通报有十多个纵队。但除在南苑机场及西郊有小接触外，没有猛烈进攻，特别是没有用大炮攻城，似在采取围困的办法，以避免破坏。20 多万军队驻在城内，时日稍久，人马给养逐渐感到困难，粮食尚能维持，菜蔬已不能充分供应，特别是鲜菜不易买到。马草缺乏，骡马部队只好到城外拆居民屋顶和菜园的秫秆作马料。居民生活更逐步感受威胁，对战事大为不满，提出"要求国民党军队离开北平城区去作战"的口号。城中名流学者也有人向傅作义建议和平解放北平，听说有位学者曾向他说，北平是几百年的文物古都，不毁于中日战争而毁于内战，如果我来写这段历史，我将怎样写法；如果你能采取措施保全古都文物，我又将是如何写法。

---

① 第十六军、第九十二军防区划分待查。

这时全国形势，东北已完全解放，华北、华中大部解放，平津成了人民海洋中的孤岛，而淮海战役失败的征兆越来越明显，傅作义不能不有动于衷。有人说他深夜一人在总部走动不息，独自苦思。现实的问题是困守危城，逃既不能，守也难保，除决心全军战死外，只有走和平解放一条路。但是，守城的部队都是蒋介石的嫡系部队，傅的基本部队第三十五军、第一〇四军已在平绥线上被消灭了，他要搞和平解放运动，不能不慎重从事，先摸一下蒋系高级军官的思想情况，所以在这个时期他又个别传见了师长以上的军官。他曾问我："还能不能够打出去？"我说："现在看来有些困难了，如果部队刚撤回北平就不停顿地向天津转移，情况可能会好些。"最后我表示服从命令。傅作义平日指挥作战，处理问题，颇为蒋系高级军官所信服。围城后，蒋介石每次公开给各级指挥官的函电，也叫听傅总司令的指挥。这是北平能够顺利地和平解放的原因之一。

淮海战役结束，傅作义眼看国民党大势已去，同时也受了中国共产党和毛泽东主席的感召，已决心归向人民。但他的做法，没有公开和国民党政府决裂，只是要国民党政府拿出办法来；如果没有办法，那就只有向解放军谈判和平解放北平。这时国民党精锐部队损失殆尽，国民党政府正策划利用和平谈判的欺骗手段，争取时间卷土重来，自然不好拒绝傅作义的主张，同时也实在拿不出什么有效的办法来解救北平的危机。国民党军高级将领见势已至此，只好服从傅的决定。在这些时候，国防部次长郑介民曾来北平，在总部约见师长以上的军官。他作了简短的讲话。大意说，校长非常关怀大家，现在处境虽然艰苦，希望在傅总司令指挥下，效忠党国，恪尽军人天职。并带来蒋介石给师长以上军官的信，内容无非时局艰危，为党国尽忠，不成功便成仁等语。实际上军心早已涣散，已没有好多抱"成仁"决心的人了。这时在人民群众中酝酿和平解放的空气也越来越浓厚。1949 年元旦，解放军将石景山电厂发的电送入城内（围城时即截断），全城大放光明。同时报上又刊载蒋介石在元旦提出虚伪的和平号召，颇使市民兴奋！

1 月 15 日人民解放军解放了天津，北平守军更受震动，感到日暮途穷，陷于绝境。有办法的人都想逃出危城，胡适在北平刚被围时，就由蒋介石派来飞机接走了。以后城内机场修好，重要人物和他们的眷属都陆续逃走。第十六军副军长冯龙，第九十四师师长周士瀛都秘密搭飞机逃走了。北平围城如何解决的秘幕，已到揭晓的时候了。

1月21日清晨，军部转来总部命令，要各级指挥官就战斗指挥位置，并说新编骑兵第四师即将出城。当日9时许，新编骑兵第四师又回到城内。10时许，军长召集师长到军部宣布和平解放的协议，协议内容主要有以下几项：（一）部队原番号、原人事暂不变，在一星期内移驻北平城外；（二）官兵应遵守群众纪律；（三）各级部队设政治委员；（四）军官愿继续工作的留队工作，愿学习的保送学习，愿回家的保障其生命财产的安全；（五）有破坏行为的应受严厉处分。当时蒋军官兵虽然解除了目前战死的威胁，但对解放军还是抱着疑惧的心理。李文、袁朴等都痛哭流涕。各部并开始做移驻城外的准备。城内部队有些是新成立的番号，兵员不足，有些是地方团队退进城的。总部把这些部队一起编入原来的几个军内以充实员额。还有一团宪兵，怕解放军清算他们，总部把他们分散编入步兵师内，大约每师编一连在内。

第二天下午，李文来电话要我到他家里去，我去后，他向我说：袁朴脾气不好，下面对他有很多意见，我准备调他到兵团司令部帮忙。第十六军军长一职，周士瀛、严映皋继任都不恰当，我考虑你在第十六军比较孚众望，你来接任他的职务最好。我听了大吃一惊！暗想部队已解散了，这时忽然要我当军长，绝不是好事。我当即表示拒绝，说自己能力资望都不够。他劝说一阵并要我再加考虑。我回到师部和参谋处高主任商议此事，高说："我劝师长算了，何必再去跳火坑？听说他们都要走，留你在这儿顶着。"我听了非常生气，这时傅作义给我升军长的命令已送来了，我把它搁在一边。袁朴来劝说，也遭到我严词拒绝。最后他们看我实在不承认，才叫我把师长的职务移交给梁诗传（原第二十二师团长）。于是第四兵团司令官李文和第十六军原来的军师长都逃走了，以刘××任军长，王克斌任副军长，梁诗传任第二十二师师长，李君南任第九十四师师长，张鹏翔任第一〇九师长负责率领部队移驻城外。

我当时之所以拒绝率领十六军到解放军方面来，一方面认为李文等把我扔掉，不满意他们对我的这种歧视；一方面由于长期受反动教育的毒害，思想上一时转不过弯来，失掉了这个自新的机会。著名画家徐悲鸿先生这时画了一匹马送我，上面题着"此去天涯将焉托，伤心胜利也徒然"的诗句来启发我，但也没有把我的顽固思想感悟过来。

我当天回到私人住处接到总部电话，要我翌日晨携带简单行李到东单机场等候上飞机。我按时登机，看见第九兵团司令官石觉和第十三军的军师长也在飞机上。第十三军还有几十名携带轻机枪的士兵也在飞机上。飞机起飞，我的心情很沉重！总觉得把官兵丢了自己一个人逃走，感到很歉然！殊不知他们已经走上光明前途，自己却回到黑暗地狱。后来党和人民再一次的拯救，才使我最终脱离了反动派，光荣地站到人民队伍中来。

（本文选自《平津战役亲历记》，中国文史出版社 2012 年版。）

何宝松＊：第一五七师参加北平和平解放的经过

留驻北平经过

第一五七师，属第六十二军建制。第六十二军原在天津一带担任守备任务。

1948年12月初，因为张家口被解放军包围吃紧，华北"剿总"总司令傅作义命令第六十二军前往解救。第一五七师作为先行部队于12月5日由天津乘车出发，次日早上到达北平北面平绥线的清河镇车站下车，向昌平方面布防。过了几天，我接到第六十二军军长林伟俦由丰台发来的电令，着第一五七师准备乘车回防天津。原因是张家口被围的傅系一个军已被完全击溃①，平绥线部队可能撤回北平附近。同时，天津守备司令陈长捷，鉴于天津兵力薄弱，一再要求傅作义同意将第六十二军调回天津。当第一五七师遵照命令全部上了车厢等待火车头的时候，"剿总"派了一位参谋传达傅作义将军的命令，说杨村附近铁路被破坏，要第一五七师留驻北平，归"剿总"直接指挥。这是第一五七师脱离第六十二军建制，留在北平的原因及经过。

＊ 作者时任国民党第六十二军第一五七师少将师长。

① 1948年12月上旬，傅系第一〇五军、第三十五军分别被包围在张家口和新保安。而接应第三十五军突围的第一〇四军（欠一个师）于12月11日在怀来以南山区大部被歼。

<h2 style="text-align:center">孤城落日</h2>

当时毛泽东主席对平津战役的战略部署，采取了"围而不打"和"隔而不围"的办法，在粉碎了国民党部队妄图集结在天津、塘沽由海路南逃的迷梦之后，又把天津和北平切断，再把塘沽和天津切断。使华北"剿总"辖区部队各个据点陷于孤立，既不能集中，又不能首尾相顾，完全陷入被动，处于坐以待毙的状态。北平是"剿总"所在地，是傅的大本营和神经中枢，更显得士气消沉，人心浮动。在这种形势之下，胜败谁属，已成定局，这时傅作义将军和他的心腹将领不能不从实际出发去考虑问题，从而促进政治上的觉醒，这是北平和平解放的基本因素。

第一五七师留驻北平以后，于 1948 年 12 月中旬在清河镇一带构筑工事，向昌平方面设防，并派出所属第四七一团进驻沙河车站附近，占据前进阵地。当时平绥线的张家口、新保安、怀来等地的守军已被解放军分割包围，或受歼，或溃散，节节败退，使北平日益吃紧。因此，"剿总"又命令我把第四七一团撤退至清河以南的黄寺附近。师部和第四六九团、第四七〇团则转移至阜成门外驻守，归第十六军指挥（军长是袁朴，湖南人），担任复兴门北侧至阜成门及西直门南侧的守备。由护城河延伸至三里河一带，构筑纵深的防御工事。第四七〇团驻于阜成门外至西直门南侧，师部驻于阜成门外的民房中。到了 12 月 20 日左右，又把驻黄寺附近的第四七一团调回阜成门外作为师的预备队。到了年底，第一五七师的防守重点又转移在阜成门南北两端，利用城墙设防，并积极加筑工事。师部移驻于西单辟才胡同，预备队第四七一团也移驻于阜成门内大街一带。由此可以看出，在短短的时间内，解放军迅速地压缩了对北平的包围圈，加剧了北平的危急形势。

第一五七师虽然临时拨归第十六军指挥，因为脱离了原军建制，有独立性质，所以"剿总"还是当作独立师来看待。傅作义将军每次召集军长以上人员的会议，我虽然是师长，但也被召参加。每次会议的地点都是在怀仁堂。

北平在解放军的重重包围之下，大家都感到已经是"孤城落日"了。一次，傅作义将军在会议上讲话，反复强调遵守军纪。他说："北平是历史古城，一草一木都与中华文物有关。胜败乃兵家常事，各部队应切实遵守纪律，爱护文物。如果任意毁坏，则将成为千古罪人。"我觉得傅作义将军作风淳朴，对部属态度诚恳，有古名将风度。他的话发人深省，加强了我对历史负责的观念，使我经常深入前线的防守部队中去检查纪律情况。本来，为了扫清射界准备拆除护城河外一带的房屋。我时刻牢记着傅作义将军的讲话，同时又念及这一带的居民都是贫苦大众，结果没有下令拆除。另外，我还想到我的部队绝大部分是广东人，广东人嗜吃狗肉，为了避免伤害居民的牲畜，我曾下令严禁屠狗。现在回忆起来，当时没有造成更大的罪过，这算是我一生中的一点幸慰。后来在起义之后，原师部驻地的居民选派几位老大爷，来向我表示谢意和慰问，使我又惭愧又感动。

1月21日，傅作义将军召集军级以上将领开会，我也参加了会议，共计20多人。在开会前傅作义将军对与会人员先作了简短的个别谈话。大意说：粮弹有限，外无救援，凭借孤城，实难固守。如果打下去，故都必遭毁灭。为此，已与共方初步谈妥，我们宣布起义，部队一律改为解放军，受一视同仁的待遇。我当即表示拥护总司令的正义行动。个别谈话完毕之后，正式会议开始，由傅作义将军宣布自己的倡议。当场有一部分蒋的嫡系将领：第四兵团司令官李文、第十六军军长袁朴、第九兵团司令官石觉、第三十一军军长廖慷、第九十四军原军长郑挺锋、总统府中将督察陈某等人表示反对，有些人还痛哭流涕，企图阻挠。但是傅作义将军坚决地做出最后回答："好吧！那就分道扬镳，我准备飞机，给你们离开吧！"结果他们和不少师以上的将领，都乘机南逃了。通过这次历史性的会议，傅作义将军宣布起义，受到共产党和人民的欢迎。

人心所向

在这里我得回转说明一下，当傅作义将军和我个别谈话，示以起义人事时，我为什么能立即表示拥护呢？因为我早已感到杂牌军一贯受到歧视、排挤，引起我对蒋氏王朝的反感。同时，我的师部驻在城内辟才胡同的时候，在岗哨附近，夜间经常发现共产党的宣传品，阐明共产党的政策和当前形势，特别是有些宣传品是针对杂牌军而发的，我思想上受了一定程度的影响。曾经和副师长及心腹幕僚互相探讨。当时听说叶剑英在西山指挥，打算派人去与叶剑英联系，正好没过多久傅作义将军就揭橥而起了。因为我事先有了一点政治觉醒的思想基础，所以当傅作义将军和我个别谈话倡议起义的时候，就立即引起我内心的共鸣。

起义之后，国民党部队均先后开出郊区，第一五七师于 1 月 30 日开赴平津线上的黄村镇车站，距离北平不过三四十里。随即改编为中国人民解放军第四野战军独立第二十四师，所辖第四六九、四七〇、四七一团，按序改为第一、二、三团，除政工人员之外，其余官佐照旧供职。

1949 年 2 月中旬，北平军事管制委员会主任叶剑英，以及第四野战军司令员林彪、政委罗荣桓、政治部副主任陶铸、华北军区司令员聂荣臻等军事领导人，宴请起义将领约 60 人。在宴席中，叶剑英主任对我们作了讲话。他说："和蒋介石先生的私人关系方面来说，我可能不会比大家浅，但是在国家民族的大节大义上，我们却不能跟着他走。今天，大家采取起义的行动，是完全正确的，而且又是极其光荣的。"大家听了他的讲话，都深受感动，觉得十分亲切，得到很大的启发。

（本文选自《平津战役亲历记》，中国文史出版社 2012 年版，标题为本书编者加。）

徐宗尧 *：组织军统北平站和平起义的前前后后

保密局的如意打算

1948 年春，国防部保密局局长毛人凤又召我到南京，面命我在北平成立"冀辽热察边区特别站"，任我为少将站长，随即让我参加保密局召开的一次会议，由保密局第二处处长叶翔之主持。出席的人还有冀热辽边区特别站站长张雄藩、北平站副站长孔觉民、山东省政府调查统计室主任许先登、前西安办公厅调查统计室主任王鸿骏、南京市警察署署长等 20 多人。会议的主要目的就是巩固华北各地的治安保卫，督促各地秘密组织向解放区推进，利用各种方式方法站住脚，进行组织活动，刺探军政情报，配合反攻。

这个会开了七天，在最后一天，毛人凤把我同张雄藩等十人带去见蒋介石。在介绍了各人的姓名、职位以后，蒋讲了话，大意是：戴笠之死是组织的最大损失，大家都要怀念他，要有戴笠的精神才能做好自己的工作，等等。他鼓励大家深入解放区去开展工作，最好是吸收解放区内的亲友们参加组织。他认为这是很有效果的办法。

---

* 作者时任国民党军统北平站少将站长。

在会议期间，保密局布置组少将组组长赵斌成（字健侯）向我说："所属各地组织都是在解放区以外设立电台的，没有一部电台在解放区内工作过。这次成立冀辽热察边区特别站，就是要设法把情报触角深入解放区去。"随即做出了有关指示。

成立冀辽热察边区特别站

1948 年 3 月 15 日，我在北平市地安门内东板桥十四号成立了"国防部保密局冀辽热察边区特别站"，自己任少将站长，副站长是吴宗汉，下设秘书、情报股长、人事股长、会计股长、总务股长、译电员、打字员、交通员、收发员、通讯员等人员。

接着组成了下列几个组：

（一）在河北省涿县成立冀西组，准备推进到涞水县解放区，曾搜集到军事情报 150 多件；

（二）在河北省唐山成立冀东组，准备推进到遵化县解放区，仅在冀东解放区内搜集到军事情报约 150 件；

（三）在天津市组成津南组，推进到静海县境内，但未达到预定地点，仅搜集到军事情报 50 多件；

（四）在察哈尔省张北县成立察北组，仅在多伦、沽源和宝昌一带搜集到军事情报 100 多件；

（五）在天津市成立平津组，仅搜集到冀中军事情报 20 多件。

从这个特别站在几个月内成立的五个组以及各组进行的工作来考虑，我体会到费了如许人力、财力，冒着生命危险，所得仅仅几百件不尽可靠的所谓军事情报，特别是所有的五个组都始终没有带着电台进入解放区开展工作。这说明了解放区政权的巩固，人民的革命觉悟很高和社会组织的严密；同时也说明了反共特务人员的低能和得不到人民的支持。这时，我开始丧失了信心，感到这种活动毫无意义，感到厌倦。适逢辽西大战展开，如果锦州失守，华北不保，我和所属的一些人的身份已经暴露，不能再在原地区工作，因此乘机向毛人凤建议，将原特别站撤销，另组地工五人小组进行工作，至于我们这些人请南京另行委派工作。1948年12月14日，毛人凤复电同意撤销，并令将新吸收人员各发两个月薪饷遣散。毛人凤在电文中说："我兄不要南来，另有重要任务委派。"命我和吴宗汉等四人到北平站报到。

次日，又接到毛人凤来电，命我接任北平站站长，并布置五个潜伏组，所需电台，可向保密局北平支台台长阎守仁去领。1949年1月20日，阎守仁同另一人给北平站送来了美国制五瓦电台五部，供潜伏组使用。

这个意外的任命也给了正在苦闷彷徨中的我以意外的启发。我立即意识到，这个北平站在保密局内一向是大家角逐的对象，其重要性是多方面的。原任少将站长王蒲臣是浙江江山县人，是毛人凤的小同乡、表兄弟，又是同学，因此才把这个重要站交付给他；我在军统局的历史很浅，讲"局龄"只有七年，一直不在大城市工作，实际上只是一名外勤人员。毛人凤怎么会对我如此青眼相加呢？接着我又想到华北的形势和全国的大局，使我这个专搞情报工作的人一下子头脑冷静和清醒起来：国民党政府濒临覆亡的前夜，华北的军事态势已到了进退失据、瓮中捉鳖的绝境。我原来就参加过抗战爱国活动，只是后来才沉沦到特务组织之中，也未尝没有寄人篱下之感；现在又眼看国民党政府覆灭之前要将我当作他们的替死鬼，我不能不自谋生路。

我怀着与过去升官调职前夜的决然不同的兴奋心情，决定接收北平站，不动声色地暗暗计划要大干一番。

接收保密局北平站

毛人凤虽然下令王蒲臣把站长的职务移交给了我，却并没有让他马上离开危在旦夕的平津地区，仍然派他担任保密局驻在北平的督察。这个督察虽然没有衔门和实权，却成了保密局对北平军统组织的"钦差大臣"。王蒲臣利用原来的政治地位和社会关系，到处放着他的眼睛和耳朵。他分明是毛人凤放在北平的特级情报员，可以随时通过保密局北平支台直接向毛人凤汇报。

我虽然几年来一直同共产党作对，也见过一些共产党政治犯，却连一个不是政治犯的共产党员都不认识，事实上，过去也不想认识这样的共产党员，因为这件事本身就是触犯军统纪律的行为，可能会受到严酷处分的。可是，我既然已经向往真理，就决心寻找真理，并有信心一定能够找到真理。

这样，我便去找这些年来可以无话不谈的朋友池峰城。那时，他是华北"剿总"傅作义的中将参议，住在北平市北长街八十一号自己的住宅里。

池峰城是河北省人，那时 45 岁，旧西北军的将领，冯玉祥将军的部下。他虽然是行伍出身，文化有限，但有些实战经验，最高职位当过三十军军长和第四集团军副总司令。1938 年春夏间，池峰城任三十军军长时，率部参加了徐州大会战，在台儿庄之役消灭了日本板垣师团，立有一定战功。1945 年 11 月他任保定警备司令时，我也在保定任省会警察局局长，常有往来。1946 年 10 月，解放军围困保定，他召开过一次保定军、警、宪、工、商、士绅的会议，共商城防事宜。我发现他没有依靠幕僚的作战计划，即席口授了保定的防守、治安等的部署，章法完整，条理分明，颇出于我的意料之外。

他对我可能也有同样的看法。因为我的军统身份是公开的，军队和军统之间，虽然同在蒋家旗号之下，本来是互有顾忌的，何况是非蒋介石嫡系的军队和杂牌队伍，对军统人员更是侧目而视，敬而远之。但经过一段围城共处，他对我有了另一种认识。后来他对我说："你不像是个军统人员。"我说："怎见得？"他说："你没有他们那种跋扈嚣张的习气，处事待人也是合情合理的。我是当你亲老弟看待的。"

我早就观察到他对蒋介石心怀不满，而对共产党则有好感。因此，我这次推心置腹地同他谈到当时大势所趋、人心所向的问题，希望他为我寻找真理搭桥铺路。他立刻表示赞同。据后来了解，他那时同共产党已有所联系，他家里的一名勤务小李，就是党派来的。他一只手拉着共产党，另一只手拉着特务头头，他还担心什么事不能干呢？！（附带谈一下：出于种种原因，他的后果并不好。）

1948 年 12 月 18 日，池峰城给我通电话，约我去他家，并说："你托我办的事已有着落。"

池峰城介绍我与中共城工部刘仁的代表王博生初次会面。王年约 30 岁，北平人，外貌诚恳热忱。我首先向他汇报了如下的情况，征求他的意见。

"保密局局长毛人凤派我接受北平站站长的职务，并叫我布置五个潜伏组，你看该不该接？"

王代表说："你接北平站对咱们有利，千万不要暴露身份，振作精神，积极做好联络工作。"

我提出建议说："我把五个潜伏组布置起来，请刘仁派各组书记兼译电员，掌握全组人事、往返电报和档案。我派组长和组员三人，安排好以后，我即将这五个组交给刘仁指挥运用。"我还进一步建议："如有必要，可请刘仁另派中共人员一人，随我到南京去，由我介绍参加军统组织内部工作，可保万全。我到南京设立北平站台与北平各潜伏组台联系，南京发的电报是真实情报，北平组台可由书记兼译电员发送假造情报。这样，利用北平组台可以获得不少重要情报。何时不再需要这些潜伏组，随时可以撤销。"

12 月 19 日上午 8 时许，我再次同王代表在池峰城家会晤。王代表说："刘仁对你的建议认为很好，完全同意，已经给毛主席去电请示，复电到后再行决定。"我说："昨天谈的枪支和弹药，已经准备好，是我送来，还是你去取？"王代表说："先存放在你家里，用时便通知你，我们去取。"(1949 年 1 月 31 日下午 5 时光景，王代表坐汽车到东板桥十四号我家，从暖气锅炉房里把这批枪支和弹药如数取去。)

至此，我认为同中共的关系已经确立，便开始策划核心组织。1948 年 12 月间，我约四平站少将站长冯贤年和热察边区特别站少将站长李英进行密谈，我策动他们说："我认为老蒋的半壁江山是保不住的，别上南京了，最好的出路是投诚共产党。"他们一致同意我的想法，表示决心要干，但不知怎样入手。我就把自己已经投向革命的经过情况和盘托出。我为什么能这样大胆行动呢？原因是：冯贤年同我的私人关系较深，已如上述；他在军统组织中是个老资格，上上下下的人，他都很熟悉，尤其是北方的军统人员，都同他有往来，消息灵通。因此我对冯贤年说："既然决心投诚共产党，就必须有所贡献。"责成他侦察现任北平站站长王蒲臣是否已布置了潜伏组织。

至于李英，他是 1922 年我在东北军骑兵第五师任少校军需官时的老同事，相知很深。

过了几天，冯贤年告诉我已查出周受轩和韩北辰是王蒲臣布置的两个北平潜伏组组长。又说：王蒲臣之所以迟迟不交北平站站长职务，是因为听说大局好转，就不想交了。于是，我采取了以退为进的攻势，叫前冀辽热察边区特别站副站长吴宗汉拟稿，给毛人凤去电说：如果王蒲臣再迟延不交，我就不准备接任北平站职务了。但电报发出后，经过多日，未见回电。

1949 年 1 月 6 日上午 8 时，北平站副站长宋元和给我打来电话说：保密局第二处处长叶翔之昨晚飞来北平了，请我到站部有要事面谈。我见到叶翔之时，他说："毛先生征求我的意见，让徐兄接任北平站站长我已完全同意。"接着又对我说："现在有要事马上要出去，今天下午 5 时，请你在这里吃饭。关于北平站职务的交接问题，在吃晚饭后，咱们再同蒲臣兄商谈。"

当晚，应叶翔之的邀请共进晚餐的人有王蒲臣、毛惕园、周正、刘振翮、阎守仁、梁颐亭、宋元和等十多人。饭后，叶翔之主持开会，首先就说："各位要是听说大老板（指蒋介石）有什么不好的消息时，千万不要惊慌，要坚守岗位，继续工作，一切要听组织的指挥。我们已做好万全的计划，长江防线正在加强，守御是毫无问题的。"接着就说："我同徐宗尧和王蒲臣两兄有事相谈，各位先回去休息吧。"

随后，叶翔之问王蒲臣和我说："哪天交接呢？"王蒲臣想了想说："1 月 19 日交接吧！要有个时间清查各项物资，才能造册移交。"叶翔之又问："站部还有多少存款？"王蒲臣说："只够发给全站人员一个月的薪饷。"叶翔之说："在必要时给每人发两个月薪饷遣散。如果愿意到南京去的，让他们自筹路费，到南京后实报实销。"（这次谈话，等于是料理后事。）关于站的经费，他说回去就汇来，结果并未兑现。

这时，我对叶翔之说："毛（人凤）先生叫我布置五个潜伏组，预计需要200万元。"叶说："回去后一并汇来。……徐、王两兄没有别的事情就回去休息吧！明天早晨坐飞机回南京，谁也不要送才好。"从此以后，就再也没有见过叶翔之。我原来想同王博生代表一起去接收北平站的，而池峰城不赞成这样做，所以我便独自到站部从王蒲臣手里把北平站接收过来。

我立即派吴宗汉担任内勤专员，代理副站长职务；冯贤年担任务勤联络专员职务，其他仍旧。

过了两天（1月21日），王蒲臣又移交了经军统局没收的马汉三（前北平市民政局局长，军统北平站第一任站长）和刘玉珠（前军统局华北办事处秘书）的财产清册一本、库房钥匙一把。他说所有册载珠宝玉器、古玩文物等贵重物品都在库房里。据王蒲臣说，其中有一部分经古玩商和鉴赏专家估价总值约达法币七千亿元，云云。

以上种种，我都在池峰城家向王博生代表做了汇报，并把北平站各项清册，连同库房钥匙一并交给他。但他没有接受，说："先存放在你那里，以后再取吧！"只把钥匙收下了。直到人民解放军进城时，王代表才把所有库存上述物资全部取去。这批贵重物品不论在王蒲臣移交时，或王博生代表取走时，我都没有过目，究竟是哪些东西，数量多少，我都没有过问，仅把册子所载的名称看了一下。这本册子后来我亲自交给了北京市公安局二处冯基平处长。

北平站的秘密组织和公开组织

军统组织一般来说是比较严密的，特别是对中层人员控制尤其严密，到了下层，就比较放松，至于那些所谓"义务"情报员，实际上是用金钱作钓饵，任其招摇撞骗，敲诈勒索，造成声势，欺压良善。虽然某些高级头目标榜清廉，故作严峻，强调纪律，权势凌驾于国民党高级军政人员，咄咄逼人，不可一世，而实际上则暴戾恣睢，贪赃枉法，残酷狠毒，绝灭人性，黑暗内幕，不堪耳闻。像北平站第一任站长马汉三的被处极刑，实因其闹得太不像话，到了国人皆曰可杀的地步，蒋介石才不得不杀之以装点门面，妄图挽回其既堕的政声。

北平站的组织有秘密和公开之分。保密局规定北平站秘密组织指挥公开组织。

北平站所属秘密组织，马汉三(少将)是最早组织者，任第一任站长；第二任为黄天迈；第三任为文强，任期很短就离职了；第四任为乔家才；第五任为王蒲臣；第六任为徐宗尧，都是少将军衔。秘密组织设有秘书室、机要秘书室、人事室、会计室、总务科(下设收发室、传达室、警卫组、汽车组)、情报科、行动组、策反组、学运组、心理作战组、特别情报组、华北补给站等机构。

公开组织成员则分布在北平行辕、保定绥靖公署、华北剿匪总司令部、北平警备司令部、北平市警察局等很多机构。

郑介民的使命和何思源宅被炸

随着人民解放军对平津攻势的节节胜利，紧缩了对北平的包围圈，同时配合着策反活动，进行政治瓦解，平津形势急转直下。但蒋介石贼心不死，仍企图诱迫华北唯一的较有军政实力的傅作义与其同归于尽，不惜以文化古都的北平市作为赌注和殉葬品，做最后的挣扎。

在这关键的时刻，蒋介石特派其死党国防部次长郑介民乘专机飞到北平，对傅作义作游说式的恳商。郑介民住在北京饭店，保卫工作由北平站站长王蒲臣和北平市警察局局长杨清植共同负责。郑因负责特急任务，非经通知，一律不接见，连北平站少将直属通讯员冯贤年也不例外。

郑介民此来的使命是与傅作义会商如何坚守平津诸大城市，以保持华北依然在蒋政权控制之下的形象，使他能在国际上继续招摇撞骗，谋求外援，主要是美援；在国内重整军旅，拖延寿命。据获得情报说明，他们计划在北平城内东长安街拆除三座门，改建为跑道，并在东单空地和天坛两处开辟飞机场，以便运送援兵和军用物资，坚守待援，争取时间，在国共和平谈判中讨价还价。

在傅作义方面，则因与共产党经过多年较量，深知大势已去，问题只在如何善后。但在与郑介民会谈中仍虚与委蛇，并做出积极响应的姿态。除了一般军事部署外，傅又命令国防部保密局华北特别站站长兼华北剿总司令部爆破大队长杜长城在北平近郊普遍布雷，防御人民解放军攻城；并令平津和平汉铁路管理局赶修环城铁路，令铁道装甲车司令调派装甲车昼夜巡视，保卫城郊，维护铁路。北平市保安警察总队队长马超群并要求傅作义批准他率领总队属下各大队开赴城外作战，誓死保卫北平，当时博得傅作义的嘉奖。

郑介民或可自慰不虚此行，足以向蒋介石自告"不辱使命"了。

几乎就在同时，一天晚上，市内发生了一声爆炸巨响，给不稳的人心带来了猜疑和纷扰。据了解，是前北平市市长何思源的住宅被炸。

原来，何思源日前从南京秘密乘飞机到平。蒋介石闻讯，十分恼火，责成毛人凤电令北平站站长王蒲臣必须置何思源于死地，以儆效尤。王蒲臣命主任秘书指使北平站豢养的有名飞贼段云鹏等人前往执行。段云鹏在何宅屋顶安放的炸药爆炸之际，适逢何思源送走几位客人回到屋内，何幸免于难，其女则被炸死。

事后，王蒲臣即命其主任秘书和飞贼段云鹏离平赴宁，到保密局报到请功。

销毁档案释放政治犯

1949 年 1 月 20 日，王蒲臣以保密局北平督察的身份，在东四弓弦胡同四号戴笠纪念堂对我说："今天要把北平站的全部档案烧毁，你要当着全站人员的面进行。"所谓"全站人员"其实全是王蒲臣的人。（其实，在我接收以前，王蒲臣已下令把重要档案，如日本投降以来的各种原始册子等，全部烧掉了。）

我回到站部和冯贤年商议怎么办。冯说："北平站的主要档案，王蒲臣早已销毁了，这是站内人员所共知的，只把部分不重要的档案移交了下来。今天王蒲臣又以督察身份发号施令，其中必有原因。虽然你接收了北平站，合作的只有我和吴宗汉，其他都是王蒲臣任内的旧有人员；再说，北平站的行动组还是听王蒲臣指挥的。为工作安全计，只得把这部分档案烧了。当前最重要的是赶快把北平站全部人员的原姓名、官阶、职务、历任站长的底册拿过来，其他不要管了。"

我认为冯贤年的意见可取，立即向人事室主任张玉振要全站人事底册。张说，他在我接收北平站以前，就奉王蒲臣之命把这些底册烧了，怕我不信，还带我去现场看了烧册子的残迹。

就在这天的上午 8 点多钟，北平看守所所长周正和法官崔汉光来到站部，交了两个签呈给我：一个是签请释放一百多名政治犯，我叫吴宗汉批示"如拟"，我盖上了自己的名章；另一个是签请枪毙三个人（姓名已忘），我没有批，并对他俩说："我得向保密局请示后才能决定。"他们无言走了。实际上这只是我的托词。

傅作义召开军统头子的一次短会

1949 年 1 月 22 日下午 5 时，傅作义在怀仁堂召集在平军统各单位的头子开了一次短会。

我已多时没有见到傅作义，这天他穿的是便衣，神情冷静严肃，由一名秘书陪同他出席。

有这样的情报：傅作义因为三十五军在新保安被解放军歼灭，由于这支部队是他的嫡系部队，装备和作战能力较强，是他的基础力量，为此万分痛惜，思想沉重。有一次，由院中活动后回到屋里，竟摔倒在地，经随从副官把他扶了起来。此后他把作战方面的事责成参谋长指挥。

军统方面参加的人，有我，有王蒲臣，有北平市警察局局长杨清植、北平市警备司令部稽查处处长毛惕园、北平支台台长阎守仁等十余人。

傅作义的讲话很简短。他首先忆述了过去的所作所为，说感到惭愧，跟着说："今天上午 10 时，和平解放北平的协定已经签字，希望你们的行动立即停止。关于今后你们的生命财产，可以负责保证安全。你们如愿意回南京，可以负责要飞机把你们送走……"说完便进去了。

这时，王蒲臣把早已拟定的特务人员名单（包括我在内）交给了傅作义的秘书。看来，签字前后的情形，王蒲臣是知道的。但其他的人对签字这么快精神上好像还没有准备。

杨清植问我："你有办法没有？如果有办法，我就不走了。"我回答说："没有办法。"他就给河北省政府主席楚溪春打电话，说他明天早晨就乘飞机去南京，特向楚主席告别。接着他又对参加会议的人说："各位今晚都到警察局集合，明早飞南京。"从此再没有同他见过面。

散会后，我在怀仁堂大门外问阎守仁你为什么在这个时刻接任北平支台台长呢？"阎答："徐先生接任北平站，看来一定有好办法，所以我才接任的。"我说："好的办法就是投诚共产党！回去把北平支台全部封闭起来，停止对南京发报、联络，并将所有电台、各项档案和物资赶造清册，准备交代。"

离开怀仁堂，我立即去找池峰城，商谈新的步骤。我请他派人赶快去找刘仁的代表王博生来会商，以便在当晚逮捕那批军统头目。池峰城说："上面决定放走他们，我们何必得罪人？"这句话，很能说明池峰城的处世之道。我说："逮捕不逮捕这批人，必须请王代表来决定。"经过再三要求，池才同意派人去找王博生，叫我先回家休息，听电话通知。我回家后，嘱咐阮守义看守电话，不论池峰城何时来电话，都随时叫醒我。结果，阮守义等到天亮也没来电话。

1 月 23 日一早，我给池峰城打电话，据说：王代表没有来。只得眼看着那班人鸿飞冥冥。下午 4 点钟，才在池峰城家见到王代表。王问："特务头子都已飞走了吧？"我回答："都已飞走了。"

到 1 月 31 日下午 5 时，王博生才到我家来取走那批美国制左轮手枪六十支和子弹六千发。当时我催请他把我接收的北平站的各项清册带走，他说："现在很忙，明天上午十点钟来取。"结果没有来。

不久，我接到傅作义给北平站的一份代电，附有军统人员一百多人的名单一纸，肯定就是王蒲臣交给他的秘书的那一份。电文中说明准许这批人买飞机票前往南京。我随即将这份材料转交给了北京市公安局第二处的任远科长。

附带说一下：有一个名叫陈仙洲的河北省会警察局局长，在保定解放时，率领属下各科室人员和保安警察大队长李国治、侦缉队、消防队、女警队等八百多人，撤退到平西门头沟驻扎。解放军缩小对北平的包围圈之际，陈仙洲命令所部顽固对抗，接触半小时即被全部歼灭，陈仙洲被活捉。但在解放军把这批俘虏押送到老解放区的途中，陈趁黑夜脱逃，潜来北平。1949 年 1 月 23 日，搭乘杨清植这批人的飞机逃掉了。

北平支台和北平交通支台的冲突

1 月 23 日北平军统头目大批南逃之次日，树倒而猢狲不散，北平站属下各单位，人员麇集，都惶惶不可终日，情况十分凄凉而紧张。

1 月 24 日下午 1 点多钟，北平交通支台某台长到北平支台所在地大声叫嚷："你们投降共产党了！"北平支台全体服务员为此与彼理论，争持不下，行将动武。阎守仁给我来电话，促我快去解决这场纷争。

我到支台之后，先了解了一下情况，然后对他们讲话，说："你们双方争论的焦点是，你说他投降共产党，他说你投降共产党，因此争论不休。我可以在这里说明一下，如果蒋介石和毛人凤能关心大家的生命安全，就应该派几架飞机来接你们回南京，并把所有的电台运走；可是蒋介石和毛人凤并不这样做。可以肯定地说，他们并不关心你们的安危，而你们还效忠蒋介石和毛人凤，摆在你们面前的，岂不是死路一条吗？……"

说到这里，有个报务员带头高声说："拥护徐先生的说法！"接着全体报务员和北平交通支台台长也都高喊："拥护徐先生的讲话！"

到此，留在北平的军统头目和特务人员投诚共产党的意见统一了，我日夜谋求的组织北平站和平起义的目的达到了。至今我多少感到一些安慰的是：不仅是这些罪恶严重、杀人不眨眼的特务分子，明里暗里，真真假假，弃邪归正，放下武器，使北平和平解放没有受到不利影响，没有妨害社会安宁；而且在这个关键时刻，没有像尔后其他大城市解放时那样，军统特务组织对大批政治犯进行血洗，并且使得一百多名政治犯及时恢复了自由，欢乐地迎接亲人解放军进入北平。

内疚的是：我在七年的军统特务生涯中，毕竟是为虎作伥，为蒋介石的反动统治卖命，做了许多不利于人民的事。这只能在今后有生之年，不断努力改造自己，来求功补过了。

侦破王蒲臣布置的三个潜伏组织

我深知冯贤年在军统组织中熟人很多，尤其是北方的军统人员大部分与他有往来。因此我动员他侦破王蒲臣最后布置的潜伏组织，作为投诚共产党的献礼。

结果冯先后查出韩北辰和周受轩两个潜伏组长，还有另外的一个组织的头头龙超，都是王蒲臣布置留下的。人民解放军入城后，我会同北京市公安局二处任远科长和常秘书逐一破获这三个潜伏小组的全部成员，并缴得电台三部和一些密电本。

王蒲臣拨发各组的活动费的办法，是由王的机要秘书张维翰开出兑条，交持条人到东交民巷斯罗医院找张的小姨（姓名已忘）。她是该医院的护士，规定只认兑条不认人，凭兑条即按数额照发。

根据北平站总务科科长何万洲的线索，王蒲臣曾同他一起到天津向四友公司经理白连城（也是军统上层头目，是解放前北平四大奇案之一的一名主角，现在台湾）那里取回电台四部。因此可以断定，王蒲臣布置的秘密组织，当时有一个尚未破获。

第一个潜伏组是韩北辰任组长。当2月3日我同任远科长和常秘书前往其住所动员他投诚时，他的态度就不老实，提出先决条件：要保证，要职务，任远耐心地对他进行说服教育，他仍一味在这两个问题上绕弯了，纠缠不休，费了一个多小时的口舌还不完。我本来坐在一边，没有插口，到那时我已按捺不住内心的愤激，就站起身来大声斥责他说："既然投诚，就不应该再讲条件，我命令你立即交出电台和密电本，别的事，我保证！"他这才乖乖地把东西交了出来。

第二个潜伏组是周受轩的那个组，2月3日由北京市公安局和我一起前往破获的，起出了电台和密电本。

第三个潜伏组是南京保密局派龙超来北方组成的。破获后，龙超在清河训练大队学习时表现仍不老实，继续作恶犯罪，终于在1951年3月被人民政府镇压了。

此外，还有一个潜伏组是路捷音任组长。这个组是由收发报员（姓名已忘）去北京市公安局自首后，公安人员随同前往才破获的，并起出电台一部。密电本是经过一番周折才找到的。

事实上，还存在一个潜伏组，组长是秦应麟。他携带电台由北平逃往台湾，见到了毛人凤。毛又派他回到天津建立潜伏组，并对秦说："今后天津的工作关键在你身上了。"后来这个组在天津被破获，起出了电台。1951年3月间，秦应麟在茶淀被镇压。

还有一段插曲。

1949年1月间，有个名叫郭文治的人，来到东板桥家中找我，说是代表马月西先生来请我去会商某项重要事件的。马月西这个人我在日本投降后在舍饭寺花园饭店见过面，当时他挂着抗日锄奸团的旗号，也属于军统系统。据郭说马月西现在是北京市公安局地工组织的负责人，马在为共产党做事，并说马的弟弟在共产党内很有地位，马想给国共双方做些工作，请我去商谈合作。我什么时候愿意回南京，这位马先生都能给我开护照，派人护送。我对马月西是不是为共产党工作是怀疑的，我就对郭说："我投诚共产党的情况，你们是知道的，我决心不再为国民党工作了。请你回去转告马先生，就说我劝他要真的给共产党工作，别再给国民党工作了。我不想去会见他。"

郭文治走后，我立即把以上情况报告给公安局二处任远科长。后来郭到炮局胡同清河袜厂三中队学习时对我说："马月西在北平解放前后的反革命活动已经查实，被人民政府当众宣判、镇压了。"

初次会见冯基平

就在交接期间，有一天，平汉铁路管理局北段管理处运输组组长郑熙突然到地安门东板桥我家里来看望我。我同他在北段管理处一度是同事，有友谊往来。在这个时期来访，看来有特殊任务，我热忱地接待了他。郑熙说人民解放军已把北平团团围困，解放北平只是早晚的事。"你不要去南京了，给你介绍个中共朋友，投诚共产党吧！"我说："你的好意，我衷心感谢。但我在去年12月间已向共产党投诚，取得了联系。"

郑熙回去后，又回来对我说："中共朋友请你明天到西郊去见首长，可把你接收北平站的各项清册带去。我介绍你同中共朋友见面后，一同陪你去西郊，中途有人来接。同高级首长会谈后，再陪同你回城。"

这时，我初次感觉到，郑熙和王博生可能是一个组织的两个系统：王是代表城工部的，而郑熙可能是作战部的，他们之间还没有联系上。但我想，既然已同王博生挂上钩，就必须尊重组织，通过组织关系再作进一步联络。我决定先征求王博生代表的意见。因此，我请郑熙给我一个考虑的机会。

于是，我又在池峰城家约晤王博生，把郑熙到我家所说的话向他做了汇报。王代表听了不赞成我去，也就算了。

我回到家里，给郑熙通了电话，说明王代表不同意我去西郊。过了一天，郑熙又来电话，说："中共朋友征求您的意见，人民解放军进城时就见面好吗？"我说："好，就这么办吧！"后来解放军进城时，郑熙却没有来，我因忙于北平站善后事宜，也没有想到再去同他联系。但我很感谢他为了人民的事业，冒着很大的危险到像我这样一个特务头子的家里来进行策反工作。

1949 年 2 月 1 日，郑熙又一连来了两次电话，催我到他家去会见中共朋友。在郑家，我被介绍认识了中共党员李士贵和其他两位男女朋友。

我向他们汇报了同刘仁代表王博生联系的全部经过。李士贵说："我想把你接收的北平站各项册子先拿去请首长看一下，让他决定究竟叫谁接。你看怎么样？"我表示同意。他单独拿着一大叠册子坐我的汽车去了。我同两位男女同志在郑家一直等到下午五点多钟，李士贵才领着北京市公安局第二处的肖科长一起回来。给我介绍以后，李士贵说："首长决定叫北京市公安局接收北平站。"那一天郑熙留我们吃了晚饭。饭后，李士贵等和我五人坐汽车到弓弦胡同四号，第一次见到北京市公安局第二处处长冯基平和侦讯科科长任远，我首先把北平站的人事和其他清册交上，又把同刘仁代表王博生联系经过重新说了一遍。冯基平处长说："你投向革命，很好，我们欢迎，等你交代完了，再派工作。"

我说："我在旧社会混了多年，中毒很深。这时给我工作，恐怕很难做好，待我把北平站移交清楚后，请求给我一个学习的机会，以便改造思想，重新做人。"冯基平处长说："你的见解很好。"他鼓励我积极做好交代，并说："你的前途是光明的。"

这天晚上，我在弓弦胡同待到深夜才回家。就在这段时间里，任远科长去到池峰城家，要他去找王博生，没有找到。

2 月 2 日，任远科长同我一起再到他家，池峰城派人找到了王博生。王用电话同任远科长接谈，任只问了几句，王说得很多，任看来比较满意。我知道公安局同王博生已经接上了头，打通了关系，我也觉得很高兴。

池峰城对我说："以后不用我当联络官了，有事可以直接找他。"自那以后，我的关系转到北京市公安局了，之后再也没有见过王博生。

接受改造，前途光明

1949 年 2 月 6 日，北京市公安局第二处任远科长命我在东板桥十四号自己的寓所里成立"军统人员登记处"。每天分别通知有关军统人员来处登记。登记他们的姓名、性别、年龄、籍贯、现在住址和缴枪数目，每天由我将登记表连同收缴的枪支一并交给任远科长收存备案。

自 2 月 6 日开始，到同月 22 日止，共登记军统人员 100 多人，收缴枪支若干。22 日下午 5 时，任远科长用电话通知我说："明天中午 12 时，你把已经登记的一百多名军统人员全部带到鼓楼后马厂十号开会，研究他们的工作问题。"

我按命令准时将全部人员带到后马厂。任远科长对我说："你可以转告他们，让他们用电话通知各自的家属把行李送来。关于你本人，你曾向冯处长要求给予学习机会，今天可以达到愿望了，送你到清河训练大队去学习，用清河之水把污点洗净，然后分派工作。"我说："这就好了。至于送行李的事，除了我以外，他们家里都没有电话，无法通知。可否派人把这些人的行李取来？出了什么差错，由我负责。"任远科长同意了我的意见，我就派人去办理这些事情。

接着，我向任远科长说，自己打算回家去一趟，把家里安置一下，同时把行李取来。另外，我要把自用的站部所有的别克牌汽车一辆、私人手枪四支和站部的手枪一支一并上缴。任远说："很好。汽车都出去了，等车回来，咱们一同去。"我到家后把事情办完，就想回去。任远说："您在家吃过晚饭再走吧，那边预备的晚饭不很好，还是在家吃吧！"我说："如果您不同我一起吃便饭，我就回去吃。"任远为了照顾我，才和我一起吃了饭，随即乘原车回到后马厂十号。

当天晚上 9 点钟光景，北京市公安局用汽车把我和登记的军统人员一起送到清河训练大队，由大队长安林（现任商业部副部长）点收。

顺便提一下：这一百多人都自愿或被迫参加了劳动改造，有些人还改造得比较好，走上了新生的道路；但毕竟有那么一些人中毒太深，野性难驯，结果没有得到善终。例如，最先受我策动，积极参加了我的起义组织的冯贤年，后来转到茶淀清河农场劳动。当他听到"抗美援朝，保家卫国"的号召时，变天思想又从他的反动本质中冒了出来。前面已经谈过，他在华北的特务关系和社会关系比较广泛，这使他产生了非分之想，就阴谋在改造的队伍里组织旧属进行暴动，劫夺警卫、看守的武装，冲出禁区，上太行山打游击。因事机不密，被及时侦破，又送回清河袜厂，在 1951 年落得个可耻下场。

在我走上新生的旅程中，通过较长时间的学习和劳动，实现了用清河的净水冲洗污浊头脑的愿望，逐渐懂得了一点马列主义，学到了一点毛泽东思想。党对我也安排了适当的工作。从 1962 年起一直让我担任北京市三、四、五届政协委员的职务，让我参与协商国家大政方针的活动。我衷心感谢党对我的关怀与照顾，我决心学到老，改造到老，力求在后半生的时间里求功补过，为祖国的社会主义建设事业尽我应尽的义务。

（本文节选自《文史资料选辑》第 4 辑，北京出版社 1979 年版。）

刘涌 *：接管国民党北平市警察局

前期筹划

1948 年 12 月，北平解放在即，党中央任命彭真为北平市委书记，叶剑英为市委副书记、北平市军管会主任兼市长。

此前一年，驻在河北省平山县西柏坡的中央社会部就开始为接管大中城市培训干部。当时由副部长谭政文牵头，一室主任罗青长、二室科长甘露和我（三室副主任）负责具体的筹备工作，一批县团级以上、具有初中以上文化程度、身体健康的保卫干部，先后从各地到中央社会部报到。经过严格的政审（对个别不合要求的坚决退回），组成计有 108 人的训练班，戏称"一百单八将"。训练班的课程主要有情报保卫人员的修养、公安、情报、侦察、审讯等。审讯课由谭政文主讲，情报人员的修养由我讲，其他业务课分别由中央社会部的领导按业务分工讲授。

训练班计划培训一年，开学典礼由中央社会部部长李克农主持，刘少奇、朱德、任弼时亲临大会做重要讲话。学员们看到这么多领导到场，备受鼓舞，纷纷

---

* 作者时任中共北平市委秘书处处长，负责北平警察局接管工作。

表示将不辜负党中央的信任与期望，努力完成学习任务。

不久，解放大军相继攻占了北平周边的诸多据点与城镇，北平城已处于重重包围之中。12 月 14 日，中央新华社发出电讯："我第四野战军先头部队今天已打下了丰台、长辛店……"形势的发展、任务的要求，使得接管城市工作迫在眉睫，刻不容缓。因此中央立即决定，训练班提前结业。

在当晚举行的结业典礼上，李克农部长讲道："北平解放已指日可待，摆在大家面前的首要任务是接管北平市警察局、肃清特务、组织革命政权。北平是国民党反动派统治华北的大本营，社会情况十分复杂，既有清朝遗老、下野的军阀、失意的政客，又有蛰伏的汉奸、官僚资本家、逃亡地主、封建把头、恶霸、惯匪、惯窃以及地痞流氓等。大家的工作任务将非常艰巨，千万不可掉以轻心，任何粗心大意都可能会给党和人民的生命财产带来无法估量的损失……"他还针对我们绝大多数人未到过大城市的特点，耐心地教大家如何打电话，如何使用抽水马桶等生活常识，并一再叮嘱大家要保持艰苦朴素的作风，不要坐人力车，要严格遵守《三大纪律八项注意》……使大家觉得既亲切又很感动。

奔赴北平

结业典礼完毕，训练班学员和社会部的几位主要干部（共计 114 人）立即打好背包，由我带队，分乘 5 辆缴获的美式卡车连夜向北平进发，准备接管北平市伪警察局。我们于 16 日到达保定，先期到达的谭政文已向彭真、叶剑英等汇报了准备接管北平警察局的工作。17 日，彭真主持北平市委第一次全体会议，宣布市委由彭真、叶剑英、李葆华 (赵振声)、刘仁、徐冰、赵毅敏、谭政文、萧明、王鹤峰、张秀岩、韩钧等 11 人组成，彭真任书记，叶剑英为第一副书记，李葆华为第二副书记。会议决定：谭政文为中共北平市委常委、市公安局局长，刘尽中为秘书长，刘涌为秘书处处长，冯基平为侦讯处处长，赵苍璧为治安处处长，曲日新为行政处处长，张廷桢为公安大队大队长兼政委，同时任命了"内七外五郊八"

（内城 7 个区，外城 5 个区，郊区 8 个区）20 个分局的局长。我们进城后的中心任务是：迅速消灭混乱现象，安定社会秩序；按系统进入接管，自上而下地、系统地、原封不动地加以接收和管制，不要接乱；肃清反革命残余，首先是肃清潜伏的武装敌人和摧毁敌人的特务组织……

当晚，我向大家传达了会议情况，分配了 20 个分局的接管工作（大兴、通县、顺义等县是后来才划过来的）。经过短暂的动员，我们连夜行军北上，18 日晨到达涿县；19 日夜乘上火车，20 日凌晨 3 时抵长辛店，这里已是北平的地界了（后因房子不够住，21 日又退回良乡）。当时真是急如星火，日夜兼程。

在良乡，由谭政文、刘尽中、冯基平、赵苍璧、曲日新、张廷桢和我组成了市公安局机关党委，我任党委书记，面对千头万绪的工作、百废待兴的情况，大家仍感到任务繁重，干部太少。针对此情况，我们向彭真同志提出把各大区平津情报站划归公安局，并很快得到中央批准。1949 年 1 月 15 日天津打下来后，和傅作义的谈判也有了新的进展，党中央电令各解放区在北平地区的情报工作站（组）撤销，全体工作人员到北平市公安局报到。这样，公安局的接管力量又增加了 100 多人。24 日，中央又命令中央警备团三营、四营的 700 多名战士改编为"公安大队"，负责保卫北平市党政机关和首长的安全，及配合查封国民党特务机关等任务，使我们的编制进一步扩大。

25 日，彭真同志再次向公安局全体干部明确进城后的任务，即安定社会秩序、搞好接管、肃清匪特、解决人民生活问题。他还特别讲道："同志们在战争中不愧是英雄、是模范，但是进入城市，那是个花花世界，就容易变了。过去我们在农村造反、革命，现在进城后就是执政党了，会有很多人溜须拍马，用美女金钱诱惑你，可不要栽跟头，不能当第二个李自成。人家为什么拍马，拍你是为了让你为他服务，叫你当驯服工具，不要把这当成好事。拍马屁就是为了骑马。"这类话他后来又反复讲过多次。

针对如何掌握党的政策，做好入城后的工作，彭真同志语重心长地说："政权就是刀把子，是阶级压迫的武器。人民的政权机关、军事机关、警察、法院，对敌人反动机构必须彻底粉碎；对于工厂、商店等企业，我们应予以接管和改良，要将两种性质区别开来。我们要建立民主制度。但在情况不明，敌我难分清时，不能采取民主选举、无记名投票的办法，应首先采取座谈会的形式，多做调查研究，多解决思想问题。"他讲道，进城后要首先做好工人的工作，其次是学生，再次为各级手工业人员及城市贫民的工作，并对他们的情况一一做了分析。

应该说，进城前大家对大的政策是明确的。但是我们毕竟在农村多年，对城市工作不熟悉，而且北平是古都，中央已拟定定都北平，因此人人都感到身上的担子很重，丝毫不敢懈怠。那时大家都还年轻，彭真同志也就 45 岁，我们都是30 岁左右，精力充沛，都在夜以继日地工作。

形势发展很快，胜利在望，大家精神振奋。1 月 1 日，市局派出 6 个同志与谈判代表团一起进入北平，分头了解城内国民党、三青团及国民党各特务机关的情况。为了进一步了解敌方警察局的具体情况，我又和公安大队大队长兼政委张廷桢、治安处副处长武创辰三人通过地下关系再次进城。

进城后，我们住进位于西单教育部街的国民党北平市党部内（当时市党部的党魁要员都潜逃了），白天走着到位于前门公安街的北平市警察局，通过地下关系了解情况，晚上回来研究、整理材料，常常忙到深夜。经过调查得知，北平市警察局人员的来源大致有几种：第一种是国民党的骨干分子，大都是国民党中央警校毕业分配来的，都是科员或巡官官衔，有些是中统、军统特务；第二种是国民党接收留用的日伪人员，除少数巡官外多数是警察，其中不少人在日伪时期有罪恶；第三种是由解放区逃来的地主子弟；第四种是工人、苦力、贫雇农及家境贫寒的中学生等。这几类人中，除高级警官外，带家属的很少，家人大部分在原籍。因此，绝大多数都在大伙房包饭吃。原以为他们的伙食很好，但因为物价飞涨，其生活也很苦。在调查的那几天里，我们几乎天天和他们一道吃窝头、啃咸菜，有时喝点白菜汤，根本见不到什么荤腥，伙食远不如解放区的好。

旧警人员中，不少人由于长期受反动思想的宣传，世界观被扭曲，或多或少地参与或执行过对人民的镇压，染上了欺压、敲诈老百姓的恶习。初始，他们有畏惧心理，不敢接近我们，可当他们看到我们态度和蔼，对人平等，才逐渐变畏惧为敬佩，愿意与我们接触了。我们三人乘机向他们宣传共产党和人民政府的政策，要他们解除疑虑，积极配合工作，争取立功；并晓以人民解放军已兵临北平城下，北平就要回到人民的手中，要争取这个千载难逢的好机会，为自己的前途创造条件。一些尚有正义感的警察本身就对国民党嫡系警官、特务分子等不满，经教育后主动提供了不少详细情况。

经调查，国民党北平市警察局设有：督查处、机要、专员等5个室、户政、政工等4个科、刑警和女警等5个大队及医院、学校、乐队、感化所，另有"内七外五郊八"20个分局（分局下设84个分驻所、322个派出所），共1.3万余人，分警长、警士、雇员、公役四种。在此之前，我们对该局的人员构成、机构设置并不太清楚，对一些警察的认识也只停留在表面上。如一次我们在王府井十字路口，看到一个形体剽悍、样子很凶的大麻子脸交警，便凭直觉认为他一定很坏。华北局城工部的地下工作者赵凡也曾对我讲过，自己外出联系工作时看到该人就有凶狠不良的印象。可经过了解，发现这个人不仅很能干，且没有欺压百姓的言行。这件事对大家教育很深，使我们再了解情况时更注重实事求是。返回驻地后，市局根据实际情况，修改了接管计划，详细列出了分批逮捕的特务名单及查封接管单位的名称、地址，有针对性地部署了接管任务。

正式接管

1月16日平津前线司令部和傅作义的代表签发了《关于北平和平解放的初步协议》；21日，傅作义宣布守军接受和平改编。1月22日起北平市公安局一、三、四处和公安大队陆续从良乡、长辛店迁到海淀办公，城内、外各分局亦同期迁到此处。在海淀期间，彭真、叶剑英在颐和园后山召开接管北平市全体干部动员大会，告诫大家：和平接管是在我军胜利的形势下进行的，这不是妥协，而是用改编的办法消灭敌人。要把北平接管工作做好，得出经验，供接管其他城市参考……

1月31日，傅作义的部队全部撤到城外，听候改编。我们同日进城，因为准备充分，接管十分顺利。2月2日上午，谭政文局长带领我和冯基平、赵苍璧、曲日新4名处长和公安大队负责人张廷桢等10多人，以中国人民解放军北平市军事管制委员会军事代表的身份，前往国民党北平市警察局实施接管。当时，该局局长杨清植已畏罪潜逃，由外一分局局长徐澍召集巡官以上旧警察参加交接。

谭政文首先宣读了北平市人民政府任命公安局局长的命令，然后着重阐述了人民政府对旧警人员的政策，号召他们解除疑虑，立功赎罪，各守岗位，维持社会治安，并公布了《员警八项守则》。谭局长指派我和张廷桢、武创辰为军事代表，设立公安军事代表办事处，代表局长行使监督指导之责。经过半个月的准备，2月18日，原国民党北平市警察局大门口挂出"北平市人民政府公安局"的牌子，解放军战士替换了旧警察门卫，我局开始启用新印，正式对外办公。

因为是和平接管，而且进城前双方谈判了月余，因此国民党特务、党务要员除逃跑者外，已有计划地潜伏起来并做了相当周密的部署。以前特务机关都是公开的（如北池子65号），而现在我们和他们"换了防"，敌人在暗处，我们在明处。虽然傅作义的部队从城里撤走了，但仍有数以万计的散兵游勇、逃亡地主、强盗、惯窃、帮会分子存在。特别是还有原保警总队3000多人留驻，以前他们经常到城郊"游剿"，抢粮，在城内抓人勒款，故虽然他们大都系劳动人民出身，但行为却是反革命"帮凶"，可谓无恶不作。我们进城后，打冷枪、抢劫、暗杀我方干部及阴谋暴动等案件经常发生，市民们称北平是"五多"：特务多、散兵游勇多、抢匪多、小偷多、银圆贩子多。当时，还有大片国土没有解放，大军马上南下，不可能派重兵守北平。而我们刚刚由农村进城，市情不熟，且力量单薄，公安干部只有539人，公安大队728人。为此，彭真同志提出了肃清反革命要"先武后文、先上后下"的方针，即先迅速抓捕搞行动破坏的武装特务和阴谋暴动的匪徒，先清理上层反动分子，"擒贼先擒王"。

经过几个月的努力，我们先后处理散兵游勇37000余名，收缴枪支近万支，破获各种案件14000多件。市公安局成立了"清河训练大队"，将捕获的相当于军统组长以上及有特大危险的特务集中管训，发动坦白运动，号召其立功赎罪。

根据特务们检举的 16000 多条线索，我们基本弄清了大多数特务的情况，并先后破获重大潜伏特务和阴谋组织暴动案件 167 起，缴获电台 410 部，枪支 1576 支，子弹 7150 发，摧毁了敌人的指挥机构和大部潜伏机关，稳定了社会治安。特别是我公安部门一天内即逮捕以王风岗为首的武装匪特 100 余名，并就地将首恶及血债累累者处决，对反动势力起到了极大的震慑作用。

整顿摊贩，收容乞丐，封闭妓院，使社会秩序日趋好转，是我们的又一重要任务。彭真同志对查封妓院非常重视，曾亲自到公安局来部署此事。他称查封妓院光靠公安局不行，要我们把妇联干部也找来，先共同把情况了解清楚。那时候此事由治安处负责，副处长武创辰自然责无旁贷，但市委领导刘仁、妇联负责人杨蕴玉（外号大杨，戴口罩女扮男装）及冯基平和我均分别化装为普通市民去"挂窑子"，目的是搞清详细情况，为查封做准备。

11 月 12 日，我们向彭真同志谈到妓女们的悲惨生活，甚至有 13 岁的小姑娘染上梅毒，他决定亲自去实地察看。当晚 10 时到次日清晨 4 时，彭真领着有关同志深入前门外"八大胡同"、南城一带的妓院。一个 15 岁的小姑娘痛哭流涕地讲她怎么被卖到妓院，备受折磨后的"收入"只是"四个窝窝头"……大家听了心情十分沉重。

21 日晚上，人民政府宣布查封妓院。各部门协调配合，仅十几个小时即解决了问题，因为事先已搞清楚了妓女、老鸨哪些该抓，哪些该收留，对那些在被查封时无理取闹的，我们也都有所准备。在整个查封过程中，行动指挥部先后下达了六次命令，对统一行动的时间、分工、政策等都做了详细而明确的指示：如对妓院老板、领家和妓女要不同对待，对妓女要同情，耐心做说服教育；对老板、领家要指出他们的罪行；对伙计、跟妈可取保释放；没收妓院老板和领家的财产，妓女的财产归妓女；等等。经过紧张繁忙的一夜，全市所有妓院被全部查封。饱受凌辱的妓女们从此脱离了苦海，获得了新生。正像她们在自编的活报剧中所唱的"千年的冰河开了冻，万年枯树发了青。旧社会把人变成鬼，新社会把鬼变成人……"

（本文选自《纵横》，2002 年第 7 期。）

彭城 *："粮老虎"落网记

飞涨的粮价

北平刚解放时，社会物资奇缺，物价不断上涨。那时，人们家中不存一点粮食就不能安心睡觉。我记得初解放时，有一次机关发薪后，人们忽然都不见了，原来他们拿到工资马上就去买粮了，唯恐买晚了又要涨价。

1949 年华北秋粮歉收，粮价看涨，10 月间察北发现疫情，为防止疫病传播，暂时封锁了平绥铁路的交通，粮源受阻。

平绥铁路不通的消息传来，粮食市场出现了异常紧张的现象，粮商纷纷抢购。四面钟粮食交易所本是早市，平时在上午 9 时至 10 时就散了市，自 10 月末至 11 月上旬，每天到中午 12 时仍然人潮汹涌。11 月 9 日这一天，竟延至下午 1 点多钟。这时粮食公司的同志动员大家散市，不料有些商人竟当场起哄，有的人蹬到交易所管理人员发牌写票的桌子上，狂叫："粮食公司，不卖不行！"有的叫嚷："你们国营贸易公司是什么的？干不了，你们就别干，让咱们来！"猖狂气焰达到极点。市面上一些粮商，有的囤积拒售，有的随意抬价，一日数涨，故

意制造紧张气氛。粮食零售价在一两天内就上涨了一倍左右，如面粉由每袋(44斤)2.3万元涨至5万元，大米由每斤670元涨至1300元，小米由每斤400元涨至750元(均系旧币价格，下同)。社会上长期以来形成的群众紧张心理和虚假购买力解放后稍有缓解，到这时又出现了紧张和混乱现象。奸商们的投机活动严重地威胁人民的生活，扰乱了社会经济秩序，他们自己却浑水摸鱼，大捞了一把，群众对此反应十分强烈。

猖狂的"粮老虎"

经调查发现，这股涨价黑风原来是以王振廷为首的一伙粮商进行投机活动掀起来的。王振廷，山东黄县人，时为米面粮业同业公会理事长，是广安门内外永盛德、永盛福、永盛厚三家粮店和长顺面粉厂的总经理，也是有名的"粮老虎"。永盛德等三家粮店是他的祖父、父亲两辈创立的。他的祖父和父亲主要靠青黄不接的春荒时节，向平郊农民贷放口粮，重利盘剥而发财致富。王振廷原为反动政府官吏，曾任山东省蓬莱县政府秘书、县法院学习审判官、羊角沟盐务税警区佐等职，后弃官从商，继承祖业。他熟悉官场恶习，善于交际拉拢、投机取巧。在日伪和国民党统治时期，他勾结日伪承揽日寇军粮加工。日本投降后，结交国民党接收人员标购敌伪物资，发了大财。后来又当上了米面粮业同业公会理事长和国民党的北平市参议会的参议员。解放前他还是粮食市场的理事长，一贯操纵市场，投机渔利。他的三家粮店在原有基础上添置房产机器，扩大了经营规模，并新建了一座长顺面粉厂，成为北平粮食行业中屈指可数的大户之一。因为他全靠吞噬劳动人民的血汗发财致富，所以人们就送了他一个"粮老虎"的外号。

当时王振廷的长顺面粉厂门市部积存面粉438袋，自11月11日起即停止门市零售，而由它的联号永盛德等粮店以高价出售；11月11日在市场售出面粉678袋，他的三家联号粮店就买回230袋，而这些联号买回面粉既不记账，也记不清买入价格，证明是假买假卖；这天他又开出一张空头支票548万元，交天津商人刘桂馥转交北平东兴面粉分销处，用以向长顺面粉厂购买面粉 255 袋，采取场外成交逃避管理。买来买去，这些面粉仍在王振廷手中。而他却利用这些假卖面粉的凭证，大量套购粮食公司的低价小麦，一天即购进 44700 斤，超过平时购量三倍多。他的三家粮店又在他的指示下哄抬物价，有的一天涨了三次。他又囤积粮食 50 万斤，企图伺机掀起更大的涨风。他还指使各联号的上市人员鼓动粮商抢购，给国营粮食公司增加压力；并带头起哄制造混乱。在粮食交易所叫得最凶的就是王振廷的弟弟、长顺面粉厂的上市人王三。

另一粮商田雨川是万裕厚面粉厂的经理，并为机制面粉业同业公会常务理事，囤积小麦 50 余万斤、面粉 600 余袋。一方面他借口机器发生故障，停止生产，拒绝出售，俟机涨价；另一方面却将部分面粉售与以其弟媳名义开设的元顺成粮店高价出售，靠这种隐蔽手法牟取暴利，害国害民。此外尚有田柏林、曲耀亭等十余户粮商，分别以各种手段囤积拒售，哄抬粮价，扰乱市场。

投机者的下场

在不法奸商挑战面前，我们毅然采取了坚决果断的措施。应广大人民的要求，于 11 月 13 日由公安局依法逮捕了"粮老虎"王振廷和田雨川、田柏林、武子忠、曲耀亭、吕蔼亭、范子和、田裕增、李敬钧、杨畏三、孙庆堂、李林山、傅安邦、王泉炘、曲普臣等共十五户奸商，送军管会军法处法办。军管会军法处处长王斐然作为军事法庭的审判长和其他审判员一起，立即对各奸商分别进行了漏夜审讯。这些奸商几乎全是大腹便便，吸饱了劳动人民的膏脂，今日落入人民的法网，都面带恐惧之色，进入法庭后一个个战战兢兢。王振廷是当过"法官"的，自恃懂得"法律"，见过场面，还能强作镇静，进行狡辩。当审判长问他的四家联号互相勾结进行非法投机活动时，他说他虽是四家联号的总经理，只是行政领导，具体业务由各号经理负责。审判长举出我们调查中各联号职工指出每日售货价格都是听从王振廷指示的证词后，他才无话可说，不得不承认各店随意涨价他有责任。当问及关于长顺面粉厂与各联号粮店之间假买假卖问题时，他狡辩说，卖给自己联号也是正常交易，不算假买假卖。甚至无耻地说："卖给自己才更能利不外溢嘛！"问他既是正常交易，为何永盛德进货不记账，连买入价格也记不清楚呢？他就无词以对了。田雨川对于他自己以其弟媳名义开设的元顺成抬价出售面粉问题，也企图推卸罪责，辩称："它（指元顺成）同其他粮店一样，买去也是贩卖，我认为它卖的价钱不该高于旁人。"审判长摆出元顺成是他田雨川出资开设并直接指挥经营的证据后，他不得不承认通过联号转手抬价的违法事实。其他各奸商在铁的事实面前也都不得不低头认罪。

投机奸商被捕后，广大群众拍手称快，职工们纷纷揭露王振廷等一贯投机倒把的罪行；工商界知名人士也谴责奸商的不法行为，拥护人民政府的果断措施。浦洁修说："王振廷投机倒把抬价拒售的行为，不但老百姓受害，连正当工业也受影响。"孙孚凌说："政府本来是保证商人合法利润的，但被他们这些不顾大体的奸商破坏了，所以工商界都主张由政府依法严惩他们。"刘一峰说："粮老虎王振廷只要有投机的机会，就一点也不放松。像这种只图暴利不顾人民死活的奸商，我们希望政府能依法惩处。"

军管会军法处经过十四天的漏夜审讯，并向有关厂店的经理、职工以及市民进行了深入调查，反复对证，认定了他们的犯罪事实。为维护人民民主专政，执行为中央人民政府接受为政纲的中国人民政治协商会议《共同纲领》的经济政策，根据各奸商犯罪情节和认罪态度，于 11 月 27 日凌晨 1 时 40 分对十名奸商进行正式宣判。首先由军法处审判员李凤林同志点名传讯，十名奸商王振廷、田雨川、田柏林、曲耀亭、武子忠、田裕增、范子和、杨畏三、吕蔼亭、李敬钧等陆续由执法员押解到庭（当时，中央新闻电影制片厂为对此案进行宣传报道，在法庭现场拍摄影片）。当王振廷怀着忐忑不安的心情第一个进入法庭时，水银灯突然大放光明，吓得他浑身颤抖，面如土色。原来他误以为人民政府要枪毙他，所以吓成这样。各奸商全部入庭后，玉斐然审判长对他们宣读了审判书。分别判处如下。

奸商王振廷处有期徒刑五年，剥夺公民权五年；其非法经营之长顺面粉厂及永盛德、永盛福、永盛厚三户粮店所有房屋、设备及一切财产全部没收。

奸商田雨川处有期徒刑四年六个月，剥夺公民权三年六个月；其用以投机倒把扰乱市场的崇外石板胡同 13 号、14 号房产以及万裕厚面粉厂、连同该厂所有一切工具、家具什物并现存小麦五十余万斤、面粉六百余袋全部予以没收。

奸商田柏林（同益兴粮店经理）处罚金人民币 1000 万元（旧币，下同），并提取其囤积拒售之杂粮 204 包，按 11 月 8 日价格（涨价前）售与市民。

奸商武子忠（济通面粉代销处经理）处罚金人民币 750 万元，并提取其囤积居奇之面粉 800 袋，按 11 月 8 日价格售与市民。

奸商吕蔼亭（天发祥米庄经理）处罚金人民币 400 万元，并将其囤积杂粮 2 万斤按 11 月 8 日价格售与市民。

奸商田裕增（裕丰福记经理）、李敬均（源丰久粮店经理）、范子和（祥兴成粮店经理）、曲耀亭（聚成永面粉厂经理）、杨畏三（天合利春记粮店经理）等，各处以将所囤存杂粮万余斤和面粉数百袋按 11 月 8 日价格售与市民。

经我们监督平价出售粮食共计面粉 250710 斤，粗粮 216310 斤，全部售给本市贫苦市民。

其他五名被捕奸商情节较轻，认罪态度较好，已从宽免予处分，令其具结悔过，教育释放。

宣判后当天下午，将判处徒刑的王振廷、田雨川两名奸商押送华北第一监狱执行。

这里，转录一段 1949 年 11 月 28 日《新民报》的报道。

中国人民解放军北京市军管会军法处，把囤积居奇、哄抬物价、扰乱经济秩序、危害人民生活的王振廷、田雨川等十名奸商分别判决后，昨天下午又把判处徒刑的王振廷、田雨川两名奸商押到华北第一监狱执行。他们坐的卡车上面挂着奸商王振廷、田雨川的判决书，车的两旁写着"到监狱去——奸商的下场"的大字标语。

当车开到五牌楼①时，群众立刻把车包围起来，报童举起双手，愤怒高呼"打倒奸商！""打倒粮老虎！"群众随着也喊起来。这是二百万市民痛恨奸商的呼声。车徐徐前进，市民紧紧地尾随其后，宽敞的前门大街途为之塞，大家议论纷纷。三轮车工人站在自己的车上，商店店员跑出商店，一齐指着奸商唾骂："看你还厉害不厉害！你是老虎，敲掉你咬人的牙齿！"

车转过珠市口，走到陕西巷口，愤怒的群众挡住了车，一个五十多岁满面黑胡须名叫彭永福的老头挺身而出，向围拢的群众述说奸商的罪恶。他指着王振廷骂道："这小子更是坏蛋！敌伪时期就是奸商，国民党反动派时他更厉害，到了今天人民的时代，他还不改过，喝人的血，抢人的饭，他应该怎样死？""枪毙他！"惊天动地的群众回声，吓得奸商头低得更低了……

可见群众对投机奸商是怎样痛恨，我们惩办奸商是完全符合人民意志的。

当时市委和市人民政府对稳定市场非常重视，连夜开会研究对策。在打击投机奸商的同时，还采取了一系列有力措施。首先，统一调拨各项物资大量抛售；其次是建立国营零售公司。按牌价供应市民生活必需品，几天之内就在市区建立零售店一百多处。国营商店占领零售阵地，大大制约了私商的投机活动。同时还暂时冻结机关、公营企业现金，停发各项不急需开支，以紧缩通货等等，终于使持续波动一个月的物价平息了下来。

（本文选自《城市接管亲历记》，中国文史出版社 1999 年版，标题为本书编者加。）

---

① 五牌楼：前门外大街北口原有一大型木牌楼，五孔，故称五牌楼。解放后为改善该处交通情况而拆除。

于坚*：接管北平文博单位片段

接管前的准备

从 1948 年 12 月中旬组成文物部，到 1949 年 1 月底北平和平解放，一个多月的时间里，我们一直在良乡待命。在此期间，全文物部五个人，在尹达同志主持下，每天集中在一起，学习当前军事形势、有关接管的方针政策、组织纪律，研究所接管单位的历史、现状，尤其是单位领导人的经历、成就、政治倾向。一个多月的时间里，每天是夜以继日地学习、研究，没有休息过一个星期天，直到春节来临，我们才放松一下。记得是大年三十的下午，总务部门通知各部前去领包饺子的原料，每人半斤猪肉、半斤大葱、一斤白面。我们几个年轻小伙子跑去领回原料，向房东借来灶具，大家兴高采烈地七手八脚就把饺子包好了。冶秋同志打趣地说："这顿饺子要多谢傅作义，他要早打开城门让我们进了城，哪还有这样的闲情逸致来包饺子呢！"好久没有吃过这么香的饺子了，大家边吃边侃，有说有笑，竟把所包的饺子全部"消灭"掉。算一算，平均每个人吃下二斤有余。

---

* 作者时为华北大学政治研究室研究生，时任文管会（文化接管委员会）文物部成员，后任故宫博物院副院长。

我们在良乡待命期间，我军前线不断取得胜利。1948 年 12 月 22 日拿下新保安，24 日攻克张家口，1949 年 1 月 15 日解放天津，17 日取得塘沽。此时，傅作义军队困守在北平一城，但他对接受和平解放北平的决心仍未下，武力解放北平的可能性仍存在。正当此时，中央军委于 1949 年 1 月 16 日电令平津前线总前委："积极准备攻城。此次攻城，必须做出周密计划，力求避免破坏故宫、大学及其他著名而有重大价值的文化古迹。你们务使各纵首长明了并确守这一点。""对于城区各部分要有精密的调查，要使每一部队的首长完全明了，哪些地方可以攻击，哪些地方不能攻击，绘图立说，人手一份，当作一项纪律去执行。"与此同时，军管会叶剑英主任在一次形势报告大会上也指出："解放北平，我们的方针是：不能损坏北平的一砖一瓦，不许放走敌人的一兵一卒。"

　　中央军委的电报，说明党中央对祖国的文化遗产是多么重视。对在战争中保护文物工作的指示多么严格具体，要求对城区"有重大价值的文化古迹"进行"周密的调查"并"绘图立说，人手一份"，要求全军"当作一项纪律去执行"。军委电报虽然是发给部队的，毫无疑问对文物部的接管工作也具有极其重要的指导意义。因为文物部所接管的单位虽然只有四个，但都是北平城内"有重大价值的文化古迹"。在军事行动中都要确保重要文化古迹的安全，军事行动结束后的接管过程中，更要确保文化古迹的安全，怎么能在军事行动结束后，文化古迹到我们手里反遭破坏呢！军委的电报，促使整个文物部进一步加紧学习，更加认真研究有关资料，把安全作为接管工作中的首要问题来考虑。

　　对文物部所接管的四个单位，当时所了解的情况如下：

　　故宫博物院：1925 年 10 月 10 日，以明清两代皇宫为基础创立的。院址就在中国最大的官殿建筑群——紫禁城，还辖有景山（皇家花园）、太庙（皇家祖庙）、大高殿（皇家道庙）、皇史宬（明清两代皇家档案库）、皇堂子（清皇家满族独有的神庙），都是必须保护好的"有重大价值的文化古迹"。

　　院藏文物之丰富是全国之最。虽然国民党政府为避日寇，曾于 1933 年运走院藏文物 13000 箱到大后方，但留院古物仍有数十万件、皇家所藏典籍数十万册、明清档案数百万件，也是必须保护好的民族文化瑰宝。

全院职工六百多人。地下党员只有在院文献馆工作的姜有鑫一个人。值得高兴的是，北平地下党组织为了保护故宫博物院的安全，通过姜有鑫的活动，进步职工已经组成院职工警联谊会。

院长马衡，是我国著名的金石考古学家，是近代考古学与博物馆事业的开拓人。马衡不满国民党的腐败，受长子马彦祥的影响倾向共产党，为了全院文化遗产的安全，一直坚守岗位。为了安全，他在院职工警联谊会的支持下，1948 年 12 月中旬关闭紫禁城，停止对社会开放。1948 年底，国民党政府急令马衡选运院珍藏品去南京，为运台预做准备。马院长在职工警联谊会的支持下，采取拖延办法，始终未执行国民党政府的指令（直到北平和平解放）。1949 年初，北平和平解放前夕，南京国民党政府曾数度派飞机来平，接运国民党高级官员和文教界知名人物去南京，其中包括马衡，但遭马衡拒绝。故宫博物院是文物部所接管单位中最重要的一个单位，虽然地下党的力量薄弱，但有这样热爱文物如生命、政治上进步的院长和组织起来的进步职工，对故宫博物院的安全，我们心中有了些底。令人担心的是景山和太庙，这两处重要文化古迹被国民党军队强占，作为军事重地，储存军火，只有靠和平解放北平来保证这两处的安全了。

北平历史博物馆（今中国历史博物馆）：1912 年，中华民国成立第一年，由教育总长蔡元培提议，社会教育司科长周树人（鲁迅）经手，于当年 7 月成立历史博物馆筹备处，是我国最早筹备的、公立的公共博物馆。馆址在国子监，后移至故宫的午门、端门，以两侧房舍为馆址，以午门上城楼及两侧亭庑为陈列室。当时，暂由北京大学代管，馆长由北京大学博物馆专修科主任、博物馆学家韩萱兼任。韩留美多年，在美国纽约大都会博物馆工作近十年，1947 年归国，无党无派，倾向进步，热爱博物馆事业。馆藏珍品为避日寇，也于 1933 年南迁去大后方，时滞南京未归。馆内尚藏有文物四万余件，全馆职工 20 人在馆长领导下坚守岗位，闭馆等待北平解放和接管。

北平图书馆（今北京图书馆）：位于西城文津街，北海公园西岸。其前身为 1912 年成立的京师图书馆。藏书近百万册，为我国藏书最多、规模最大的图书馆，也是我国古代重要典籍的主要收藏中心。全部职工约百人，馆长袁同礼为我国著名图书馆学和目录学家，同时还兼任故宫博物院图书馆馆长，于北平围城期间，乘南京国民党政府派来接运在平高级官员和知名人士的末班飞机去了南京（后去台湾）。馆务交由王重民负责主持。馆内无地下党组织。王系图书馆学、文献版本学家，无党无派，受重托于危难之时，为全馆安全坚守岗位，尽职尽责，与全馆职工共同努力，保证了馆藏的安全。

北平文物整理委员会（今中国文物研究所）：前身为 1935 年成立的旧都文物整理委员会，会下设有旧都文物整理实施事务处。抗日战争胜利后，国民党政府将其改为行政院北平文物整理委员会，下设文物整理工程处。是中国现代从事古建筑维修保护和调查研究的专门机构。会址在东城南河沿皇堂子。全会约四十人，核心是工程技术人员和著名的古建筑匠师。马衡兼主任，秘书俞同奎驻会主持日常工作。俞年逾古稀，为清政府派出的第二批留学生，是赴英攻读化工的。1924 年溥仪出宫后，曾任清室善后委员，后又任故宫博物院接收委员（代）和理事，是文博界的老前辈。为人老成持重，无党无派，热爱文物事业。全会职工在他的领导下，也在静待北平和平解放和接管。

总之，根据当时地下党所提供的情况，接管的单位虽然不多，但几乎都是北平城内最重要的文化古迹和单位。我们的首要责任，就是在接管过程中保证安全。所接管的四个单位，虽然地下党组织几乎空白，但单位领导人都是无党无派、一心一意做学问、坚守岗位、执着事业的人；四个单位的职工大都热爱本职工作，能自觉维护文化遗产的安全。即使如此，文物部的全体同志仍然难以完全放心，谁能保证敌人的魔爪不会渗透进来，出现"垂死挣扎""狗急跳墙"的情况，使文化古迹遭到破坏呢！警惕之心不能丝毫松弛。

并非虚构的趣闻

转入 1949 年，由于傅作义领导的国民党军队完全龟缩在北平城区内不敢露头，处在城郊的清华大学、农业大学等文教单位，先后被文化接管委员会和大学部接管。记得有一天，从接管农业大学回来的大学部的同志告诉我们说："在农业大学的大院里，有教学区也有住宿区，好多职工家属住在大院里，可是在接管过程中竟没有看见一个孩子，令人奇怪。后来，经过进一步的了解才知道，原来是他们听说共产党要来接管，都把孩子藏起来，怕共产党把他们的孩子吃掉。"大家听后，不免哈哈大笑，可见国民党的反共宣传已经到了多么可笑和幼稚的地步，共产党也不是妖魔鬼怪怎么会吃孩子。那时，蒋管区的老百姓不满国民党的腐败，但由于长期受国民党的反动宣传影响，对共产党不但不了解而且有畏惧感。现在提起这件事，好像是虚构的趣闻，但确实是当时我亲耳所闻的实事。这件事竟发生在高等学府区，启发我们将来入城接管，一定要把学习提到接管单位工作中的重要日程。

进入北平

时局发展很快，迄 1949 年 1 月中旬，傅作义领导的国民党军队，只剩下一个北平城困守着，战既无望，退更无路。由于我党正确的战略战术和耐心的工作与谈判，傅作义终于接受和平解放北平的条件。从 1 月 22 日开始，盘踞在北平城内的 20 余万国民党军队在一周内分批撤离市区，到指定地点听候改编。1 月 31 日，中国人民解放军和北平市人民政府的工作人员入城接管防务和市政，北平宣告和平解放。北平城区及四郊，大量的名胜古迹、珍贵的历史文化遗产、重要的文教设施，终于在翻天覆地的革命战争中得以完整地保存下来。做到了没有"损坏北平的一砖一瓦"、没有"放走敌人的一兵一卒"。在这样大规模你死我活的残酷战争中，取得这样辉煌的成就，在古今中外的大战史上是极为罕见的。

2 月 3 日，中国人民解放军举行隆重的进驻北平的入城式，当时，北平军管会正式入城办公。文管会是迟一两天乘大卡车进城的。朝夕期盼的一天终于到来，大家欢快的心情实难以用笔墨形容。

文管会的办公地点在东城北池子 66 号（今北池子小学斜对面）。这是一座有四层院落的四合院，据说原是国民党的一个特务机关。在我们入住前，为了安全，都经过安全部门用仪器探测过，以防敌人埋伏下什么隐患。文物部的办公处在前院东房。室内面积共 15—16 平方米，隔成两间。里间是尹达、王冶秋两位部长的办公室，同时这也是他们的寝室、餐饮室、会客室、会议室。屋子小，放两张办公桌、几把椅凳也就满了。晚上，两张办公桌就是两位部长的卧铺。外间，是我们三个联络员办公、吃饭、会客、睡觉的地方。因为是三个人合用一张三屉桌，还享受不到桌上卧铺的待遇，只能用日本的"榻榻米"席地而卧。那时联络员的工作，主要不是蹲办公室伏案执笔，经常是驻在所联络的单位，每天晚上回来开会，在部长主持下，汇报研究工作或传达学习。所以三人共用一张三屉桌也就凑合了。过了几周，文管会先后派刘耀山和王毅来文物部工作。刘系工农出身，一直是解放区的区乡干部；王则在北平以税务工作为掩护从事地下工作。人员增加，十几平方米的东房更加拥挤。过了一段时间，文物部又被调整到里院北房西侧办公。这是一栋比较高大的瓦房。我们五个联络员竟有了三张办公桌，虽然还不能人各一张，毕竟是提高了一大步。这时，文管会各部门的工作人员，全部集中到最后院临街的一栋楼里去住。我们文物部的五个联络员合住一小间，依然是用"榻榻米"席地而睡。文管会备有伙食，伙房也在最后的一个院子。全会同志同吃一锅饭，没有饭厅，每个人就端着一个大碗在院子里吃，或站或蹲，边吃边聊，有的则拿到自己的办公室去吃。全会的同志都过着同吃、同住、同工作的集体生活，上下级打成一片，各部门不分彼此，白天分头工作，晚上集中开会，大家都在一心一意地工作，十分紧张，每个人都精神饱满，心情愉快。

接管点滴

进城后，经尹达、王冶秋两位部长安排，罗歌和李枫分别去故宫博物院和北平图书馆负责联络工作；我因协助两位部长承担部内秘书工作，只分担联络两个小单位——北平历史博物馆和北平文物整理委员会。后来，由于文物部又增加刘耀山和王毅，同时考虑到故宫博物院摊子大，只罗歌一人联络有些吃力，又把我和刘耀山两人也派去故宫博物院和罗歌一起进行联络工作，我原承担的工作则交给王毅。在故宫博物院，我们三个人大体有个分工，针对全院的职、工、警三摊，分别由我、刘耀山（到故宫后改名孟宪臣）、罗歌负责联系，但许多事都是三人共同研商，分头进行。我们三人常驻院里，和全院职工一起上下班。为了在工作上便于和院长经常联系，我们的工作地点就安排在马衡院长办公室（今院会客室）的东侧，即神武门内的西值房。中午，就躺在室内地毯上休息。

接管工作，一般都是先由联络员下到单位了解情况，然后部长出面向单位领导人讲述有关接管方针政策，共同商定接管具体事宜。重要的大单位，则由文管会主任亲自出马。故宫博物院就是钱俊瑞主任和陈微明（沙可夫）、尹达、王冶秋一起到院和马衡院长谈判交接事宜的。

我最先接触的单位是北平历史博物馆。记得是午门前阙左门北侧的一个一明两暗的三间办公室，一侧里间就是馆长室，外间屋子正中，从棚顶吊着一只普通电灯泡，大白天也在亮着，灯下有四五张办公桌拼在一起共用这一只灯光，整个屋子显得昏暗无生气，这就是当时北平历史博物馆的主要办公地点。韩寿萱馆长不高不矮，不胖不瘦，戴着一双大镜片的眼镜，见人总是微笑着，平易近人，和蔼可亲，虽然留美十多年，但身上看不出有什么"洋气"。他哭丧着脸对我说："拨给馆里的每月行政费还不够买邮票的。"当时在馆内工作的史树青、耿宗仁、杨文和等就是在这时相识的。他们一直在这样清苦的单位坚持工作，这种敬业精神十分可敬。

午门上就是馆的陈列室，韩馆长陪着我上去转了一圈。印象最深的是在午门正楼陈列有袁世凯在称帝仪式上所穿用的一套复古服饰，高高在上，摆在很显眼的位置。还看到一套清代行刑用的鬼头大砍刀，插在木架上，一排数把，不知这刀砍掉过多少脑袋。陈列设备简陋，很可能还是 20 世纪 20 年代开馆时使用的陈列柜。古建筑里自然光很差，也无人工照明，大冬天又无取暖设备，陈列室内显得阴森森、冷飕飕。据说，开放时，日观众不足百人。这就是筹备了三十七年的北平历史博物馆，这就是北平解放前夕的现在天安门前的中国历史博物馆的前身。

我陪同尹达、王冶秋两位部长于 3 月 2 日到馆召开全馆职工大会。在大会上宣布接管和韩寿萱馆长继续留任，全馆职工全部原职原薪；要求大家安心工作，先清点馆藏，造册上报；今后按社会发展规律组织新的中国历史陈列，把博物馆变成为民族的、大众的、科学的社会教育机构。这次会，使全馆职工吃了定心丸，初步明确了今后的任务和方向。

北平文物整理委员会是我接触的第二个单位。驻会主持日常工作的秘书俞同奎，是文管会文物部所接管四单位的领导人中年岁最长的，已经七十出头，言谈举止有些迟缓，谦虚寡言，脸上皱纹刻画出在国无宁日的年代里，平生在事业上的艰辛。会里集中有一批三十岁左右，年轻力壮，学有所长，热爱古建，又具有鉴定、设计、修缮古建筑经验的工程师，如赵正之、赵小鹏、李方岚、陈继宗、杜仙洲、于倬云、余鸣谦、祁英涛等。如今，有的人虽年已八旬，仍活跃在保护祖国古代建筑的战线上，贡献出平生的精力。

接管北平文物整理委员会的细节，已记不清楚。但可以肯定，是在1949年的3月份内由文管会文物部接管的。《中国大百科全书·文物博物馆》卷中，写成"1949年3月由华北人民政府高等教育委员会接管"是不对的，因为华北人民政府高等教育委员会是1949年6月才成立的。还可以肯定，按当时文管会决定的接管方针政策，也会向全体职工宣布：领导留任，全会职工一律原职原薪。

我接触的第三个单位是故宫博物院。当时故宫博物院的组织机构有古物馆、文献馆、图书馆和总务处。古物馆负责古器物的保管、研究、展出事宜，馆长徐鸿宝（又名徐森玉）随南运的文物在南方，馆内工作实际由科长王世襄、朱家溍主持。文献馆负责整理研究、编辑出版明清档案，1948年新聘馆长姚从吾，因战局不定，终未来院就职，馆内工作由科长张德泽、单士魁负责。图书馆负责保管、整理研究、编目出版皇家藏书，馆长袁同礼已被南京派来飞机接走，张允亮代主馆务，还有编纂单士元等坚持馆内工作。总务处负责全院的人事、财务、警保、文秘等工作，也就是凡三馆业务以外的行政工作均归总务处，处长张庭济久假不归，由秘书赵儒珍暂代。总之，院的馆处级领导全不在任，院长马衡身上的担子多么重可想而知。

马衡原为北京大学名教授，1924年溥仪出宫后，参加清室善后委员会工作，从1925年故宫博物院创立之日起，即担任院的领导工作，由古物馆副馆长而代理院长，1934年实任院长，迄1949年已在任15年。这时马衡已年近古稀，个子不高，胖瘦适中，普通话中有些宁波音，作风稳重谦虚，见着我们这些小青年也是站起来打招呼。因为我在联络员的工作中分工联系职员，所以和院长的接触较多。在我的记忆里，和马院长研商的任何事都能取得共识，他总是耐心地把对方的话听完，然后以商量的口吻说出自己的意见，我们都很尊重他。马衡在院里有很高的威望。那时，沿筒子河北岸，临景山前街均建有很长的连房，东西连房中间，正对景山正门还有一个北上门，是为故宫博物院的北门（连房及门今均已拆除，拓为马路）。记得，每当院长专车开到北上门，即有人向神武门方向高声喊："院长到。"神武门那边听到后，又有人向西——院长及总务处的办公地点高声喊："院长到。"总务处各科室，听到喊声立即纷纷把挂在墙上写有"院长在院"的小木牌翻过来，以便人人知道院长在院，便于请示工作。如果院长不在，即把小木牌再翻过去。在电气化不发达的年代，这倒是一种简便易行的措施，挺有意思。

2 月 19 日，文管会主任钱俊瑞和陈微明、尹达、王冶秋到院了解情况，并与院长马衡商谈接管事宜，决定了 3 月上旬集中全院职工召开接管大会。

在文物部研究如何召开故宫博物院接管大会的会议上，尹达部长强调：这次大会是明清两代皇宫禁地回到人民手中的大会，是故宫博物院经历二十四年坎坷路程走上新生的大会，意义重大，开会的地点应该选在紫禁城内最重要的一处宫殿。经过讨论，大家一致主张在明清皇帝举行登极大典的太和殿召开全院职工参加的接管大会。同时决定：3 月 6 日召开接管大会；尹达部长作报告，王冶秋副部长主持大会。

3 月 6 日上午，我和罗歌、刘耀山陪同尹达、王冶秋两位部长到院，先在院长室稍坐，即由马院长陪同来到大会会场太和殿。全院职工早已在大殿内宝座台前排列整齐，场内一片肃静，预示着将要发生重大的事件。我们走进会场，大家不约而同地注目而视，在仔细地观察北平军管会派来的军代表的一举一动。这也难怪，当时故宫博物院六百多职工中只有一位党员——姜有鑫，而且是处于地下秘密状态，全院职工大都是从国民党的反宣传中了解共产党，亲身接触到共产党、解放军不过是近一个月的事，至于军管会的军代表更是生平第一次见到。两位部长缓步登上宝座台上，王冶秋副部长宣布：大会开始，接着尹达部长走上前做报告。他先把灰棉军帽脱下放在桌上，刚摘下时，有些头发竖了起来。这时，站在我后面的某位职工悄悄地对他身旁的同事说："你看，共产党员的头发都是竖着长的。"可以想见，当时院里职工对共产党、解放军是多么生疏，而且怀有一种神秘感。

尹达部长在报告中强调，中国人民长期生活在以国民党为代表的三座大山压迫下。今天，北平从国民党军队手中解放，就是北平市民从三座大山压迫下解放出来当家做主，这是翻天覆地的大变化。有人说："老百姓若登上皇帝的宝座台就会晕倒摔下来。我今天不但登上宝座台，而且在台上高声做报告，既没头晕，更没有摔下来，说明今天皇帝已被彻底打倒，人民真正当家做主了！""今天，军管会接管，就是故宫博物院结束过去的坎坷历程，走上新生的开始。"接着向全体职工正式宣布："马衡院长仍任院长"；"全院职工原职原薪"，要求大家"尽职尽责，努力工作，保证文物、古迹安全"。会场的职工安静地、全神贯注地听完尹达部长的报告后，大殿里顿时响起了雷鸣般的掌声。他们对报告，几乎是逐字逐句地都记在心中。

我们于2月初进入北平城，经过一个月左右的了解情况和接管的准备工作，到3月上旬已对四个单位先后接管完毕。由于军管会确定的接管方针政策正确，四个单位领导的积极配合和全体职工的热情支持，整个接管工作做到了顺利、安全。从此，故宫博物院、北平历史博物馆、北平图书馆和北平文物整理委员会，就在北平军管会文管会文物部的领导下走上新生。那时，北平只有两座公共博物馆，今天，北京地区的博物馆和带有博物馆性质的文物单位已达90座。抚今思昔，令人心潮澎湃，思绪万千。

（本文节选自《接管北平文博单位始末》，《城市接管亲历记》，中国文史出版社1999年版。）

韩明阳*：接收北平南苑机场

1948 年 11 月，辽沈战役后期，东北军区首长指示，要到新解放的地区搜集国民党空军遗留的航空器材，用于建设人民空军。据此东北航校先后派出几百名干部组成工作组，分赴各地接收国民党空军人员及其飞机和工厂。我同方华、吕黎平、吴恺、刘风、刘善本等同志随第四野战军进关，分赴北平、天津一带，开展接收工作。

夜冲南苑机场

1948 年 12 月初，接到上级的紧急命令，要我们 30 余名干部在一周之内赶到北平，负责接收在北平的国民党空军。我们挑选了 7 辆车况较好的"大道吉"运输车和 1 辆中吉普，每辆车都装上了帆布做的车篷，经过两天紧张的行军准备便开始了摩托行军。我们经锦州、山海关、秦皇岛、玉田、宝坻、香河，直插北平南郊。行军途中夜宿马驹桥时，我们曾听到远方一响巨大的爆炸声，事后才知道是南苑机场的油库被国民党特务引爆了。我们昼夜兼程，终于按命令规定的时间赶到北平郊区，大家已是人困马乏，浑身像散了架子似的难受。深夜，天空下着

＊作者时任北平军事管理委员会航空处军代表组组长。

蒙蒙细雨，又冷又饿，我们都在车上迷迷糊糊地睡着了。待车队到了南苑飞机场的大门口。领队的方华、吴恺才发觉门口站岗的哨兵是穿着国民党军服，戴着中央军帽徽的国民党大兵。此时，车队已没有回旋的余地，只能毫不犹豫地冲进机场大门了。可巧国民党兵看到开来的车队是清一色的美国造汽车，不但未敢盘问里面坐的是什么人，还给进门的车队行军礼。车队蒙混过了门岗，开到跑道南侧营房区内占领了一座平房。这时，正是午夜时刻，敌人大部分已经撤退，剩下的残兵败将没有什么战斗力，听说解放军已经进了飞机场，就仓皇窜逃了。天亮后，敌人在机场大门外的小北街村构筑起野战工事，我陆军部队在南苑机场的北边也修了野战工事，双方相距只有二三百米，用肉眼都能看得清清楚楚。

进南苑机场的当天，方华、吴恺等领导即到北平市卫戍司令部报告了航空处人员的情况，并领受了任务。

抢运航空器材

南苑机场被我军控制之后，敌人便在天坛公园回音壁、祭天台的南侧，砍掉了数百年的古柏，修建了一个野战机场，用以起飞战斗机、运输机。敌人的地面部队也退到大红门一带，构筑了阵地、工事。为了破坏我军抢运航空器材和油料，不时地组织坦克、大炮对我军实施反击，并出动 P-51 战斗机连续进行空袭。当时，我们没有飞机制造厂，所有的器材来源都要依赖于缴获的战利品，所以大家对到手的器材设备分外珍视。陆军派来一个汽车营协助军管会航空处将航空器材向疏散区抢运，航空处的军事代表们昼夜奋战在现场，工作进展十分迅速。12 月10 日上午，我们正在机场东侧大草坪的一角抢运汽油、润滑油时，P-51 战斗机又来了。连续个把礼拜，几乎天天如此，我们已经摸到了他们行动的规律，迅速组织部队疏散防空。但这次的防空却不同于往日，十几辆汽车上装的是 100 升的大汽油桶及大润滑油桶，倘若爆炸后果将不堪设想。我十分着急，吹哨子，挥红旗，指挥大家赶快脱离汽车，疏散防空。大部分人员离开了汽车，疏散到水沟中卧倒隐蔽，但有一个十七八岁的年轻司机，不知是没有听到哨音还是大腿肚子转了筋，呆坐在驾驶室中一动不动。敌机越飞越近，直向油库飞来，只要翅膀一侧，一个俯冲动作，炮弹就会射来，情况十分危险，而那个司机仍是不动弹。我拼命地冲到汽车驾驶室边，扯着他的大腿，一猛劲将他拖出了驾驶室，拉到离汽车五六米远的一条水沟中。我们刚刚卧倒，炮弹就在他驾驶的汽车上开了花，弹片从我们的头顶上飞过，泥土掺杂着润滑油盖了个满头，热乎乎的烫得人满脸起了血泡。开始我以为是负伤流的血，用手一摸才知道是汽车上的润滑油喷了满身。我忙问那个年轻的汽车司机："怎么样？受伤没有？"他两只眼睛瞪得圆圆的，许久没有说出声来，只是拉着我的手激动得流眼泪。敌机飞走了，抢运汽油的战斗重又展开。我继续指挥车队抢运，那个战士跑到另一辆汽车上继续运输。不到一周的时间，我们即把南苑机场可用的器材、油料，都运到了马驹桥一家地主的大院以及其他一些地方，并进行了伪装，一些笨重的航空器材则运到机场西南角日伪时期修的混凝土碉堡里。就这样，把敌人遗留的大部分航空器材保住了。

除夕之夜

一夜连双岁，五更分两年。1948年最后的一个夜晚，天上透过一层薄薄的云雾，闪烁着群星。我们为了加强战备，和陆军的战友们并肩守卫在机场北边的战壕之中。

天黑之前，国民党驻大红门的部队再一次向我们坚守的阵地反扑，三辆美式坦克引导着数百名士兵，在炮火的掩护下向我们冲过来。我们的战士握紧钢枪，瞪大了双眼，几个拿炸药包的爆破手沿预先挖好的交通壕向前运动着。

"轰"的一声巨响，一辆敌人的坦克被炸翻了，我军各种兵器也一齐开了火。敌人在我阵地前留下了几十具尸体和一辆坦克，剩余的都掉头逃窜了。

入夜，大地静极了，只是敌人为了给自己壮胆，不时地向我阵地打着冷炮。我在战壕中倒觉得炮声更增添了过年的气氛，是战斗生活的一个特殊点缀，于是好奇地从口袋中摸出了前几天收到的父亲来信，用铅笔头在信封上画道道，敌人每打一炮，我就画一道。炮弹在我们阵地四面八方爆炸，有的离我们几百米，有的几十米，最近的爆炸点只有3米远。炮弹炸起的土盖了满头，但我连一点儿皮也没有擦破。天明了，敌人的炮击停止了，我将这特殊的记录单认真地数了一下，共23炮。至今，几十年过去了，我仍然清晰地记着"23"这个数字。因为这一年，我刚刚23岁；这一年，我国的人民革命取得了伟大的胜利。北平解放了，新中国诞生了。

1949年元旦前后，每天都有几架敌军的C-47型运输机从天坛机场起飞。后来我军逼近城墙，缩小包围圈之后，敌机又在崇文门内美国练兵场（现东单公园）起飞，经过南苑上空飞往青岛。敌机飞越南苑机场上空的高度只有二三百米，高度很低，速度很慢，正是地面对空射击的有利条件。奇怪的是，驻南苑机场的防空部队好像并没有看见这里天天有敌机活动，陆军的步枪、机关枪也都一声不响。这可气坏了我们这几个飞行员出身的军事代表，为报挨炸之仇，大家从缴来的B-25轰炸机上拆下几门机关炮，捆在杨树的树干上，把机关炮弹的链子接得长长的，每遇敌运输机在上空经过，就目视飞机方向开炮射击。可惜因飞机上的瞄准具是固定在驾驶舱内的，拆下的炮没有瞄准具，连简单的"缺口对准星"的设备也没有，所以一直也没有打中。

过了几天，北平卫戍区司令部到南苑机场追查谁在向飞机开炮的事。多年的战斗经验证明，积极设法消灭敌人的战士总是受表扬，于是我们毫不掩饰地报告了用轰炸机上的机关炮打敌运输机的经过。谁知，我们这些"好战分子"这次却受到了严肃的批评。

原来，我军正在同傅作义将军进行谈判，争取用和平的方式解放北平，并已取得了进展。国民党有一部分高级将领不愿意随傅作义将军一同起义，便被用运输机送走。运输机的频繁起飞和解放北平的谈判有着密切的联系，为此卫戍区已向陆军部队作了布置，强大的防空火力都让了路。我们这几个"空军"的人是被疏忽了的一个角落，故出现了不符合总的作战意图的战斗行为。

挨批评以后，我们将机关炮重新安装在 B-25 轰炸机上，天天看着 C-47 运输机从上空通过，一直持续到 1 月底。最后几天，运输机起飞的架次明显增多了，不知为什么，此时我们看到这些运输机的模样，好像不是那么难看了。

物归原主

1949 年 1 月 31 日，北平和平解放了。翌日，我们南苑机场接收组，除留下李永宽等两三个同志外，大部分人经过丰台到达西郊机场，住在机场大门口外面的南坞村一棵古老的槐树周围，然后和野战部队一起参加了入城式。我们坐着美国汽车，挎着美国手枪，雄赳赳地通过正阳门城楼，穿过东交民巷大街，行驶在过去不准中国人通过的租界街道上。成千上万的北平市民走上街头，欢迎解放军入城。而美国大使馆的大门紧紧地关闭着，不敢见人。

我们的驻地都是国民党空军和"中央航空公司"和"中国航空公司"的遗产，我们一部分人住在台基厂内的"奥国府"，一部分人住在王府井大街南口东侧原"中央航空公司"的办公大楼之中。我们的主要任务是接管国民党空军和中国、中央两个航空公司的流散人员，及住房、仓库。我和刘荣华等 5 个人负责接管国民党空军在市内的航空器材库，计有大雅宝、天坛、永定门、义国府、顺承王府等 6 个航材库、金属库、通信器材库，以及大红门氧气厂。我被任命为接管航空器材组的军代表组组长，后被任命为总库库长。这些库房统归原国民党空军第二六二供应中队领导，该中队的指挥官是一个 40 多岁的国民党空军上校，山东省荣成县人。此人抗战以前曾在家乡当过小学校长，后考入国民党空军学领航，因年纪大了改行做后勤工作。这位上校是我们航空器材组主要的工作对象，在接触中，当他了解到我是他的同乡，便问我在哪里上学？校长是谁？我如实地告诉了他。他说："那个小学校长是我的学生。"随后到处散布："不行了，我学生的学生都当了军管会的军代表，负责接管我，我还有什么出路？"实际上是以此来夸耀他自己。

当时，我们都是 20 出头的年轻人，有些原国民党空军留下的人员根本不把我们放在眼里，不但不听指挥，有时还故意出难题，晚上还向我们打黑枪，妄图吓唬我们，挤走我们。岂不知，我们是共产党培养出来的干部，是不怕死的，他们的企图是不能得逞的。在执行任务中，我们始终保持着高度的警惕性，晚上把手枪放在枕头底下和衣而睡，同时还采取了一些措施，分别把每个仓库的保管人员集中起来，向他们交代政策，动员他们把隐藏的武器子弹限期交出来，愿意留用的要老老实实为人民工作。经过教育，大部分留用人员老实了，晚上的枪声也减少了，那个国民党上校表面上也不像过去那样标榜自己了，但我们清楚地知道，所有的不法活动都是他亲自在幕后策划的。为了接收工作的顺利进行，经请示上级，把他送到华北军区解放军官教导团去学习，改造思想。扫清了工作中的主要障碍之后，接管工作进行得比较顺利，器材保管得较好，受到航空处领导的表扬。

当时，航空处的大院里天天有原国民党的空、地勤人员前来报到登记，三三两两，络绎不绝，数量已经达几百名了。

2 月 3 日的傍晚，我们正在为几个前来报到的国民党空军地勤人员登记，忽然有人报告，一架 B-24 轰炸机在南苑机场降落了。这是近一个半月以来，第二架起义的 B-24 型飞机，驾驶这架飞机的飞行员是原国民党空军第八大队的三个中尉：张雨农、任永荣、黄友寿。吴恺、刘善本和我听到这个喜讯，立即乘一辆美式中吉普从城里驶往南苑机场，同去的还有在 1948 年 12 月 16 日驾驶 B-24 飞机起义的飞行员俞渤、郝桂桥、陈九英。到机场后，大家对起义归来的人员表示欢迎。在一片欢声笑语中，突然，张雨农脱下军帽对俞渤说："给，物归原主。"原来，俞渤起义的时候，飞的是张雨农的飞机，张雨农的军帽也被俞渤带走了；而今张雨农驾驶的飞机正是俞渤原来飞的飞机，他又把俞渤的军帽给带来了。张雨农在南苑机场意外地见到了俞渤，高兴地把帽子归还给俞渤；俞渤也从头上摘下帽子送给张雨农。两人手持各自的军帽直乐，感慨地说："想不到这两顶帽子在解放之后的南苑机场，又找到了各自的主人。"

1946 年 6 月，驾驶 B-24 飞机飞到延安，毛主席曾写诗赞誉"刘善本，性本善，驾驶飞机反内战"的刘善本触景生情，激动地说："这是人心所向的必然结果。帽子归还了原来的主人，飞机和人也归还了原来的主人，都回到了人民的怀抱之中了。"

"土八路"飞得真漂亮

在南苑机场上，我们的地勤干部组织力量积极抢修从国民党手中缴获过来的飞机，经过两个多月的奋战，将 1 架 B-24 重轰炸机、1 架 B-25 轻轰炸机、两架蚊式战斗轰炸机、3 架 P-51 战斗机、1 架 C-46 运输机、1 架 C-47 运输机和 1 架 AT-6 高级教练机先后修复了，并接收了各种型号的航空发动机 184 台，还接管了飞机、发动机备件库、无线电仪表库、修理厂和大型机库，工作进展得很有成绩。

一天，李永宽将修好的 AT-6 飞机在跑道上滑行了一个来回，经开大车检查，飞机、发动机工作状态良好。这时，他再也控制不住自己想飞行的欲望了，已经有三个月没有摸驾驶杆了，今日有飞行的机会，岂肯放过？于是，他滑跑、起飞，在机场的上空做了几套漂亮的特技飞行动作，使在场的人看得目瞪口呆。飞机进入起落航线准备落地，很多人都情不自禁地集合在跑道头的侧方，向飞机下滑的方向观看。只见飞机平稳地下滑，渐渐地降低高度，进入了一米平飞，落了个非常漂亮的"轻三点"。

围观的人群沸腾了，人们议论纷纷：

"想不到，'土八路'飞得真漂亮！"

"解放军中能人多着呢！"

"现在奇了，开汽车的穿飞行服，开飞机的穿粗布棉袄。"

经过这次飞行表演，人们才知道军管会的这批航空干部都是东北老航校培养的飞行员和机务人员，再也不敢轻看了。而那些穿着飞行服的汽车司机却是在战争中发的"洋财"，搞了个"鱼目混珠"。

这件事在刚解放的接收人员中影响很大，却引起了航空处领导的重视，这反映了一种在胜利局面下，骄傲自满的情绪和组织纪律性的涣散，因而召开了全体干部大会，严肃地批评了这种错误行为。方华同志强调："如果大家都这样无计划地乱飞，说不定会出什么大事故，对完成上级交给我们的军管任务极为不利。"李水宽也在军人大会上做了检讨。通过这件违纪事件的处理，大家组织纪律性大大提高了，为以后顺利完成任务创造了条件。

着装引起的误会

春暖花开的季节到了，航空处的共产党员们要召开党支部大会。自进关以来，已经几个月没有开支部大会了，所以大家对开会感到十分亲切，特别是得知今天参加支部大会的同志有些是从事地下工作多年的共产党员。

开会的时间到了，我们等待着坚持地下斗争的同志们到来。突然，会场上进来了一些着装打扮非常阔气的人。女人穿着颜色耀眼的旗袍，梳着像鸡窝一样的高髻；男人穿着西服，戴着墨镜，还有那擦得锃亮的皮鞋，和我们在大街上看到的资产阶级"老爷""太太"们的穿戴没有什么两样。特别引起我们注目的是被称为"李小姐"的那位女郎也在这伙人中，向会场走来。坐在会场门口的刘荣华上前去拦阻他们，告诉领头的那位30多岁的男人说："我们在这里开共产党的大会。"

"我们就是来这里参加共产党的大会的。""啊！你们也是共产党呀！"刘荣华以惊奇的口气对他们说。

"是啊……"这些坚持地下斗争的同志彼此看了几眼，发出了愉快的笑声。

吴恺站起来把这些穿着各式服装的人引进了会场，向大家介绍说，这些同志都是在国民党的统治区内坚持工作多年的老同志，他们在敌人的营垒中工作，必须设法不被敌人发觉，这是革命工作的需要。否则，对工作不利呀！接着他又讲了一段自己的历史：1937年党组织派他打进国民党笕桥航校学飞行，三年多的时间，技术是学到了，身份却暴露了，不得已才经组织批准，于 1940 年返回延安。这些从事地下工作的同志，多年来连一口粗气都不敢出，今天敢直起腰杆承认自己是共产党了，这是多大的变化呀！经他这么一说，会场上的气氛活跃了，同志们之间感到格外亲切。

北平解放之后，上级从缴获的胜利品中，每人发了一身"人字呢"的军官制服。一个星期天，我穿上了军官服，带上加拿大手枪，去天安门广场散步，不想在从台基厂到天安门的路上，被两个执行巡逻任务的卫戍部队的战士跟踪上了。那时我年轻，走路的速度很快，有个战士追了很长一段距离。在金水桥边的华表附近，我听到有人连喊两声："站住！站住！"转过身回头看，两个解放军战士端着上好刺刀的步枪，枪口正对着我。

我觉得挺奇怪，解放军的枪怎么会对着解放军呢?

两个战士看到了我挂在胸前的"北平市军事管制委员会"的胸章，立即改变了那副严肃的面孔，给我敬了个军礼说："对不起！误会了。"转身离去，继续巡逻。这时，我才意识到是这套"人字呢"军服引起的麻烦。

1949 年五一劳动节之后，我接到上级的命令，立即返回东北老航校担任飞行教官，继续培养人民空军的飞行员。我乘上去东北的列车离开了北平。在阵阵车轮声中，我默默地思索着这半年在北平的战斗经历，悟出一个道理：北平最后是以和平方式解放了，但作为我们这些拿枪的人清楚地知道，离开枪杆子绝对没有北平的和平解放。

（本文选自《共和国军事秘闻录》，中国文史出版社 2001 年版。）

张文松*：北平解放初期琐记

入城前后

1949 年 1 月下旬，解放战争的局势急转直下。"北平和平解放初步协议"签字后，我不顾淋巴结核伤口未愈，急如星火地从平山南庄日夜兼程赶赴北平。我沿着沧石路赶到天津，到处打听北平的情况和军管会的所在，可谁也说不清楚。无奈只好去找黄敬同志，把他从睡梦中吵醒。他也不了解北平的情况，只说丰台已经解放，要我去丰台找找看。我从天津坐火车到丰台已是下午。找到丰台军管分会，他们也说不清军管会到底在哪里，只说大概在青龙桥一带。我和同行的同志商定，由我雇一辆三轮车，先去青龙桥一带打听，找到军管会后再派车来接他们。同行的一位东江纵队的同志怕我独身一人不安全，把他佩带的手枪交给我，作为防身之用。我穿了一身灰棉军装，盖上一条军毯，在暮色苍茫中匆匆上路。

车行半路，夜幕渐沉，马路边的林莽中时时有自东而西穿行而出的军队，昏茫中也辨认不出"敌"我。中途进入一个村庄，村口有持枪的岗哨拦截盘问，我误以为是解放军，忙问："同志，找军管会怎么走？"那岗哨嘿嘿冷笑，并不置

---

* 作者 1949 年前后任北平市委文化工作委员会书记，中共北京市委政策研究室主任。

答，幸好没有留难。出了村，我才恍悟，这是傅（作义）部从城内撤出的军队。

到了青龙桥，果真军管会就在那里，我大喜过望，忙请孙国梁同志派车去丰台接同行的人。谁知到了夜半，空车返回，去人说同行的人都不见了，我只好焦急地等待消息。凌晨两三点钟，同行的老老小小二三十人却自己找了一辆卡车赶来青龙桥。原来他们在丰台久候不耐烦，又误听军管会已入城的消息，便坐了车一路开进城，从永定门一直转到中南海，东南西北城都找遍了，畅行无阻地周游一圈又转了出来。我埋怨他们，他们却为先期入"城"而自鸣得意。

当夜，草草入睡。第二天上午去见彭真同志，他正与一些同志紧张地部署入城的工作。见我去了，有几位同志便征询我的意见：入城以后，市委与军管会安置在何处为宜？我建议可从铁狮子胡同、东交民巷使馆区、顺承王府选择，中南海恐须留待中央使用。当即决定由韩钧、王甫等同志进城勘察。他们果然选中了旧德国使馆、旧日本使馆和兵营，从此奠定了市委领导机关所在的位置。

1 月 29 日（正是旧历正月初一），我们于夜间从青龙桥入城。那一年的冬天是否寒冷、春节又是什么景象，不但现在回忆不起来，即使在当时也全不在意，心里只是充满了解放古城的欢畅，热气腾腾驱散了寒冷。

车子一直开到旧德国大使馆，大家匆匆安置。就像打游击时号房子一样，随便安置，都无话说。市委办公室安排在一进大门路东的一栋房子，正厅很大，开干部会可以用，跳舞也可以用，正厅的后面是一间会客室。正厅南面一排房，顺次自西而东，最西面的是办公室秘书值班室；接连一间长方形的敞厅，是市委开会的房子；再里面是彭真同志的办公室，他们一家人就住在办公室后面的两三间房子里。正厅北面一排房，也是顺次自西而东，最西面的一间，权充我们五个政治秘书的下榻之处。刚一进城，机构不甚健全，人手又少，所以市委就把赵凡、佘涤清、崔月犁、王镇武和我五人，作为市委的直接助手，直接承办彭真等同志交办的事项。五个人开始打地铺，后来才有了床，大约住的时间不长，随即各自分配工作。但在那极短暂的共同工作期间，我们融洽无间，非常愉快。我们住的房子外面又是一间敞厅，就作为餐厅，市委一些同志都在这里吃饭，来了客人也在这里招待；餐厅过去就是机要室。市委本部就这样布置妥帖，一栋房子便成为全市党的指挥中心。

紧张的昼夜

由于进城之先，在中央领导下，市委做了大量的准备工作，从调集和训练干部、制定城市政策、安定社会秩序到系统进行接管，都做了细致的安排。所以入城以后的前几个月，尽管情况繁杂，遇到一些始料不及的问题，工作上有时也出现一些混乱现象。但总的来说，大家都是兢兢业业，不分昼夜地苦干。用邓拓同志的一句话来说，就是革命加拼命。工作效率还是很高的。

刚刚入城，社会治安情况是复杂的，城里还有大量的散兵游勇，私藏的枪支还没有来得及收缴，国民党特务还在潜伏活动。造谣诽谤和破坏暗杀的事件多次发生。我们几个人每天都是不分日夜地向城郊各处去跑，赵凡同志不知从哪里收缴来的武器中找来几支崭新的左轮手枪，于是每人在腰间别上一支，虽有防身之意，却也因此引起各色群众对我们的好奇或惊惑：怎么共产党的干部还带枪？

2月上旬，国民党特务分子企图抢先组织一个"军民联欢会"，组织一些"旧团体"，假借群众组织之名，召开几万人的大会，破坏我们的庆祝会。而有一些社会名流因为难辨真伪，也被列名发起。我们事先得知这个情况，便由崔月犁同志和我出面，分别拜访一些知名人士，说明真相。有些是旧识知交，如名医林葆骆大夫，一听便非常气愤，立即应允向其他被蒙骗的先生们去传达；有些是素昧平生，如名丑叶盛章先生，见了两个"带枪的人"，不免有些紧张，但一经说明来意，便也慨然相允，不受坏人利用。这样做，确也对制止中统、军统分子的阴谋起了一定作用。

作为市委的直接助手，交代给我们的任务往往是紧迫的。筹备一个会议要拟订名单；各种会议要列席；起草文件报告要参与讨论修改；临时指定的任务要完成；深夜决定的事项第二天清早要向有关同志转达，更急迫的任务则不分昼夜立即执行，我也因此打搅了许多同志，往往在清晨或深夜扰人清梦。从入城那天起，大家都养成了深夜工作的习惯，市委机关彻夜灯火通明，没有哪一个同志为此出过怨言。

刚进城，市委要我们自行设计了一块长方形的公章，后来觉得不太正规，便叫我去向李克农同志请教。克农同志那时住在弓弦胡同，就是戴笠的旧宅（后来成为中宣部宿舍）。克农同志告诉我，图章应是圆形的，中央刻一个五角星，周围刻上"中国共产党北京市委员会"便可以了，我们便立刻照办。

胡愈之同志找市委商量对国民党军政机关所办新闻报纸处理的办法，因为我比较熟悉这方面的情况，市委便叫我协助胡愈之拟订处理意见。为了通知王昆仑同志某一件事，我便立即去办。很奇怪，不知为什么昆仑同志住在西琉璃厂中华书局里面，我们见面后就是在前店立谈的。崔月犁同志和我也曾为某一案情深夜造访冯基平同志，初次见面，他便给我留下了一个精明强悍、思维敏捷的印象。那时候办事可是直截了当，比我年长的同志都很平易近人，进了城，互相来往，一如在农村时那样亲切，虽说有些"游击习气"，可至今回忆起来，仍然令人神往。

那时会议很多，市委会、办公会、大会、小会、座谈会，几乎无日无之。每逢召开党、政、军、民、学一揽子的干部会，市委前厅便挤得满满的，黑压压一片，像交易场一样的纷腾热闹。叶剑英同志曾戏称为"骡马大会"。

夜里办公，肚子饿了，也有夜餐，那是美国人遗留的物资，美国大兵的军用饭盒。旧德国大使馆曾为美国人占用过，在东南角有一座楼，地下室里储藏着许多军用饭盒，我们便戏称为"饼干楼"，打开蜡封的军用饭盒，里面塞得满满的，有压缩饼干、罐头肉、巧克力、奶粉、咖啡，还有几支香烟。大家便围着桌子享用这战壕中的食品，吃了几个月才吃完。然而也吃倒了胃口。后来，廖沫沙同志住在这饼干楼上。我有时饭后散步，也常常经过那里；有时碰上许立群同志，便坐在楼前台阶上谈心。

紧张的生活也并非毫无调剂。每逢周末，许多同志便在市委大厅中举行舞会。

我不会跳，只能旁观，承蒙几位女同志热心教我，可我听不懂音乐的节奏，不断踩对方的脚，从此"一蹶不振"，再也与跳舞无缘。

中央领导机关从香山移到中南海以后，暂时没有一个演出的场所，市委便利用院内的一座仓库，改装成一个简陋的、可容百八十人的小剧场。每逢周末便安排节目，请中央领导同志来看，毛、刘、周、朱是常来的，有时也有散在各地的中央领导同志来看。市委对安排节目也是煞费苦心的。京剧有吴素秋；昆曲有韩世昌、白云生；交响乐有李德伦；相声有侯宝林……毛泽东同志听着相声开怀畅笑的情景依然在目。

……

召开各界人民代表会议

我从天津回到北平后，市委决定调我到政策研究室协助邓拓同志工作。那时的政策研究室基本上是由两部分同志组成的：一部分是中央政策研究室由邓拓同志带过来的一些同志；一部分是解放前入党的年轻同志，都是大学毕业生，还有一些是过路干部，如两江纵队的同志，也暂时帮助工作。按照工作性质，市委政策研究室分为几个组，如工业组、财贸组等，因是市委直接的助手，所以市委交办的任务很广泛，实际上是"不管部"的性质，没有承办单位的事项往往也由研究室去办。

2月初入城到8月初召开北平市第一届各界人民代表会议，这半年的工作量是很大的，工作内容也是很充实的，好在那时大家都年富力强，很少有人喊苦、喊累。市委又一直强调加强调查研究，深入联系群众，所以政策研究室与各部门之间的联系很多，直接向市委反映的情况也多，形成围绕市委中心工作而运转的机构。

入城之初，接管工作是有计划、按系统进行的，其后逐渐转入恢复和发展生产这个中心任务上来。当然，那时也未放松肃清反革命势力的残余，巩固革命秩序，加强政权建设，发展文化教育事业和都市建设等各方面的工作。

这一段期间，可记的事情很多，但只能选印象较深的略写一二。

入城以后，市委非常重视统战工作，与各民主党派、无党派人士、专家学者、社会名流、工商界的代表人物都有经常联系，不仅限于召开座谈会，征询意见，而且广交朋友，经常登门拜访。彭真同志曾去乐松生先生家，受到乐先生夫妇的欢迎，并且参观了乐家老铺制药的过程。彭真同志与梁思成同志的友谊很深，但在首都建设问题上争论起来又相持不下。梁思成同志不主张拆除天安门两旁的东西三座门，彭真同志以妨碍车行视野易出交通事故，要保障人民生命安全为理由认为应该拆，最终还是说服了梁。这已经成为后来流传的一段佳话。彭真同志与文艺界的同志也有广泛的交往，老舍、曹禺、马连良、张君秋等同志都是他的座上客。

刘仁同志联系群众，深入实际的作风是一向为北京市干部所称道的。他是个在办公室坐不住的人，一有时间，不是跑工厂（去得最多的是石景山钢铁厂、发电厂），就是跑农村。跑学校也不少。经常是直接看朋友，吴晗同志、华罗庚同志家他是常去的。赶上吃饭便坐下吃。我有时同去，觉得吴家的菜做得很细致，华家的鸡丝汤面非常清香可口。这种无拘无束的交往，不仅加深了彼此的友谊，而且往往可以听到许多推心置腹的反映和意见。

8月初召开了第一届各界人民代表会议，在此以前，市委曾经多次与各界人士协商，我因参与筹备工作，也得与一些教授专家接触。钱端升、芮沐、王铁崖等教授都是那时认识的。各界人民代表会议是在毛泽东同志倡导下召开的，他还亲自到会讲了话。

陪同苏联专家参观视察

市委不仅重视中国专家学者的意见，而且也很重视外国专家的意见。9月中旬，苏联专家在阿布拉莫夫率领下来平。关于北平市政建设的草案是由苏联专家与中国专家共同商量拟订的，可以说是有关北京城市建设的第一个草图。

在与苏联专家接触过程当中，我感到他们的工作态度十分严肃认真，凡事都要刨根问底，特别注意统计数字的精确与否，而我们那时既缺乏国民党统治时期留下的完整的统计数字，也还没有来得及建立我们自己的一套科学完整的统计制度，包括人口统计都是不很精确的。有一次贾庭三同志和我陪同苏联专家去参观大理石厂，他们问起大理石和花岗石的储量，负责建材工业的同志回答是："取之不尽，用之不竭。"这在当时确实是无可奈何的事。有些苏联专家对于解放初期我们的政策很不了解，有一次我陪同苏联专家去丹华火柴厂参观，在座谈时，他们很诧异地问：为什么中国解放了，还有私营企业，还有资本家？我们不得不从头向他们解释。

封闭妓院的决定

11 月召开第二次各界人民代表会议，在这一次会议上选举聂荣臻同志任市长，组成了北京市人民政府委员会。在这次会议上通过了轰动一时的封闭妓院的决定。决议一通过，立即执行。因为半年前就做了充分的调查研究，行动之前又做了充分的准备，设立了封闭妓院指挥部。事先严密封锁消息，所以丝毫没有走漏风声。

封闭妓院的前夜，有些同志认为娼妓制度即将成为历史的陈迹，于是相约到妓院去巡视一番。当时同去的有刘仁、刘涌等同志，连负责妇联工作的杨蕴玉同志也一齐去了。我们在八大胡同看了几家头二等的妓院，丝毫也没有惊动妓院老板、领家和妓女。那些妓女穿得花枝招展，有的斜偎在屋门外，抱着猫狗斜睨着我们；有的陪嫖客饮酒作乐，吃得杯盘狼藉。她们还以为这些"大官"来妓院巡视，今后"生意"大概不会成问题了。我们不禁对这些无知受害的压在底层的妇女怜悯起来。

第二天封闭妓院的消息传到会上，代表们都拍手称快，大家反映政府办事效率高，藏污纳垢之所，一夜就清理掉了。

（本文选自《城市接管亲历记》，中国文史出版社 1999 年版。）

徐树滋*：新华广播电台成立前后见闻

接受秘密任务

我是一名技术工作者，长期从事无线电技术研究和使用。1945年我在辅仁大学物理系毕业后，于11月开始在北平广播电台所属的双桥发射台、西长安街增音室、黄村收信台等技术部门实习，然后在增音室值机班任值机员。1946年4月任北平电波研究所助理技术员，开始进行无线电传播研究工作。北平电波研究所、北平广播电台及北平广播器材修造所当时同属于国民党中宣部广播事业管理处。我所在的电波研究所西郊观测台当时设在复兴门外西郊什坊院村。

1948年初，国民党军队在战场上节节败退，解放战争进入战略反攻阶段，北平的学生运动一个高潮接着一个高潮。在共产党的宣传和学生运动的影响下，各领域都酝酿着迎接解放的斗争，我就是在这个时候开始接受地下党的任务的。

最初同我有接触的中共地下工作者是北平地区城工部学委的苏士文同志。苏士文是我大学时的老师，对我的情况较熟悉。我工作实习时住在麻花发射台宿舍，苏士文住在刘海胡同，相距较近，经常有来往。后来我到电波研究所工作，苏士

＊作者时为北平广播电台工作人员。

文同志曾到什坊院村看我，并且开始向我布置任务。1948年2月，苏士文同志约我去他家，要我了解北平广播电台、中央广播电台在北平转播台的设置情况。我先后将搜集到的有关北平广播电台播音室、增音室以及麻花发射台、黄村收信台、双桥发射台等处的组织机构、设置情况、工作人员状况和这些部门的政治、业务、管理等情况写成书面材料交给了苏士文同志，苏士文又将这些材料及时交给联络员伍伯骅同志（化名马华），由他转交地下党组织。

保护电台，迎接解放

1948年8月，人民解放军已逼近通县箭杆河一带，北平四周已为解放军所控制。苏士文同志向我转达了北平地下党布置的保护电台设备、准备斗争、迎接解放的重要任务。10月间，西郊观测台里示波器上的变压器被烧坏，我带进城里修理，修好后已出不了城，因为解放军正在进攻西郊"新北京"和莲花池一带，傅作义军队退驻城内，城门已关闭，西郊观测台也随之关闭，所有工作人员均进城在家等待。一日，苏士文同志通知我与他一起去鲁迅故居见矫庸同志，在那里他详谈了护台斗争任务，并且安排我会见了北平电台工作人员高子英同志，以便在国民党撤退时能够相互配合完成保护电台的任务。此后，苏士文和矫庸同志成了我的领导人，当时党的地下工作非常隐蔽，上下级都是通过单线联系，有事单独通知。北平和平解放前夕在地下党领导下有132人保护91部重点电台，在北平广播电台属于矫庸同志直接领导的有4人。

为了完成北平地下党组织交给我的护台任务，我必须要以合法身份出入北平广播电台（位于西长安街3号），于是我通过当时在北平广播电台增音室工作的育英中学同学陈起璞以及苏士文同志介绍的北平广播电台工务科科长郑观森的关系，被安排在增音室做一名替班技术员，从此取得了出入北平广播电台的合法身份。

那时，南京国民党政府已经无力向北平广播电台拨付经费，电台发不出工资，职工怨言较大。与此同时，北平电信局三千名职工掀起了震动全国的"饿工"斗争，电讯中断，引起了反动当局的惊慌，不得不向工人妥协让步。矫庸同志根据当时的情况向我部署了配合全国性"反饥饿"斗争的任务。我按照矫庸同志的指示，在同事中做鼓动工作，建议停开台长的小汽车，以便节省费用为职工们发薪水。当时增音室的技术员陆生庠采纳了我的建议，关上了电台的大门，将台长的小汽车挡住，台长因此抱病在家，电台的日常工作由副台长主持，但他也不敢再坐小汽车上班。在职工们的强烈要求下，电台不得不给每人发了一台收音机作为对工资的补偿。

1948 年冬，解放军已压近北平城，苏士文同志和矫庸同志根据城工部关于做好两手准备的指示，向我布置了保护电台的具体任务：（一）准备夺取枪支，武装电台人员。我按照吩咐将电台内枪支弹药的数量以及分布情况做了详细的了解，然后向苏、矫两位同志做了汇报。（二）根据矫庸同志的要求，分别给电台里的军统代表边某及中统代表冯某某各写一封警告信，陈述利害关系，命令他们不许破坏电台设备，否则将受到人民的惩罚。信由我草拟，然后由高子英同志找人抄写，信寄出去不久二人即逃之夭夭。（三）安排专人保护机器设备。为了确保电台正常播音，以便解放军围城期间能听到城中消息，准确分析情况，并且北平一旦解放，全市人民可以立即收听到共产党的声音，我按照矫庸同志的要求，说服了新上任的工务科科长同意在增音室安装一台小型发电机。这样，即使北平发电厂遭到敌人破坏而断电，电台的播音照样可以正常进行。

1949 年 1 月 31 日晚 8 点钟，军代表李伍、黄云、李志海、康普等同志进驻北平广播电台，晚上 9 点钟，通过广播向全世界宣告：北平和平解放，北平广播电台奉北平市军事管制委员会之命，即刻停止广播。我于当天晚上向李伍同志汇报了护台斗争的情况，李伍同志的工作很繁忙，但他在听取我的汇报时态度非常认真，听完我的汇报后已是深夜，此时城里已经戒严，李伍同志专门派了一辆吉普车，由李志海同志亲自送我回麻花电台宿舍。第二天北平市军事管制委员会文教委员会副主任徐迈进同志宣布正式接管北平广播电台，认为电台完好无损。至此，我完成了地下党交给我的保护电台的任务。

见证开国大典

北平获得和平解放后，北平广播电台改成新华广播电台，并于 1949 年 2 月 2 日上午开始播音。我被安排在业务处（后改成无线电总管理处）做技术工作，处长是陆亘一同志。此后几个月的主要任务是恢复和整顿电台的工作秩序，为全国的解放进行宣传服务。

9 月下旬的一天，负责电台技术部门工作的李伍同志和黄云同志派我和陈起璞、杨继田等几位技术人员到天安门上安装两台美军军用 250 瓦大功率扩大机，扩大机安装在城楼大厅内的大石台上，石台高约 1 米，四周距墙壁的距离约 1.5 米，引出的两个喇叭分别安装在城楼上的东西两侧。这种扩大机俗称"九头鸟"，其形状为后面呈正方形盒状，前面带着九个号筒型喇叭，纵横三行排列；它的特点是功率大，可使声音定向，将四周的声音集中到前方。虽然李伍同志没有告诉我们做何目的，但我当时已预感到这几日将有一次重要的活动。果然，9 月底李伍同志通知我说，10 月 1 日将举行开国大典，要求我与其他几位同志负责监护新华门和天安门上的扩大机。接受这一重任后，我激动得几乎彻夜未眠，我认为这是党对我作为一名革命工作者政治上的完全信任和业务上的充分肯定。

第二天（10 月 1 日）一大早我接受安排先来到新华门城楼上监护扩大机。那天播音系统的规模相当大，从东单到西单都安上了扩大机，不过大都是小型扩大机，由新华广播电台服务部的同志管理。尽管监护扩大机这项工作并不复杂，但我内心还是感到很紧张，悉心查验每一处零件，丝毫不敢松懈。那时心里只有一个念头：一定要保证播音系统的万无一失。大约上午 10 点钟我被通知立即去天安门城楼，因为那里的扩大机上有一处小零件破损严重，需要马上修理。接到任务后我立刻骑车去电台取零件。当时长安街已经戒严，没有任何车辆通行，天安门广场上已挤满了前来参加开国大典的各界代表和群众，我在街上骑行时更加感觉这次活动的庄严和隆重。扩大机修好后已是中午时分，当时城楼上所有的工作人员均不得随意走动，这里的扩大机由我和陈起璞二人负责，李志海同志负责主宾台上的麦克风。下午 3 时许，毛泽东、周恩来、朱德、刘少奇等党和国家领导人陆续登上了天安门城楼，记得当时毛主席身着深灰色的中山装，头戴一顶深灰色的八角帽，其他领导人也大都穿着中山装。那天的播音员是齐越和丁一岚同志。当毛泽东主席站在城楼向全世界庄严宣布"中华人民共和国中央人民政府成立了""中国人民从此站起来了"的时候，广场上 30 万群众顿时热烈欢呼，那是一个激动人心的时刻。虽然事隔半个世纪了，每每想起，仍如同昨日。

（本文节选自《我在北平和平解放前后的部分回忆》,《北京文史资料》第 60 辑，北京出版社 1999 年版，标题为本书编者加。）

第 四 章

进京：革命踏上新征程

苏进 *：回忆北平入城式

　　平津战役的胜利，早已载入中国人民解放战争的光辉史册。但是，在全国解放多年之后，每当我驱车长安街上，或漫步天安门广场时，当年我东北野战军特种兵参加北平入城式那激动人心的场面，仍会不时地浮现在眼前，引起我对往事的怀念。

　　那是在解放战争决胜阶段的 1949 年初。当时，我任东北野战军特种兵第一副司令员兼参谋长，与司令员萧华、政治委员钟赤兵等同志一起，指挥特种兵部队协同步兵，攻下天津，围困北平。国民党华北"剿总"司令傅作义将军在我大军围城和政治攻势下，经大力争取，终于同意和我方进行和平谈判，并达成协议，古都北平宣告和平解放。

　　为了庆祝平津战役的伟大胜利，欢庆北平回到人民怀抱，我军定于 2 月 3 日举行盛大入城式。东北野战军四纵 1 个师和特种兵的 6 个团奉命参加。入城式总指挥是东北野战军参谋长刘亚楼，特种兵由我负责组织。我从通县野战军司令部领受任务后，马上组织炮兵第二指挥所的摩托化炮兵第四、五、六团，高炮第一团，战车团和装甲车团，开赴南苑机场集中训练了 10 多天，主要练习入城式队形。刚从前线下来的车炮上，满是黑泥巴，经过连夜洗刷，所有参加入城式的大

　　* 作者时任东北野战军特种兵第一副司令兼参谋长。

炮、坦克、装甲车、汽车等都焕然一新。战士们身上的棉衣因为经过在天津前线十几个昼夜的浴血奋战，被血水、汗水、污泥浸透过多次，有的油黑发亮，有的破烂不堪，因此，搞好个人卫生，也成为训练期间一项必不可少的任务。部队白天紧张地练习队形，夜间检修擦拭车辆大炮，战士们完全沉浸在胜利的喜悦中，嘴里讲的，心里盼的，都是参加入城式，一定要把我军的雄姿展示在北京人民的面前。

按照野战军司令部的指示，我们先在地图上研究，选择入城式游行路线，并确定先由炮四团团长徐昭、装甲团团长丁铁石带两辆车进城勘察。因为野战军司令部要求，游行队伍要经过美国使馆门前，所以他们二人重点勘察了东交民巷附近的道路。1 月 31 日下午，我带领 5 个人，分乘一辆吉普和一辆中卡又进城勘察游行路线，我们由永定门经前门大街入城，街上空荡荡的，行人很少。我们经东交民巷到东单、东四，走地安门大街到西四、西单、宣武门，沿途确定好可以通行车炮、坦克的路线，最后由广安门出城，返回南苑驻地。回到驻地后，先打电话向刘亚楼参谋长汇报勘察结果，又电徐昭和王岳石两位团长起草书面报告。因为炮四团的车炮又长又宽，所以建议按上述路线游行。

2 月 3 日这天早晨，北风呼啸，天气很冷。天刚蒙蒙亮，部队就起床，检查、发动车辆、坦克。7 点钟左右出发，8 点多钟开到永定门内大街上，摆好队形向前门大街驶去。这时，天桥以北前门大街上，已站满夹道欢迎的队伍。9 时许，叶剑英、林彪、罗荣桓、聂荣臻、刘亚楼等来到前门箭楼东边空地上，东北野战军四纵和特种兵的领导，以及北平市委领导同志刘仁等也都来了。9 时半，各位领导都登上前门箭楼。四纵的领导则登上路西的一座银行小楼。10 时许，四颗照明弹升上天空，庄严隆重的入城式开始了。

入城式游行队伍以装甲车为先导，第一辆车上插着一面红色指挥旗，旗子在呼呼的北风中飒飒作响。丁铁石团长坐在第一辆指挥车里，引导装甲车队一条线似的列队前进。在前门大街上，装甲车队被欢迎的群众围起来。学生们爬上装甲车贴标语。当深绿色的美造大道奇车拖着美造、日造大炮开过来时，欢迎的人群又拥上前去，高呼口号，爬到大炮上去贴标语。学生们带来的标语贴完了，就用笔在炮上写。最后，战士们的身上也写上了标语："庆祝北平解放！""欢迎解放军！""解放全中国！"每门炮上都布满花花绿绿的标语，车上撒满彩色的纸屑。学生们争先恐后地往车上挤，热情地和战士握手。上不去车的人，围着为炮扭起秧歌。有的手攀着炮架，有的干脆骑到炮身上。兴高采烈的人群，以各种各样的方式，表达对子弟兵的爱戴与欢迎。随着轰隆隆的响声，坦克开过来了，欢迎的人群再次沸腾起来。坦克上很快爬满了人，贴满标语。游行队伍在群众的夹道欢迎和口号声中，缓缓驶过前门，向东转弯入东交民巷。

钢铁洪流般的装甲车、大炮和坦克，浩浩荡荡地通过东交民巷。这个自 1900 年《辛丑条约》签订以来一直为帝国主义盘踞的使馆区，今天，中国的军队和人民第一次在这里扬眉吐气，昂首挺胸，自由出入。我们的游行队伍见到，美、英等国的使馆门窗紧闭，里面的人躲在玻璃窗后偷偷向外看，有的还偷偷地拍照。看到帝国主义者们的丑态，我们认识到总指挥部决定游行队伍从东交民巷穿越而过的行动实在太英明了，它真正起到了向帝国主义分子们示威的作用。钢铁的队伍隆隆驶过使馆区，大杀帝国主义的威风，大长中国人民的志气！这使帝国主义者们看到，他们送给蒋介石军队用来屠杀中国人民的先进武器，已经交到人民解放军的手中。我军用这些武器，解放了东北，解放了天津、北平，还要解放全中国！

在群众的热烈欢迎下，游行队伍到下午 5 点来钟才由广安门出城。这时，部队战士已经十几个小时没吃饭，没喝水。战士们虽然又累又饿，但情绪十分饱满，十几个小时一直在炮上、车上保持着威武的雄姿。

（本文选自《北京的黎明》，北京出版社 1988 年版。）

张友渔[*]：我被任命为北平市副市长

1949年1月15日，天津解放。1月31日，北平25万敌军，在傅作义将军率领下宣布接受我军和平改编。当天，人民解放军进入北平。2月2日，《人民日报》在北平发行。2月21日，华北人民政府由石家庄迁入北平办公。不久，华北局也进入北平办公。古都北平从此回到了人民的怀抱。

未赴天津又到北平

天津解放时，因为我于20世纪20年代曾在彼做过地下工作，熟悉当地情况，故被任命为天津市副市长。还没有到职，北平解放了，我随华北局进驻北平。当时叶剑英同志是北平市军管会主任兼北平市市长，徐冰同志是副市长。徐冰同志到职后不久就病了，又改任我为北平市副市长。所以，虽然这个时期在天津街头已经出现由市长黄敬、副市长张友渔署名的布告，实际上我并没有到职。调我到北平市工作，是因为我对北平比天津更熟悉，我同北平各阶层的联系比天津更多。调我担任这个职务，是周恩来同志代表中央同薄一波同志、叶剑英同志一道，在后圆恩寺华北局的会议室里对我谈的。关于这次谈话，我至今还历历在目，记

* 作者时任中共北京市委副书记、书记处书记，市政府常务副市长。

忆犹新。

那是 1949 年，4 月末 5 月初的一个上午。当时华北局在地安门外后圆恩寺胡同的一所院内，国民党反动统治时期，这里曾是蒋介石的别墅。10 月 1 日中央人民政府成立前，中央的几位领导同志都住在西山。为调我到北平市工作，恩来同志特从西山来到华北局。当我被叫到会议室时，恩来同志和叶剑英同志、薄一波同志已经在那里。恩来同志首先简要地讲了北平市工作的重要性，说因为我曾在北平长期从事地下工作，对北平的情况很熟悉，所以要我到北平市工作，希望我把工作做好。在这以前，薄一波同志已经就这个问题跟我打过招呼。我这个人一向对党分配工作绝对接受，没有讲过条件，党叫干什么就干什么。在恩来同志讲话后，我表示服从组织分配，但不一定能做好，努力去做就是了。

记得叶剑英同志插话说："你是室内的强者，室外工作还要下番功夫！"叶剑英同志的话不多，但给我的印象很深。剑英同志是我的老领导，抗战时期在重庆时，我们就在一起工作。他对我很了解。他知道我在文字水平、知识面、组织领导、政治思想工作等方面的一些特点，也知道在我的历史经历中，虽长期做过学生运动工作，广泛接触过青年群众，但接触工农群众不多，缺乏这方面的经验。在这两个方面，我和徐冰同志正好相反，他的长处正是我的不足。我的优点也是他的缺点。叶剑英同志对我的长处给予了很高的评价，同时也指出了我的不足之处。所以我一直记着他的这句话。他对我很信任，使我受到很大鼓舞。本来，市人民政府的党组书记应当由市长担任，他提出要我担任。恩来同志同意，就这样决定了。实际上，这个建议还不仅说明他对我的信任，也反映了他丰富的实践经验。后来的工作证明，由于我担任负责常务的副市长，大量工作需要及时由党组研究决定，剑英同志的建议对于市府工作的进行是有好处的。

关于我的工作问题还有段小插曲，在这里顺便说一下。在北平解放前夕，考虑到作为华北局的机关报的《人民日报》要进入北平，想找一个对北平比较熟悉而又熟悉新闻业务的同志担任《人民日报》社社长。胡乔木同志曾向当时的党中央组织部部长安子文同志提到我。当安子文同志找薄一波同志商量时，薄一波同志认为，当时华北局的工作需要我，没有同意，改调了张磐石同志。

我接受任务后，交代了华北局秘书长的工作，到北平市报到。先后见了北平市委书记彭真同志、市长叶剑英同志。他们分别向我介绍了北平市的情况，谈了工作要求，我于 1949 年 5 月 9 日走上了新的岗位。

我与北平的不解之缘

北平 (1928 年北伐胜利前称北京) 可以说是我的第二故乡。自我于 1923 年离开太原到北京上大学，直到 1937 年抗战开始，十五年间，除了几次躲避国民党反动派的迫害、追捕，短时离开过北平外，我的整个青年和壮年时代都是在北平度过的。从学生到教授，从报社记者到总编辑、总主笔；从入党、主办地下党的合法报纸，担任地下市委的领导工作、军委系统的特科工作，到负责华北联络局北平小组的领导工作，我一直在这里从事革命运动，进行革命斗争。领导过学生运动、文化运动，做过新闻宣传工作，进行过上层文化界和其他上层人士的统战工作，开展反封建统治、反法西斯统治的民主运动，推进抗日救国运动，我从实际生活实际斗争中，学得了比较多的解决政治、经济等方面实际问题的知识。经过了八年抗战、四年解放战争十二个春秋的风风雨雨，现在我重新回到北平，以新的身份担负起改造半封建半殖民地的古都、建设社会主义新首都的重要任务，争取让几百万父老兄弟姐妹从此过上安定幸福的新生活，我深感责任重大。

早已开始的工作

虽说我是 5 月 9 日到任的，实际上，早在这之前，当我还在华北局工作时，就已经接触过北平市的工作了。当时中央人民政府还没有成立，北平、天津等市都由华北局和华北人民政府直接领导。我当时给《人民日报》写了篇社论：《变消费城市为生产城市》，就是针对北平等城市的情况而写的。这篇社论的主要内容是说：现在的大城市从反革命的堡垒变为革命的堡垒，就要改变我们工作中先乡村后城市的做法，使城市起到领导农村的作用，中心环节是迅速恢复发展城市的生产，并加强政治、文化、教育建设。

平津解放前夕，华北局曾根据中央有关方针政策的精神，发布过《关于进入平津的政策与作风》的文件，主要内容包括：（一）实行军事管制制度；（二）成立各界人民代表会议；（三）关于战犯、反动分子、特务、俘虏官员和蒋傅（当时傅作义将军还没有接受和平改编）党政军警财经及其他团体一般工作人员的处理；（四）关于蒋政府公有财产、四大家族财产、首要战犯财产及一般军阀官僚军政财经机关人员财产的处理；（五）私人工商业的保护及私人银钱庄号的处理；（六）关于蒋政府货币的处理；（七）关于公私立学校及学生公费的处理；（八）关于报刊、通讯社、广播电台的处理；（九）关于外国侨民、外国领事、教会、外国工商业、外国银行的处理；（十）对待工人的立场、态度与政策；（十一）救济城市贫民及难民问题；（十二）进入平津后的宣传政策；（十三）进入平津的干部应注意的几点。这个文件，是我以华北局秘书长的身份，遵照华北局领导同志的指示起草的。

在我起草的这份文件中还讲道，军管制度是在特定历史条件下的产物。北平市军管会是北平市的国家权力机关。市政府是军管会领导下的行政机关。军管的目的与任务是：

甲、完全肃清一切残余的敌人、散兵游勇和任何进行武装抵抗的分子；

乙、接受一切公共机关产业和物资并加以管制；

丙、恢复并维持正常秩序，消灭一切混乱现象；

丁、收缴一切隐藏在民间的反动分子的武装及其他违禁品；

戊、解散国民党、三青团、民社党、青年党及南京政府系统下的一切反动党团和团体，并收缴其各种反动证件，登记其成员，对登记后的少数反动分子实行管制（每日或每星期，须向指定的机关报告其行动）；

己、逮捕那些应该逮捕的战犯及罪大恶极的反动分子，没收那些应该没收的官僚资本；

庚、建立系统的革命政权机关，建立革命的警察、法庭、监狱，建立物资的管制机关，建立临时的人民代表机关；

辛、在各种工人职员中，在青年学生中，进行切实的宣传组织工作，在可靠的基础上（注意不要被暗藏的特务分子及其他流氓投机分子操纵），建立工会、学生会及青年团等，作为城市政权可靠的群众基础；

壬、整理共产党在城市中的秘密组织并建立党的组织。

这些任务是根据当时的情况制定的。如果不在一定的时期内实行军事管制，就不可能肃清残余反动势力，巩固革命成果，安定社会秩序，有效地进行各项建设。当然，军管会所采取的措施，是适应当时需要带有紧急性、临时性或试验性的措施。随着形势的发展，情况的变化，这些措施应当适应具体情况，有的继续采用，有的加以修改、补充或废止。例如，宣布戒严，在逐步转入正常状态后，就不宜轻易采用，以免影响其他各项工作的进行；动辄断绝交通，会给人民带来工作和生活的不便。

关于成立各界人民代表会议的主要设想，是为了联系群众，了解情况，广泛与各界交换意见，传达党和政府的方针政策。当时工会等人民组织还在积极筹备中，不可能仓促成立。如无充分酝酿准备，混进了特务和坏人，反而脱离了真正的广大群众。是不是可以暂时采用召开座谈会或成立临时参议会的办法呢？这也考虑过。但前者不能解决经常性的问题，后者在成分上偏于社会上的上层分子，对群众联系不会很密切，所以也不能有效地达到我们的要求。至于召开人民代表大会，条件更不成熟。因此，便采取了召开各界人民代表会议的办法。这个办法，既可以避免上述缺点，也可以作为建立人民代表大会的基础。事实证明，这些考虑和采取的召开各界人民代表会议的做法是正确的。

文件中关于战犯、反动分子、特务、俘获官员和蒋傅的党政军警财经及其他团体一般工作人员的处理规定是：战犯、罪大恶极分子应逮捕惩处，一般工作人员不加逮捕；对一切俘获的反动官僚、特务分子，只留下有搜集情报作用的少数人，其余原则上一律向蒋区内放走，可以动摇蒋区人心。但对作恶甚多，为广大人民所痛恨，送走会失去人心的，则扣留惩办。旧警察必须放下武器，必须改造。但也考虑到像平津这样大城市的需要，规定了暂用其徒手服务的政策。对蒋政府财产和四大家族、特务分子以及上述其他各种人的财产处理，也都做了明确规定。

进城后，平津等各大城市基本上都是按照上述这些规定处理的。

从以上这些方面也可以看出，事实上，早在我到北平市上任以前，我已经同北平市的工作有接触了。这是我到北平市工作的一个有利条件。

进城后不久，我们党在河北省阜平县西柏坡村举行了第七届第二次中央委员会全体会议。这次会议决定召开新政治协商会议，成立联合政府；确定党的工作重心必须由农村转移到城市；规定了党在全国胜利后，在政治、经济、外交等方面应当采取的基本政策；使中国由农业国转变为工业国，由新民主主义转变为社会主义社会的任务和主要途径。会议特别强调学会管理城市和建设城市。只有城市的生产工作恢复和发展起来，人民政权才能巩固。

这是一次非常及时非常重要的会议。这次会议规定的新时期总路线总政策和各项具体方针政策，为我到北平市工作指出了明确方向。

就这样，我在北京市从解放之初一直工作到1958年12月调离北京为止。我于1949年刚到北平市时，市委书记是彭真同志，副书记是李葆华同志，我是市委常委之一。后来我担任过市委副书记。设置书记处制度后，彭真同志任第一书记，刘仁同志任第二书记，我担任主管政法工作和统战工作的书记。此外，我还担任市政府的党组书记，一直到取消政府党组制为止。我为北京市做了一定的工作，我是非常怀念北京的。

（本文选自《城市接管亲历记》，中国文史出版社1999年版，标题为本书编者加。）

王敬 *:《人民日报》（北平版）的诞生

从北平解放前夕谈起

我是怎样参加《人民日报》（北平版）工作的，需要从北平解放前夕谈起。这不但是个人的经历，而且反映出北平地下党对新闻界的领导，反映出党对一个幼稚而追求进步的青年记者的关怀与培养。

1947年12月我考入北平《纪世报》，名为练习生，实际当记者用，这是老板玩弄的剥削手法，每月工资只合半袋面钱。然而非常幸运的是，这里成为我走向光明、走向革命的起点，成为决定我一生做新闻工作的基点。

当时，北平大大小小、形形色色的政治背景的报纸，有三十几家，除《华北日报》是公开的国民党报纸以外，其他绝大多数都以"民营"的姿态出现。不少报馆里的编辑部或工厂里，都有以各种身份隐蔽的地下党员。像《平明日报》、《新民报》（北平版）、《新生报》、《北方日报》、《世界日报》、《大公报》驻京办事处等，都有共产党员从事地下工作。他们团结着一大批进步人士，使党的力量不断增强，以利与国民党反动统治者进行必要的斗争。当时北平的记者队伍，十分

＊作者时为《人民日报》（北平版）记者。

复杂，也是分成左、中、右，呈枣核形，两头小、中间大，地下共产党员同国民党特务，二者都是少数，大多数则是中间偏左，或中间偏右。物以类聚，人以群分，记者们在外面活动，多是三五成群，左、中、右各有自己的群体。每一个新人走进记者圈，都会引起大家的注意。我这个20岁出头的女青年，一袭蓝布长衫，一双黑布棉鞋，两只小辫子，一脸稚气和土气（来自一个县城的小学教师），采访时随大流，还显得有点傻气，什么也不懂，被采访者说啥就记啥，甚至出现错误。后来跑文教，我的一个同乡同学介绍我认识了《新民报》的进步记者贺家宝，就加入了他们那个进步群体。我是这个群体中的小学生，《新生报》的雷希嘉、《北平时报》的严灵、《世界日报》的沈孝炯等人，热情地帮助我。我的政治态度是怎样的？很幼稚，很肤浅，但知道国民党统治者是反动的。这点认识来自北京大学，当时我那同乡同学在北大读书，我常去找他借书，他带我去听进步教授的讲演，参加一些学生"反饥饿反内战"的反蒋活动，还亲身经历了国民党特务殴打进步教授陈瑾昆的"中山公园惨案"。就这么一点肤浅的认识，写出的稿件，有时会或多或少地流露出来。不少地下党员主动接近我了。我当然不知道他们的政治面目，只是感到他们很进步，有正义感，作风正派。我当时也有很强的自我保护意识，流气、阔气、献殷勤、不进步的记者，我绝不接近。我接近的人逐渐增加了，《平明日报》的王纪刚、李孟北、周毅之、杨鲁、李炳泉，《北平益世报》的刘时平，《新民报》的王起、高宗衡……后来知道他们都是地下党员。这些人待我非常热情，特别是王纪刚和刘时平，在我的心中他们是亦师亦友，甚至是超师过友。其实，纪刚是我的联系人，但我当时不知道。那时对党的组织方面的有关知识，懂得太少了。他们给我提供新闻线索，带我一同去采访，就在每天的采访活动中，对我循循善诱，在政治上启发我教导我，我并不知道这是共产党员在培养一个幼稚而有正义感的青年，只知道脑子很开窍。他们悄悄告诉我周围记者的政治面目：某人是进步的，某人中间偏左，可以接近，某人是特务，要小心。真可谓关心备至。党的外围成员雷希嘉还特意把我介绍到《新生报》当记者，他说：《纪世报》的编辑部政治环境不好，《新生报》编辑部进步人士比较多。我就在 1948 年 5 月到《新生报》上班了。有了党员和进步记者的指引，在那黑暗的社会里，我这个年轻幼稚的青年，眼睛亮了，没有走岔路，更没有迷路。我和地下党员进步记者一起采访学生运动，采访工人罢工，在 1948 年这一年，北平发生的革命斗争很多，重大事件就有：在北大民主广场，各校学生举行反迫害、争民主、支援上海"同济惨案"控诉示威大会；师范大学发生的"四九"惨案，国民党特务殴打学生，全市高校学生，游行请愿，要求严惩凶手，释放被捕同学；全市 20 多家报馆的 800 多名工人总罢工，报纸停止出版一天，迫使当局答应了工人争取生存的要求；全市各院校师生员工和北平研究院人员举行罢教、罢职、罢研、罢课斗争；各校学生举行"反对美国扶植日本"的示威游行，并开展 10 万人的签名运动；朱自清、张奚若、吴晗等 110 名清华大学教职员工，联名发表拒领美国"救济"的庄严声明："为了表示中国人民的尊严和气节，我们断然拒绝具有收买灵魂性质的一切施舍物资"，北平各大院校师生员工也继之纷纷签名，国民党反动派对东北来北平的"要读书，要饭吃"的学生，进行了一场惨绝人寰的大屠杀，当场死伤 100 多人，这就是历史上有名的"七五"惨案；北平各校 1 万多学生进行了"反剿民，要活命"的游行示威请愿斗争，声援东北同学，要求当局严惩凶手，释放被捕学生。全市小学教员为维持生活，要求提高薪金，进行"总请假"斗争。北京大学 82 位教授联名致电校长胡适，要求增薪、配面、发冬煤，并停教三天。工人运动也蓬勃开展，平汉铁路工人罢工，连国民党宪兵昼夜监视的北平电信界，3000 多名职工也在 10 月 27 日突然爆发震惊全国的"饿工"斗争，使北平的电信联络一度陷入瘫痪状态。多么惊心动魄、催人奋起的革命斗争啊！这一堂堂深刻的教育课，明确告诉我：什么是反动统治，什么是革命力量，怎样进行斗争。我骑着自行车各处采访，浑身有使不完的劲儿。

我和刘时平、王纪刚等几个人，有时集中采访，有时分别活动，每天下午 4 点钟左右在事先约定的集合地点交换消息，如果有 5 个人，每人一条，就可以交 5 条消息。这样的工作方法，我们很满意。可是好景不长，反动当局有个"8·19"黑名单，是针对学生的，后来传出对新闻界也有黑名单，名单上多数是地下党员，刽子手们要下毒手了。纪刚、孟北等多人都撤回解放区，有些未暴露的党员仍在原岗位坚持，杨鲁悄悄告诉我："大刘（刘时平）被捕了，以后要少活动。"我没有停止活动，正中社的地下党员王云轩，交给我一些宣传党的政策的传单、布告。按照名单和地址，夜里我悄悄把宣传品塞进这些人的大门里。白天就抄些伪市政府等机关发布的公报，参加一些记者招待会，也写一些反映经济萧条、崩溃的特写，如《东晓市银圆市场巡礼》《萧条的剧院》《冷落的影院》等。《新生报》资料室寿孝鹤是一个不爱讲话的人，可是每逢外埠报纸转载我的文章，他都悄悄告诉我，我不了解他，同他也没有什么来往。大概在 11 月，纪刚从解放区回来了，没有在公开场合露面，戴个大口罩到家找我，告诉我北平快解放了，我们党争取和平谈判成功，如果谈判不成，就要武力解决，并给我布置任务：利用记者身份，想办法搜集北平的街道、胡同的沿革和现状，记清有何名胜古迹，图和文字都要，既要快，又要详细。这是我第一次接受党交给的任务，我很兴奋也很用心，从各有关部门用各种借口借到不少资料，每晚在煤油灯下加以整理，不到一星期就完成任务。当我把材料交给纪刚时，他拿出半张钞票（金圆券），告诉我，过几天有人拿另外半张钞票找你来对，如果对得上，他就是你的联系人了，以后就由他来领导你。我焦急地等待着。第三天，有人敲门，一看，是寿孝鹤，我很奇怪，进屋他说："拿出来吧！"我疑惑地问："拿什么呀？"他说："钞票。"对上了那张钞票。我这才明白啥叫转关系，也惊叹地下党员无所不在。

"若大旱之望云霓"，北平人民翘首盼望共产党解放古城。11 月，人民解放军东北野战军和华北野战军联合开始了平津战役，天津、新保安、张家口相继解放后，我百万大军云集北平地区，敌军 20 万人处在人民解放军的严密包围之中，和平谈判开始了。这时北平各种政治背景的报馆，有的维持出报，有的老板逃走，职工卖了剩余白报纸分光吃净。各报馆工人团结起来保护机器，这显然是地下党组织领导的。《新生报》是国民党东北行辕杜聿明的报纸，前台老板李诚毅携家坐飞机逃跑了。总编辑赵燕南（当时是候补党员）同大家商量，决定继续出报。工资是各尽所能，"按劳分配"，每天卖的报钱大家分，每天晚上我都背着一大书包面值小的钞票回家。但是我很兴奋，天天忙着采访和谈消息，揭露国民党特务破坏和谈的罪行。1949年1月18日听到国民党特务在北平市长何思源房顶上安放炸弹的信息，我们许多记者一大早就云集东城锡拉胡同何宅。何思源前额包着纱布，涕泪纵横地向大家述说着：房顶被炸一个大洞，女儿何鲁美（何鲁丽的妹妹）当场被炸死，法籍妻子受了伤。然而他坚定地表示：特务的恐吓手段吓不倒我，我还是要为和平奔走！19日，他与代表们一起出城，和解放军洽谈和平解决北平问题①。对这些，我都写了消息。在强大的压力和我方的努力争取下，傅作义将军接受了解放军提出的和平条款，发表通电，拥护中国共产党，拥护毛主席的领导，毛主席复电表示欢迎。

1949年1月31日（农历正月初三），人民解放军从西直门进城了，我紧蹬自行车往旃檀寺飞奔。一路上人潮如涌，欢声震天，人们手中拿着、车上插着的小红旗，迎风飘舞。旃檀寺广场是军民联欢的地点，那里已是里三层外三层的人群围坐成一圈又一圈，人多而不乱，欢笑而不嘈杂。圈里，解放军战士唱着《伏尔加船夫曲》跳舞，著名舞蹈家戴爱莲跳起西部歌曲"我的青春小鸟一样不回来"舞蹈，军乐队奏着进行曲，部队战士间互相喊拉着"再来一个要不要！"多么欢乐而激动人心的场面啊，我把人民的喜悦和自己的快乐都写进特写性新闻里，第二天《新生报》发了一版头条。

纪刚又来找我，叫我写一首诗或一篇特写，他说可能会分配我到即将出版的《人民日报》（北平版）工作，我高兴得跳起来，就把那篇军民联欢的消息又做了精心加工，作为我交给《人民日报》（北平版）的试卷。3日早晨，我到王府井大街人民日报社（国民党《华北日报》原址）领任务，参加当天举行的人民解放军入城式的采访。沸腾的热血，竟使我感到如醉如痴，雄壮威武的队伍，隆隆轰鸣的坦克、大炮，追逐着队伍和炮车、高喊胜利万岁的欢乐人群，那动人心弦的感

染力，甚至超过《欢乐颂》和《英雄交响曲》。骑在大炮筒上欢呼的学生，喜笑颜开、手舞红旗的老人，古今中外任何一个名画家也没画出比这更动人的景象。4日，《人民日报》（北平版）的一版头条，就是《在200万人民狂欢中解放雄军昨举行入城式》，而《人民的欢笑》的特写中，也采纳了我们提供的素材。有一次采访中，我请知名人士签字，走到一位穿蓝布大褂、戴眼镜的人面前，他说："你请民主人士们签名吧，自己同志不需要。"接着又笑对我说："你怎么'腰斩'了？"我愣住了。"你不是叫王曰竞吗？现在怎么叫王竞了？"我没有解释，却非常奇怪，这位陌生人，我从来没有见过，怎么会对我知道得这么清楚。回来同纪刚、孟北等人谈起，并描绘了此人的穿着、面貌、口音，他们异口同声地说："那是地下学委领导人之一，叫杨伯箴。他当然知道你。"我想了许久，开始领悟出"组织"这两个字的含义。

6日，我正式到人民日报社报到。我的那些好朋友，来了很多。我和刘时平、王纪刚、李孟北、袁柯夫、周毅之、王起、李炳泉等同志，分在报社；寿孝鹤、陈柏生、冯仲、赵近宇等分到新华社北平分社，由李庄、韦明带队；王云轩分在广播电台。7日，刘时平坐着吉普车到各家把我们的行李拉到煤渣胡同原华北日报社社长张明炜的公馆（张已坐飞机逃跑）。从此，我告别了旧生活，开始了崭新的、火热的党报记者的革命生涯。

总编辑范长江

《人民日报》（北平版）有一个很强的领导班子，社长由中共北平市委宣传部部长赵毅敏兼任，总编辑范长江，副总编辑袁勃，秘书长马健民。总编室主任是刘希玲，采访部主任李千峰，副刊部主任李亚群，群众工作部主任张更生。报纸的编采出版工作都由长江主要承担，可以说长江是这张报纸的挂帅人。

长江是中外驰名的新闻记者，他用10个月时间，行程6000公里，写了《中国的西北角》，第一次公开报道了红军二万五千里长征，引起国内外的轰动。1936

年他到延安，受到毛泽东、周恩来的接见，发表通讯《陕北之行》，第一次向国人介绍了中国共产党提出的抗日民族统一战线的主张。以后转战南北，活跃在国统区和抗日根据地解放区的新闻战线上。我读过他的书，仰慕他的追求真理的精神，现在我在他的直接领导下工作，可谓非常幸运。他第一次同我们见面，从穿着上看，就是一个"老八路"。个子不高，体态稍胖，穿着一身灰布棉军装，一双黑布鞋，棉袄上有许多污渍和油点，袖口上也是油乎乎的。他用那炯炯有神的双眼向大家一扫，每个人都觉得自己进入了他的视线里。他讲了毛泽东思想的伟大，还打了一个形象的比喻，他说毛泽东思想像海洋，无边无际，无所不包，自己虽然努力学习，但是对毛泽东思想的理解，还差得很远，只不过在海边上望洋兴叹，没有真正领会它的深奥和伟大。我当时听了十分新鲜，心想：连长江同志都刚在海边上，我连毛泽东思想是啥还一窍不通呢。长江又讲了创刊号的社论《为建设人民民主的新北平而奋斗》的写作和审查修改的经过。我听了又觉得新鲜，一篇稿子要经过那么多人审阅，要反复修改那么多遍，这样认真负责，精益求精，是我连想都想不到的事，自己写稿，往往是一挥而就，连草稿都不打，看来这草率的坏习惯要不得。

我们几乎每天都能见到长江的面，听到他的教导。长江的领导方法，既高屋建瓴，又具体入微。他与采访部同在一个院子里，东厢房是他的办公室兼卧室，西厢房是采访部，而五间明亮的大北房，则是会议室兼招待室。长江往往日以继夜地指挥着报纸的编采出版工作，重要的稿子他要审阅修改，重要的文章和社论，他还要亲自动笔，他不断出现在总编室和采访部，直接同编辑记者对话，还经常直接听取记者的汇报，我们每天采访回来后，要向长江汇报遇到的新情况和新问题，有时直到深夜一两点钟，我们这些年轻记者都熬不住了，刚要打盹，耳边听到长江那爽朗的笑声，立刻又振作起来，我们称他是"不知疲倦的人"。他对工作要求很严格，在新闻真实这个问题上，不止一次地教育我们：新闻报道不只要看表面的真实，更要注意本质的真实，这是无产阶级新闻报道的重要原则。他还主张不论消息、特写、通讯，见报时记者一律署名，便于群众监督。

长江对记者的要求，不仅从政治思想和原则立场上严格要求，就是遣词造句、抄写字迹，也要求仔细认真，一丝不苟。当时我写字比较潦草，以致有的字辨认不清，而且稿纸上涂涂抹抹，很不干净。有的年轻记者，跟我有同样的毛病。针对这种情况，长江语重心长地对我们谈了一次话，他用很生动的比喻，讲得我们心服口服。他说："记者拿出的稿子，要像大姑娘上轿那样，从头到脚，都要经过精心打扮。稿子不但要求选材好、主题好、逻辑性强、文字流畅，而且要求每篇稿纸上的字迹都要工工整整、清清楚楚，就像上轿前的大姑娘那样，头上连一丝乱发都没有。"这话讲得深入浅出，生动形象，大家一下子就记住了。

长江把解放区办报的优良传统，带进了城市报纸。他要求记者，不但自己采写新闻，还要发展和培养通讯员，以加强报纸的群众性。这在我来说，又是新鲜事，过去只知记者写稿，编辑编稿才成为一张报纸，群众办报是怎样办呢？我带着这个问题，参加报社请来的工人、干部和学生的座谈会，长江、袁勃亲自主持，听取各方面人士的意见。这种新的办报方针，也引起工人的惊喜，有的工人通讯员说："真是工人当家做主了，连出报都要听工人的意见，请工人写稿子，这可是做梦也想不到的事。"报社还开展了为读者服务的工作，同广大人民群众建立起了一种新的关系。从2月5日到9日，报社收到群众来信90多封，还有人陆续到报社询问各种问题。报纸上设有"人民来信""人民呼声""批评与自我批评"等栏目，发表人民群众的意见和建议。群众提出报纸出版时间太晚，一般下午才看到报纸，报社积极改进，出版时间很快就提前在早上6点多钟。同人民息息相通，紧密相连，这就是中国共产党的报纸，这是和我所在的旧报纸本质的不同。

培养锻炼青年记者

《人民日报》（北平版）的队伍，从大的方面说是由三部分人组成的。一部分是来自解放区的有经验的老新闻工作者，有《晋察冀日报》、晋冀鲁豫《人民日报》，还有延安《解放日报》和当年新华社的编辑记者，这些"三八"式干部，基本上是报社的中层干部，个别不是中层领导的，也是骨干记者，如杜展潮、曾文经，是我们心目中的"大记者"。还有一部分是1948年到解放区去的大学生，再有就是城工部地下文委领导的原北平各报的党员和外围进步记者编辑，这部分人的比重不小。总之，《人民日报》（北平版）的记者队伍，土的、洋的、地下的、解放区的，无所不包，南腔北调，真可谓五湖四海，为了共同办好报纸的目标，走到一起来了。大家虽经历不同，水平不一，但个个都是精神抖擞，革命干劲十足。编辑部的工作人员总数不过七十几人，采访部只是二十人左右，记者年龄最大的三十岁出头，多数是二十多岁，身强力壮，不知啥叫累，白天出去采访，晚上回来赶写稿子。采访部的办公室里，由四张长桌拼成一个大案子，大家围坐四周，来早了一人坐一小凳，来晚了三人坐一条长板凳，都闷头写稿。当时强调写当日新闻，是因为中央宣传部在2月8日发出通报，要求克服新闻报道迟缓的毛病，指出："在报道上缺乏时间观点，或不善于争取时间，是政治上不够敏锐，工作态度不够认真负责，在工作作风上疲沓粗疏的结果。"要求"对主要紧急事件，则必须养成当天发稿的能力与习惯。""多发当天的短稿，少发过时的不精彩的长稿。"那时是有令必行，领导上指哪儿打哪儿了，毫不含糊。

到报社后，虽说工作紧张，无暇考虑个人私事，可是，环顾四周，绝大多数都是共产党员，好像记者中只有我一个人还没有入党，于是心里就犯嘀咕了：我是非党员，在党报当记者合适吗？领导上会怎样分配我的工作，大家会怎样看待我？短短几天的事实，有力地回答了我的问题，打消了种种疑虑。

在一次汇报会上，我汇报了北京大学传说著名教授沈从文"失踪"的消息，长江十分注意，问我："你有没有问问别人他为什么失踪，大家有什么反映？"我把听到的反映简述了一下：有人说他是"粉红色"文学家，不是红色的；有人说他写的《记丁玲》，是贬低丁玲。我还叙述了当晚曾到沈家去访问，屋里没有亮着灯，他夫人出来说："沈先生不在家"，也没让我进屋，只站在院子里说几句话。长江听后，沉吟了一下说："看来他是对党的政策不了解，再加上坏分子造谣，有些高级知识分子就害怕了。要加强这方面的工作。"长江接着又再次指出：党报记者，不只是采写新闻，还要注意反映发生在群众中的各种新问题和新情况。听了这话，我很高兴，自己无意中听来的情况，汇报后竟得到重视，于是对工作增加了信心。

采访部主任李千峰，曾经是延安《解放日报》的记者，有经验，有水平，平易近人，善于团结同志，特别是放手大胆地使用年轻干部，尽量发挥每个人的积极性，工作中我深感他对我的使用很信任，很放手，还想方设法锻炼我，他是我在成长路上的一位良师。2月9日报上披露合众社和美联社记者造谣歪曲中国人民解放军入城的报道，合众社记者基昂写道："北平静静地好奇地接待征服者，各种学生和工人团体排列在街道上，各小队都打着大幅彩色旗帜，不停地喊着口号。但这并不是一般人民情绪的反映，他们表示了据说过去40年中用以迎接六次征服者的同样的保留态度。"美联社的记者穆萨则更为恶毒地写道："今日北平给他的共产党征服者一个热闹的欢迎，这只有这个经常被征服的城市才能够做到。共产党向拥挤着成千上万的人展出一两件东西看看——长达数里的缴获来的美国造的各种车辆。长列市民在这个热烈的欢迎游行中，把嗓子都喊哑了。正如当日本人占领北平，他们欢迎日本人；当美国人回来，他们欢迎美国人；当中国国民党人回来，他们欢迎国民党人，以及数百年前欢迎蒙古人与鞑靼人一样。北平欢迎他的征服者方面是素享盛名的。"早晨一上班，我们看到这条辱骂中国人的造谣消息，都震怒了。千峰立即布置我们分别出去采访，搜集反映。我分工访问著名的文史学者，当时这方面的南北著名学者，都集中住在华安饭店，我的任务是召开座谈会，听取反映。我从来没有主持过专家学者的座谈会，千峰鼓励了我。面对大学者，我真有点发怵，可是，会开起来就感到顾虑是多余的了。到会的有翦伯赞、吴晗、周建人、沈兹九、田汉、安娥、胡愈之、楚图南、曹靖华等人。他们听我读完报纸，都义愤填膺，有的会上发表意见，有的回住室写成文字发言稿。他们严厉谴责两名美国记者造谣污蔑中国人民和北平人民，说他们是帝国主义新闻记者中最劣等的造谣者。指出他们看见解放军缴获的美帮凶的武器，难过痛心，看到北平的工人学生和市民对解放军的热烈欢迎，害怕、不高兴。吴晗说："告诉他们：北平人民早就盼望这个日子的到来了，像这样狂欢的人群，不久你们还可以在南京、在上海、在中国很多地方听到，我说听到，而不说看到，是因为那些地方的人民将不会款待你们这些说谎者！"他们异口同声地要求：立即将这两名造谣记者驱逐出境，向全世界表明：我们不能容忍帝国主义者再以对待殖民地人民的态度对待独立自由民主的中国人民。在座谈会和个别接触中，我深深感到这些受人尊敬的大学者，既以长者的态度亲切地接待我这学术水平很低的后生小辈，又表现出对党报记者的尊重。在旧报纸一年多的记者生涯中，我从来没有过这种感受。我愉快地写了消息，整理了他们每个人的发言，第二天在第二版上全部发表。

更使我增强信心的是有些重大会议，领导也让我参加采写。2月12日，北平市各界20万人庆祝解放大会在天安门前举行，大会将由叶剑英将军、张奚若教授和工人、妇女、学生、战斗英雄代表讲话。11日分配采访任务时，出乎意料的竟是让我上天安门采访，其他人在天安门前采访群众。虽然那天的重点是群众游行的特写，但大会消息也很重要。这么重要的任务，我能胜任吗？刚想提出自己的想法，很快又转变了：领导上对非党员都这么信任，怎么自己反而不信任自己呢？"胜己者强"，我要超越自我，完成任务。我充满信心地上了天安门城楼，豪情满怀地进行了采访。写了消息，整理了发言，那就是第二天一版头条，领题是《廿万人集会 红旗飘扬 满城歌舞》，主题是《平市昨狂热庆祝解放》。

我开始放心大胆地工作，积极努力地工作，而且竞争心很强，工作上同男同志平起平坐，不肯落后，同报社"唯二"的女记者陈泓，也暗中比赛。论条件，陈泓比我强得多了，她是党员，燕京大学新闻系的学生，科班出身，1945年就参加了革命，政治性强，能讲理论，有些我不懂得的道理，她都能讲给我听，我从她那里接受不少革命理论。但是在工作上，我却不愿矮她一头。有人说我是"个人英雄主义"，我承认，可是一提改造思想，却弄不懂。有一次，领导上叫我写一篇华北大学学生改造思想的稿子，我采访了，就是写不出来，这唯一的一次没完成任务，引起了我的苦闷与深思。当时知道必须提高阶级觉悟，改造自己的思想，但是如何提高，怎样改造，却还不得其门。有些想法，十分肤浅和幼稚。就拿我的名字来说吧，我原名王曰敬，解放后觉得带有封建味儿，便改名王竞。到人民日报以后，还叫这个名字。有一天，几个年轻人在一起议论名字，说起我的名字，有人说："竞争，不好，是资产阶级的。"有人反驳："革命竞赛，有什么不好？是无产阶级的！"我不管他们争论如何，觉得到底沾了资产阶级的边儿，后来还是把"竞"改为"敬"。报纸上的署名，也随之改了。

紧张而愉快的生活

《人民日报》（北平版）一个多月的生活，紧张而愉快，许多生活小事，令人回味无穷，它不仅是我们个人的穿衣吃饭问题，而且代表着那个时代青年人的向往和追求。

刚到报社的时候，多数人都穿着军装，特别是和我朝夕相处的陈泓，穿着黄色土布军装，黑色布鞋，佩戴着军管会的臂章和胸章，梳着齐耳短发，浑身上下都革命。我呢，却穿着一件旧大衣，梳着两只小辫子，典型的小布尔乔亚，进大门的时候还常常受到门卫的盘问，心里很不是滋味。大概不到一星期，棉军装发下来了，我满怀喜悦地赶紧把军管会的臂章和胸章缝好，美滋滋地穿戴起来，还跑到总务科试了一双毛边底的黑布鞋，然后央求陈泓把我的小辫子剪掉，拿镜子一照，觉得像个女兵。过几天碰到沈兹九大姐，她端详着我说："上星期看见你还是个文弱的小姑娘，现在成了雄赳赳的女战士了。"听了这话，心里真是乐开了花。当时是供给制，生活用品什么都发，连牙刷牙粉都发，每月津贴费是几斤小米折成钱，女同志还多几斤小米钱。领了津贴费，我和陈泓跑到东单小市，连一包花生米都舍不得买，却各买了一个绿布背包，一条线腰带，背扎起来，神气十足，十分满意。

我们白天跑新闻、写稿子，晚上长江听汇报，往往是深夜一两点钟才回宿舍。宿舍离办公室还有一段路，当时国民党的散兵游勇还不少，有时放冷枪，因此我们每晚都是男女同志结伴而行。男同志一般都有实弹的枪支，遇有异常情况，他们便哗啦一声把枪栓都拉起来，我觉得自己的安全很有保证。陈泓也有一支虽非儿童玩具却不能打响的枪，借以壮胆儿。"向前向前向前……""你是灯塔……"一路轻歌，直唱到宿舍。我俩没有床，并排躺在地板上，炉火熊熊，很快就暖暖和和地睡着了。天刚蒙蒙亮，李孟北就扯开嗓门大喊："同志们快起来，到院子里扭秧歌去！"扭秧歌也是革命活动呀，谁也不甘落后，秧歌扭得千姿百态，院子的上空回荡着欢快的笑声。就这样，周而复始，大伙算了算睡眠时间，每天才三四个小时。

那时的伙食标准，分大、中、小灶，小灶好像只有长江一个人，吃中灶的也不多，大概是几位中层干部，大灶人最多，吃饭最热闹，每天早晨喝粥，中午和晚上都是小米干饭白菜汤，咸菜管够。没有人说过"不好吃"三个字，都是端起饭碗来边吃边喝，边谈边乐。炊事班长老陈，是一位走过二万五千里的老长征，常对我们讲他是怎样背着锅过雪山草地的，我很尊敬他。他像老妈妈那样爱护年轻人，常把大锅里的锅巴留下来，撒下细盐，淋点香油，发给小青年一人一块。酥、脆、香，加上"老妈妈"的深情厚谊，再也没有比这更好吃的了。偶尔打"牙祭"，吃顿炸油饼，我们采访没有回来，他总是给我们留着。三八妇女节，他给女同志们做一大桌子菜，不许男同志吃，其实连送、带抢、带偷，男同志们也不比女同志少吃。饭厅内外，笑声一片。多么快乐的生活呀！人说小米的营养对女同志特别好，陈泓我俩都吃得红红胖胖的，人们送陈泓的外号是"小皮球""小苹果""小钢炮"，而我的绰号则是"假小子"，可见小米把我俩喂养得多么壮实。

3月15日，《人民日报》（华北版）迁到北平，北平版完成了历史任务，在这一天结束。同日，北平版的原班人马在东四钱粮胡同出版了《北平解放报》，是中共北平市委的机关报，我也随之转移，任务没有变。我们又开始战斗在新的阵地上。

（本文节选自《北京文史资料》第 60 辑，北京出版社 1999 年版。）

沙里*：新政协召开前后琐忆

北平春来早

1949 年 1 月，我还是华北大学的一名学生。我们欢度春节的秧歌队在"打到南京去，活捉蒋介石"的口号声中，正兴高采烈地沿着正定古老的城墙扭到西门，突然学校派人来找我，说成仿吾校长有急事要我立即回学校。

在校长办公室，已经坐着好几位同学，校长以无比兴奋的声调说，现在北平马上就要解放了，组织上决定派你们回北平，向中央统战部报到，参加筹备新政协的工作。

当天下午，我们到了石家庄，在申伯纯同志带领下向北平进发。那时，北平和平解放的协议虽已达成，但还不能入城，我们只能在前门外打磨厂的一家小客店住下，等待参加 2 月 3 日的入城仪式。

北平春来早，这天上午，古城万众欢腾，盛况空前。申伯纯到东交民巷从叶剑英同志处领受给中央统战部的任务是：（一）接收中南海；（二）接收北京饭店和六国饭店；（三）接收国民党励志社华北区分部。励志社属黄仁霖系统，表面

---

* 作者时为华北大学学生，中央统战部接收小组组长。

上是提供一部分国民党军官和美军吃喝玩乐的机构，它有几处颇大的物资仓库和若干高中级招待所。北平军管会任命金城为接收励志社的军代表，我担任接收小组组长。组员有王左军和石长青。很显然，叶帅的这一指示是为筹备新政协做准备的。

2月3日这一天上午，我们一行20来人在前门外插入大队伍，在鼓乐和欢呼声中穿过五牌楼、前门、天安门，从新华门进入中南海。环南海绕了一圈，东八所、勤政殿、丰泽园、瀛台、春藕斋……一片荒凉，寂无人声。太液池（南海）一池污泥浊水，到处是垃圾。原国民党特别刑事法庭的房子里，堆满了许多原是为我们这些北平学生准备的脚镣、手铐和其他刑具；还有许多不知从哪家书店没收来的马列主义新书，其中就有许多精装本《列宁主义问题》，是苏联出版的。当天晚上，我们也只能睡在居仁堂的沙发上。

原定在哈尔滨召开的新的政治协商会议，北平和平解放后改在北平举行了。为了迎接新政协的召开，进城后不久，中央统战部即由申伯纯、金城、周子健等同志负责组建"交际处"，接待应邀前来参加新政协的代表。

许多民主人士在党的"五一"号召发布后，已于1948年底分别来到东北和华北解放区，他们是经过秘密通道进入解放区的。北平和平解放以后，另一些民主人士及其家属、随员又陆续从香港以及全国各待解放地区，由党组织护送来北平。

为了工作方便，中央统战部（当时在中南海）把交际处设在南池子南口的怡园饭店，北平军管会把北京饭店、六国饭店和翠明庄（南池子1号，原国民党励志社第八招待所，军调部时期，这里是中共代表团驻地，因接待对象是"八路军"故被称为第八招待所）划归中央统战部管理。

随着解放军4月渡江，南京解放，从香港和海外又回来了许多知名知识分子、留学生，如香港达德学院的一批学生，也随黄药眠、钟敬文等教授来新中国参加工作。他们都是由中央统战部交际处接待，因此交际处的任务十分繁忙。这时又增加了四家饭店，它们是永安饭店（前门外两河沿）、惠中饭店（珠市口）、远东饭店（李铁拐斜街）和西单饭店（大栅栏西口），都归中央统战部直接管理。我们接待的这些客人，是来自原解放区以外的第一批知名知识分子。政协会议以后，新中国成立，他们中有的人就是联合政府的组成人员。

一届政协大会的全体代表的主要住所是北京饭店、六国饭店和翠明庄。新中国成立后，投奔新中国的留学生和其他青年学生，都由中央统战部通过中央人民政府人事部，分别按其本人志愿分配到各部门和各地区参加工作。

为了满足绝大多数人在参加工作前学点马列主义和有关政策的要求，中央统战部经中央批准，在华北人民革命大学设立了一个政治研究院——华北人民革命大学政治研究院。"政治研究院"连续举办了4期，约有500人参加学习。结业后，依照学员本人的志愿和其原有的资历、学历等，由中央人民政府人事部面向全国分配工作，也为各民主党派输送了部分干部。

群贤毕至 少长咸集

1948年，中国共产党关于召开新的政治协商会议的"五一"号召发布以后，立即得到各民主党派和全国其他各界人士包括爱国华侨的热烈响应。

新政协会议的召开，意味着一个新的中国即将诞生，这是几代中国人梦寐以求、也是近百年来无数爱国志士为之奋斗牺牲追求的目标。"五一"号召以后，从香港、海外归来，以及各个渠道介绍来愿意为新中国服务的各界知识分子、一些公开宣布与国民党决裂的原国民党中上层人士，以及上述各类人员的随从家属和青年学生，纷沓而至，人流如潮。

据当时在香港工作的夏衍同志回忆："为了筹备召开新的政治协商会议，大批民主党派领导人、工商业家、文化界人士，都要从西南、西北、华中、上海等地转到香港，再由我们租船把他们送往……单就护送民主人士这一件事，历时一年多。据不完全估计，经香港坐船到解放区的知名人士如沈钧儒、黄炎培、马寅初、郭沫若……还有许多作家、演员……最少也有350人以上。"这件事"完全是汉年同志'牵头'的，事无巨细……一直到妥善地送他们上船，他无时无刻不为这些事操心"。

从 8 月份开始，滞留在香港的民主人士，在党组织的护送下先后分四批到达东北解放区：第一批有沈钧儒、谭平山、蔡廷锴、章乃器等，于 9 月 18 日到达哈尔滨；第二批有郭沫若、马叙伦、许广平、王昆仑、曹孟君、韩练成等，经安东转哈尔滨；第三批有李济深、朱蕴山、沈雁冰、彭泽民、邓初民、洪深、梅龚彬、孙起孟等 30 余人，于 1949 年 1 月 7 日到达大连；第四批有黄炎培、俞寰澄、盛丕华等，时天津、北平已经解放，他们于 3 月 25 日到达北平。这时先期到达东北解放区的民主人士李济深、沈钧儒等已于 1 月 25 日到达北平。由于战局的迅速发展，原定在哈尔滨召开的新政治协商会议，已经有条件在北平召开了。

在滞港的民主人士分批到达解放区的同时，在平、津、沪等地的民主人士符定一、胡愈之、吴晗、周新民、周建人、雷洁琼、楚图南、田汉等，分别秘密经苏北、山东、泊头转石家庄，再到中共中央城市工作部所在地李家庄。为了适应新形势下统一战线工作的需要，这年 9 月，中共中央城市工作部改组为中共中央统一战线工作部。

在这期间，我认识了许多民主革命运动中的知名人士，其中有钟敬文，那时候他还是一位中年学者。在国民党统治区，他因受迫害移居香港，和黄药眠教授一起在达德学院任教。北平和平解放后，大约是 1949 年 5 月，他们一批拥护共产党召开新政治协商会议、成立新中国的"五一"号召的爱国知识分子，在党的香港工委安排下，乘坐英商太古公司的客货轮"岳州"号秘密离开香港，在已经解放了的天津塘沽登陆。同来的还有他们的学生周曾铮、池金良、张正吾等。他们都是来为新中国效力的。

在天津负责接待的天津交际处处长连以农，亲自陪同"岳州"轮载的大批人员来到北平。连以农随即也就留在中央统战部交际处任副处长，政协大会后又被派到政协机关，主持当时全国政协唯一的机构——"秘书处"的工作，他"勤俭持家"经营初创的政协机关，并能很好地与当时在政协机关工作的许多党外人士合作共事。从此他的一生都奉献给政协事业，令人怀念。

到达天津的"岳州"轮，满载着新中国的知识财富——大批为新中国服务的知识分子。其中有的是参加第一届文艺界代表大会的知名人士，如名演员舒绣文、《新民报》副刊主编诗人陈迩冬、漫画家张文元、小说家巴波夫妇、画家方青等。还有《资本论》的最早翻译者王亚南和他的夫人，后来是《上海的早晨》的作者周而复，郭沫若的家属于立群以及她的3个孩子（最大的约8岁）都在这条船上。于立群和孩子们是来北平和郭老团聚的；黄药眠教授年逾不惑，但他还是新婚，夫人同来；钟敬文教授则一家四口，夫人陈秋帆教授，儿子钟少华那时还是个刚上小学的孩子，少华的妹妹则还在襁褓中……我和少华也是在这时认识的。20世纪90年代，我和他在中日关系史学会见面时，少华已是卓有成就的学者，并且已经有了孙子。

他们这一批滞留或避居香港的爱国民主人士以及其他爱国知识分子，毅然回到北平，是冒着被国民党特务杀害的危险的。杨杰将军，由云南绕道香港，在来北平参加新政协大会途中被国民党特务杀害即是例证，其他各民主党派在香港的领导人也都不同程度地受到特务的恐吓。

震撼人心的盛典

1949年6月15日，新政治协商会议筹备会在中南海怀仁堂开幕。参加筹备会的有党派、团体、民族、华侨等各界23个单位，代表134人，会议历时5天，于6月19日闭幕。

大会通过了《新政治协商会议筹备会组织条例》，确定45个参加单位和代表名额。选出毛泽东等21人组成常务委员会，负责日常事务。常委会推定毛泽东为主任，周恩来、李济深、沈钧儒、郭沫若、陈叔通为副主任；李维汉为筹备会秘书长，齐燕铭、余心清、孙起孟、阎宝航、罗叔章、周新民、连贯、宦乡、沈体兰为副秘书长。筹备会分6个小组，完成下列各项任务：

（一）拟订参加新政协的单位及代表人数（为第一组，下依次）。

（二）起草组织条例。

（三）起草共同纲领。

（四）拟定中华人民共和国中央人民政府组织法。

（五）起草大会宣言。

（六）拟订国旗、国徽、国歌方案。

李维汉、谭平山、周恩来、董必武、郭沫若、马叙伦依次为各组组长。

大会开幕前夕，李维汉同志因腿部受伤，秘书长一职由林伯渠代理。

筹备会代理秘书长林伯渠在报告中说："对于参加中国人民政治协商会议的单位及其代表名额与名单的问题，筹备会是用非常慎重、非常严肃的态度来处理和拟订的"，"筹备会所拟订的名单分为五类，除前述四类共 45 个单位（按：四类是指党派、区域、军队、团体），代表 510 人，候补代表 77 人外，第五类为特别邀请代表，经筹备会常委会与各方面协商定为 75 人"。经过 3 个月的紧张工作，筹备会的各项任务基本完成了。

1949 年 9 月 21 日晚 7 点，中国人民政治协商会议在中南海怀仁堂开幕。会场上灯光辉煌，光芒四射的人民政协大徽章高悬在会场前。主席台前鲜花与松柏围绕，正面悬挂着孙中山和毛泽东的画像，画像中间是人民政协会徽，两侧是中国人民解放军的四面军旗……"毛主席来了！""毛主席来了！"全场起立，雷鸣般的掌声，打破了短暂的静寂，怀仁堂又活跃起来。7 时 26 分，毛主席以洪亮而又淳厚的湖南口音庄严宣布："全国人民所渴望的政治协商会议现在开幕了。"顷刻间军乐齐鸣，同时在会场外鸣礼炮 54 响，全场起立，热烈鼓掌达 5 分钟之久，使这座长期沉寂的古老殿堂淹没在声浪之中，怀仁堂沸腾了。

"我们的工作，将写在人类的历史上，它将表明，占人类总数四分之一的中国人从此站起来了。"少奇同志高度评价中国人民政治协商会议在中国人民的革命大团结中的作用，他说："中国人民政治协商会议的开幕，就是表示这种新的全国人民的革命的大团结及其在组织上的最后形成。"特别邀请人士宋庆龄盛赞"这是一个历史的跃进，一个新中国的诞生，在中国共产党的领导下，孙中山先生的民族、民权、民生三大主义的胜利实现，得到了可靠的保证"。最感人肺腑、催人泪下的还是海外赤子、83岁的司徒美堂的讲话，他说："海外华侨一向热爱祖国，效力革命，但从来得不到祖国真正的爱护，以致在海外受帝国主义的凌辱压迫，回到国内便受贪官污吏的剥削欺骗，所以很长时期热望一个独立、自由、民主、统一的新中国的出现。今天，这个愿望实现了，使我们感到万分的兴奋。"

中国人民政治协商会议第一届全体会议代表662人，团结面十分广泛，有各民主党派和无党派民主人士，有各民主阶级的代表，包括11个少数民族和各国华侨的代表；当时从已知年龄的602人的统计，年龄最高的代表是萨镇冰，93岁（未到会）；83岁的两人，司徒美堂和张元济。其余：

70岁至79岁的有吴玉章、徐特立、何香凝、张澜等21人，占3.5%；

60岁至69岁的75人，占12.5%；

50岁至59岁的147人，占24.4%；

40岁至49岁的235人，占39.0%；

30岁至39岁的96人，占16.0%；

25岁至29岁的16人，占2.7%；

24岁以下的9人，占1.5%。

代表中年龄最小的21岁，是台湾高山族的台盟代表田富达。

1949年9月30日这一天下午，是一届政协的第八次大会。这次大会的议程有：（一）选举人民政协全国委员会；（二）选举中央人民政府主席、副主席和中央人民政府委员会委员；（三）通过各项决议：大会宣言、致中国人民解放军慰问电、建立人民英雄纪念碑和碑文。

决议通过后，600多名代表怀着极其兴奋的心情，排着长队依次通过主席台前的票箱，投下这神圣的一票。这是中华人民共和国诞生的瞬间，标志着中国人民半个世纪以来，企盼已久的"建设独立、民主、和平、统一、富强的新中国"在中国共产党领导下实现了。

由于当时还是手工计票，一时计算不出结果，全体代表便利用计票的间隙，到天安门广场举行人民英雄纪念碑奠基典礼。

下午 6 时，周恩来在纪念碑基石前致辞："我们中国人民政治协商会议第一届全体会议为号召人民纪念死者，鼓舞生者，特决定在中华人民共和国首都北京建立一个为国牺牲的人民英雄纪念碑。现在，1949 年 9 月 30 日，我们全体代表在天安门外举行这个纪念碑的奠基典礼。"致辞后，全体代表和会议工作人员脱帽肃立，向人民英雄致哀。然后，毛主席宣读纪念碑碑文，追念 100 多年来为新中国的诞生而英勇献身的人民英雄们。宣读完毕，毛主席和参加政协的各单位首席代表依次铲土奠基。然后，代表们回到会场听取宣布关于中央人民政府的选举结果，紧接着举行中国人民政治协商会议第一届全体会议的闭幕式。

新选出的中央人民政府委员会主席毛泽东和朱德、刘少奇、宋庆龄、李济深、张澜、高岗 6 位副主席，依次在全场热烈欢呼声中登上主席台。当毛主席宣布闭幕式开始时，全场再三热烈欢呼，掌声如雷，经久不息。在新国歌的军乐声中，主席台上悬挂起新制的光彩夺目的五星红旗……朱德副主席致闭幕词，他说，中国人民政治协商会议第一届全体会议的工作，已经胜利地完成了。我们全体一致，宣告了中华人民共和国的成立。

全体代表在庄严热烈的气氛中，起立鼓掌。

这时时间已是晚上近 9 点，大家还没有吃晚饭。代表们和全体工作人员，在欢乐中回到北京饭店的寓所聚餐。饭菜很简单，只不过在代表们的日常伙食上加了几道菜，是按解放区老传统的聚餐，不是宴会。上千人的聚餐，可以说盛大了！那时北京饭店虽是旧北京最豪华的一家饭店，但和后来的北京饭店比，还是很简陋的。

我作为一名工作人员，有幸参加了这一届政协和共和国第一餐。毛主席此晚也破例有敬必饮，开怀举杯。席间气氛热烈，大家都举着酒杯争先恐后拥向第一桌，把毛主席团团围住。直到齐燕铭同志宣布，餐后中央人民政府主席、副主席、委员还要留下开会，才停止了敬酒。夜已阑，兴未尽，在幸福的情思中，人们渐渐离去。

第二天，毛主席主持召开中央人民政府委员会第一次会议，会上推选林伯渠为秘书长，任命周恩来为政务院总理兼外交部部长。

当这项载入史册的决定协商完毕的时候，大家似乎都已忘记了时间已是 10 月 1 日凌晨了。

当时的天安门广场比现在小得多，中间还隔着一堵旧紫禁城的围墙，大会会场，只是临时在围墙上打开四道便门，10 月 1 日下午，广场上聚集着首都各界 30 多万群众。郊区的农民，天未亮就动身了；城里的工人、学生、机关干部……也从上午就开始集合。天安门前，一片人和红旗的海洋。下午 3 时，秘书长宣布庆典开始，"请毛主席升国旗"。接着毛主席启动城楼上的电钮，一面崭新的五星红旗在蓝天下冉冉升起。数十万双眼睛润湿了，流泪了……这是喜悦的泪、希望的泪，我们终于看见了新中国的诞生！

在军乐声中，大家默默地数着那由 54 门礼炮齐鸣的 28 响，毛主席宣读了中央人民政府公告，向全世界庄严宣布：中华人民共和国成立了！

阅兵式开始，朱总司令绕场两周，受检阅部队足足过了 3 个小时，当天安门上空掠过我们自己的空军时，人们仰着头，高喊："人民空军万岁！"

已整整站了一天的群众，在宣布散会以后仍不肯离去，拥向金水桥，向毛主席欢呼致敬。在城楼上的毛主席也向大家回礼招手，并不断高呼："同志们万岁！""人民万岁！"望着这被欢呼声和红旗裹着的海洋，陈毅同志道出了人们的心声："看了这，总算是此生不虚了。"萧乾老人在参加开国庆典后写的《我看见了中国的重生》一文中说："从人的森林里拔出，容我先喘口气；不，等不了喘气，就先结结巴巴地说，如果重生是奇迹，今天我亲眼看见了五千年老中国的重生。这是数千万双眼睛目睹了的铁的事实。"

（本文选自《文史资料选辑（合订本）》第 53 卷，中国文史出版社 2010 年版。）

邢海帆*：难忘的开国大典受阅飞行

1949 年 10 月 1 日，在我们伟大祖国诞生的这一天，我曾带领空中受阅飞行部队，准确整齐地通过天安门上空，接受党中央、毛主席及国家领导人的检阅。我一生从事飞行事业，经历过无数次的飞行，但这次开国大典受阅飞行却是我终生难忘的一次。受命为受阅飞行总领队。

领受受阅任务

1948 年底，我随叶剑英参谋长到北平参加接收国民党空军的工作。不久，我奉命到东北老航校组织 P-51 战斗机训练飞行。1949 年 8 月的一天，组织上要我带领 7 架 P-51 战斗机飞回北平。当时，我以为是让我回北平担任防空任务。因为，在 1949 年 5 月盘踞在大陆的国民党残余空军，从青岛、汉中等地起飞，轰炸北平的南苑机场，使刚解放不久的北平受到了威胁。1949 年 7 月，军委航空局根据中央的指示，决定成立一支空军作战飞行部队，从各军区航空处和东北老航校抽调战斗机和飞行员，担任北平的防空任务。我想，这一次回北平准是担任防空任务。我回到北平后，组织上让我代理队长，因为，这支飞行部队刚成立不久，

---

* 作者时为北京南苑机场飞行队代理队长，开国大典受阅飞行总领队。

队长徐兆文同志在训练中受了伤，不能飞行，故组织上决定由我来代理队长。后来我听说，我们不仅要担负北平的防空，而且还要准备参加开国大典的空中受阅。

1949年9月1日，军委航空局常乾坤局长召集华北军区航空处和我们这支飞行部队的负责同志开会，正式下达和布置开国大典空中受阅的任务。这样我既是代理队长，又是空中受阅的总领队。

接受任务后，我心情非常激动，思绪万千，我想起自己的飞行生涯：1937年七七事变之后，我满怀激情，抱着打日寇，航空救国的想法，参加了国民党空军，在昆明学飞行。毕业后，我以优异的成绩取得了赴美国学习的机会，在美国学了一年多的飞行技术和战术动作。本来我已被编入美国战斗飞行部队，准备同美国飞行员一起打击日军，后来由于国民党政府没有正式对日宣战，我们不能参加美国的空军飞行部队作战，只好回国。回国后，由于蒋介石的不抵抗政策，我们未能立即同日军作战，只能到处躲避日机。当时我心里气愤极了，眼睁睁看着日军的飞机狂轰滥炸，残杀无辜，作为中国的空军飞行员，有一身过硬的飞行本领，却不能升空去和敌机搏斗，而要和所有人一样跑防空，这是何等的耻辱！直至抗战胜利前夕，我才参加了两次对日的空中战役。当时，我满怀仇恨，狠狠打击敌机，击落敌机1架，击毁地面敌机7架，总算为中国人出了一口气。我还参加过"驼峰"空中运输队的空中保障工作，在国内同美国飞行员合作共同抗日。

抗日战争结束后，本想我们中华民族应该强盛起来了，我们中国的空军也应该壮大了，可是，万万没想到，抗战刚结束，人民还没有享受一天安居乐业的日子，内战又爆发了。目睹国民党反动派利用我们空军的飞机去屠杀自己的同胞，我悲愤却又茫然，但我绝不去干这种伤天害理的事。于是，我借故退出了战斗部队，到笕桥航空学校当了飞行教官。

在抗日战争期间跑防空时，我就悄悄地看革命书籍，接受马克思主义的教育，对共产党早就向往。到航空学校后，有机会接近共产党的地下组织，在党的教育培养下，我秘密地加入了共产党。1948年8月，党组织决定让我到解放区去，当时，我很高兴，总算盼到这一天了，我要回到自己的队伍里去了。可是，也有一些好友劝我，不要走这条路：何必放着高官厚禄不要，荣华富贵不享，偏要去山沟里受苦呢。飞行员是"空中骄子"，论我当时的资历和地位，如果讲享受，我的待遇还是蛮不错的。我对他们说："人各有志，请多谅解。"于是，在党组织的帮助下，我携儿带女，全家一起来到了解放区……

现在，党把这么重大而又光荣的任务交给了我，我要使出全部力气，全力以赴，完成好这个任务。

紧张的飞行训练

开国大典空中受阅任务接受下来之后，各项准备工作立即开始，首先是参加受阅的飞行人员和飞机陆续从各军区航空处和东北老航校调来了。大家一到南苑机场，听说要参加开国大典空中受阅都很高兴，劲头也很足。但是，面临的困难也不少：一是时间紧，从 9 月 1 日到 10 月 1 日的开国大典，只有 1 个月的时间，这对于我们这支刚组建起来的第一次组织空中受阅的飞行部队来说，无疑是太短了；二是飞机杂、器材旧，参加空中受阅的 17 架飞机中，有 P-51 型战斗机，"蚊式"轰炸机，还有 C-46 运输机和教练机，各种机型飞行速度不一样，飞机的器材陈旧，有些飞机是东拼西凑组合起来的，就是同一类型的飞机，性能上也有差异；三是参加受阅的飞行人员来自四面八方，互不熟悉，有来自国民党起义的飞行员，如著名的刘善本及阎磊、杨培光等，也有在新疆学习飞行归来当教官的同志，如方槐、安志敏等，还有刚从老航校培养出来的年轻的优秀飞行员，如当年只有 20 多岁，现任空军副司令员的林虎同志。这些飞行人员刚从全国各地集合在一起，要在短短的一个月的时间里，达到互相了解，密切配合，圆满地完成空中受阅的任务，困难是不小的。

但是，当时的工作很好做，就是充分相信大家，大家也互相信任，群策群力。虽然每人来自不同的地方，有着不同的经历，驾驶不同机种的飞机，却从没有人说三道四，大家心里只装着一件事，就是要千方百计地把空中受阅搞好，力求全队能准确、整齐地通过天安门上空，以接受党中央、毛主席和国家领导人的检阅。

为了使全队能准确、整齐、安全地通过天安门上空，我和地面指挥员及各分队长一起，反复研究，制定了方案，对各种可能出现的情况都做了准备。比如，为了防止在开国大典这一天敌人从空中来捣乱，我们研究决定，在 P-51 战斗机分队中，由分队长赵大海和飞行员阎磊带弹飞行，一旦有敌情，马上出击。为了使几种不同速度的飞机能保持好空中编队，我们经过反复航行计算和图上作业，并进行多次演练，确实可行之后，由我先单独试飞。那天，我驾驶 P-51 战斗机从南苑机场起飞后，以通县的双桥广播天线铁塔为起点，按 270 度飞行，结果与地面计算的一样，我准确地通过天安门上空。当时，我们没有导航设备，只凭两只眼睛观察地标和保持罗盘飞行。这次试飞的成功，我的信心更加增强了。接着我又带领各分队的队长进行一次空中实地演练，大家飞下来后，对受阅方案心里更有底了。

9 月 23 日，我们全队进行预演，实地通过天安门上空。这一天，参加受阅的 17 架飞机，分成 6 个分队，按不同机型，组成不同的队形，逐一通过天安门上空。飞在前面的是 9 架 P-51 战斗机，由我带队，分成三个分队，各编成三个"品"字队形，接着是第 4 分队的两架"蚊式"轰炸机，排成"一"字队形，后面由 3 架 C-46 运输机组成的第五分队，最后由 3 架教练机组成的第六分队也编成"品"字队形。根据指挥部的决定，在 9 架 P-51 战斗机通过之后，右转弯回过头来接着教练机再通过天安门一次。

这次预演非常成功，当大家满怀喜悦返回机场时，地面指挥员又传来喜讯。原来，在我们预演通过天安门上空时，正值举行中国人民政治协商会议，委员们听到飞机的轰鸣声，问这是怎么回事，哪来的飞机？周恩来副主席告诉大家，这是我们空军自己的飞机，是来保卫我们政治协商会议的。委员们听说是自己的飞机，都非常高兴。我们飞行员听后受到很大鼓舞，大家表示，一定要遵照周副主席的指示，做好战斗准备，歼灭敢于来犯之敌，保卫政治协商会议顺利进行，同时，认真搞好训练，胜利完成开国大典的空中受阅任务。

难忘的开国大典飞行

1949年10月1日，这是我们伟大的新中国诞生的日子。这天清早我们5点钟就来到机场，战斗机飞行员做好了战斗起飞准备，其他飞行员做好了受阅准备。下午3点整，从机场的广播里传来了首都30万军民隆重举行开国大典的盛况，飞行员们听了都非常高兴，同时也很激动，因为，马上就要接受检阅了。

下午4点，无线电里传来了空中受阅飞行部队地面指挥员油江同志发出的"起飞"命令，参加受阅的17架飞机依次起飞，然后按预定计划的航线、高度、速度出航，在通县上空编队集合，盘旋待命4点35分，无线电里传来了"空中受阅开始"的命令，这时，我带领这支空中受阅飞行部队，满怀信心地飞向天安门上空，接受党中央、毛主席和国家领导人的检阅。当时的队形是：飞在前面的是9架P-51战斗机，高度920米，分为3个分队，各分队呈"品"字队形，第一分队长由我兼任，左右僚机飞行员分别是孟进、林虎；第二分队长是杨培光，左右僚机飞行员是阎磊、王延洲；第三分队长是赵大海，左右僚机飞行员是谭汉洲、毛履武；接着由两架"蚊式"轰炸机组成"一"字队形的是第四分队，高度760米，分队长是邓仲卿，飞行员王玉珂；他们后面是由3架C-46运输机组成的第五分队，分队长刘善本，同座飞行员杨宝庆，左右僚机飞行员是徐骏英、姚竣和谢派芬、王洪智；最后是由3架教练机组成的第六分队，高度550米，编成"品"字队形，分队长方槐，同座飞行员杜道时，左右僚机飞行员安志敏、任永荣。当我带领9架P-51战斗机通过天安门之后，按计划左转弯回过头来接着教练机的后面又通过一次，然后左转弯到南苑机场着陆。当晚，我带领几名参加受阅的飞行员代表，身着飞行服，参加国宴，刘少奇副主席、周恩来总理亲切接见了我们，并赞扬我们说："你们飞得好！"听到中央首长的夸奖，我们无比高兴。虽然开国大典飞行已经过去了38年，我现已71岁，但是，这次开国大典的飞行却使我终生难忘。

（本文选自《共和国军事秘闻录》，中国文史出版社2001年版。）

阎金声*：我所知道的新中国开国大典工程

1949 年 1 月 31 日，北平宣告和平解放后，我调到北平市政府工务局，参加军代表赵鹏飞领导的军管小组，5 月转入正常工作后，分配到建设局（此时，工务局改成建设局）的企划处工作。曾参加过新中国的开国大典工程。

天安门广场的整修

新中国成立前的天安门广场，没有现在 50 公顷这么大（这是在 1959 年十年大庆时扩建的规模）。当时的广场在天安门前，包括南面中华路（千步廊）全段在内和东、西三座门之间。天安门南、北两面红墙，有的墙体坍塌，有的墙面剥落。中华门内杂草丛生，垃圾堆得高过墙，一片荒芜景象；天安门城楼年久失修，已破旧不堪。为了迎接新中国的开国盛典，第一届北平市各界代表会议于 1949 年 8 月 9 日至 14 日召开。会上做出修整天安门广场的决议。市政府责成建设局（现北京市市政工程总公司的前身）提出迎接开国大典、修整天安门广场的工程计划，要求必须在 9 月底以前全部竣工。为此，建设局立即行动起来，广泛征求有关部门的意见，制定实施方案，确保完成这项全民关注的政治任务。

---

* 作者时为北平建设局企划处工作人员。

天安门广场修整工程主要包括：在天安门前开辟一个能容纳 16 万人的广场，清除广场地区垃圾渣土和障碍物，平垫碾压 54000 平方米的广场；修缮天安门城楼作为主席检阅台；修整粉刷天安门和城楼建筑、修整广场四周红墙；并要在玉带河前，东西两侧搭建两座临时贵宾观礼台；修补天安门前、东、西三座门之间的沥青石渣路面 1626 平方米；美化天安门附近环境，种树、种花、种草……最重要的是修建升起新中国国旗的国旗工程，旗杆高 22.5 米，采用电动控制。

为了确保在一个月内完成这项光荣而艰巨的政治任务，中央和北平市委、市政府成立了国庆筹备领导小组，负责人有齐燕铭（政务院副秘书长）、张致祥（华北军区政治部副主任）、薛子正（市政府秘书长）。市政府责成建设局承担这项任务。建设局提出了"迎接开国大典、修整天安门广场的工程计划"，于 9 月 1 日开工，全局党、政、工、团各级组织，都以开国大典工程作为全局的中心工作，副局长赵鹏飞亲任现场工程指挥，集中主要技术干部和绝大部分施工工人 519 人，又调去完好的工程机械，蒸汽压路机 9 台、筑路机 1 台配合施工，昼夜奋战。北平各界人民纷纷主动支援，争先恐后地为新中国的诞生做贡献。新民主主义青年团北平市筹委会发动团员和青年 5710 人，于 9 月 9 日下午到天安门工地劳动，填平 300 多个大坑……建设局的职工更是忘我劳动，克服困难，终于在 9 月 30 日前完成广场修整工程。

升起第一面五星红旗

开国大典工程中，升旗工程是中央领导、市委和市政府最为关注的。我们深知：毛主席在天安门前升起新中国第一面国旗，标志着中华人民共和国的成立！这在北京升起的第一面五星红旗，是用无数革命先烈的鲜血染红的，凝结着全党、全军、全国各族人民为之奋斗的心愿和企盼啊！建设局党组书记、局长曹言行，副局长赵鹏飞选定全局技术最好的高级工程师林治远为升旗工程的设计与施工负责人，并以他所在的企划处负责设计工作；由三科（负责道路工程）、工程总队、车辖厂等单位配合施工；局人事科负责选调干部和现场保卫。

在企划处研究升旗工程时，赵鹏飞和林治远曾设想旗杆可与天安门城楼一样高，经测量为 35 米。林治远亲自到本市有钢管的单位选材，在市自来水公司只选出 4 根直径不同而可套接的无缝钢管，没有更大直径的钢管了，连同旗杆底座全高只有 22.5 米，限于时间紧迫和当时的条件，为确保工期，立即向天安门国庆工程指挥部汇报，经请示上级同意后，决定按这个高度设计。在林治远完成了结构设计后，企划处钟汉雄建筑师负责旗杆基座和汉白玉拦板的设计；陈干建筑师按照新政协第一届全体会议决定的国旗制法说明，进行第一面五星红旗的匹配设计；升旗方式，原定由人工在旗杆下手拉旗绳升降；旗杆基座和拦板工程由局三科哈汝俭工程师负责施工，并由他按设计要求将旗杆在天安门广场定位；旗杆制造由局车辖厂金工车间加工配件，并按大小直径依次套接后，将 4 根无缝钢管焊接好；局工程总队除负责旗杆的土建施工外，又增加了升旗开关电线横穿天安门前道路的敷设施工。

开工后有一天，齐燕铭、张致祥、薛子正等领导来到旗杆工程现场视察，并说："升旗不用抻绳，改成电动的，请毛主席在天安门城楼上亲自升旗就好了，更有政治意义了！"于是，赵鹏飞等人立即进行研究，林治远提出了一个新方案，请局三科搞电器有经验的梁昌寿工程师，负责升旗的电动设计。具体要求是：国旗自动升起时间与国歌演奏时间相一致，国旗升到杆顶，自动停止。按照当时的技术条件和半个来月的时间，一向沉稳的梁昌寿很着急。当时，还没有现成的实例可参照，从设计、找电机、备料、加工、试验、安装、调试到使用，谁都知道这项任务的重要性，在期限内只准成功，不能失败。最后，梁昌寿采用电机变速传动、电磁限位器控制的办法，经安装调试，使升旗运行电动控制和奏国歌所需时间同步吻合。为使毛主席能在天安门城楼上亲手升国旗，在林、梁的指导下，由工程总队的电工和路工配合施工。首先，在旗杆下从电机引出一条开关电线，结合天安门前修补的道路工程，向北横穿道路，在路面下埋设一条钢管，电线从管内穿过，沿金水桥向北跨越玉带河。然后沿天安门城楼东南侧墙角电线上升至检阅台前，升旗的电门开关安装在可移动的三角架上，可在主席检阅台的任何位置迅速支平，以便自如地移至主席身边。后经林、梁在城楼上和旗杆下，用电动和手抻两种升旗方法试验，也未发现问题。于是将旗杆周围的脚手架拆除，露出矗立在天安门广场上的旗杆英姿。

9月30日晚，聂荣臻等市领导和曹言行、赵鹏飞又亲临现场检查工程，后来到旗杆处，参加升旗工程的全体人员各就各位，当场做了一次验收性的升旗试验。电动升旗，升降自如；人工抻绳升旗，更为便当。聂荣臻对开国大典工程能在一个月之内全部按时完成表示满意。

领导们走后，负责升旗的工作人员非常高兴。他们在收工前，做最后一次试升时，突然发生故障，旗绳未能按限定位置停位，将试验用的大红布绞到旗杆顶，紧紧卡住，升降不能，进退不得。因脚手架已拆掉，现搭架子已来不及，20多米高的旗杆没人能爬上去修理。事关重大，情况紧急。林治远立即向局长汇报。曹言行、赵鹏飞又飞快地赶回现场，察看故障，查找原因。不久，齐燕铭、张致祥、薛子正等人也先后赶来。10月1日就要到了，竟然发生这样大的严重事故。有人不满地说："怎么搞的？"有人质疑道："是不是有人搞破坏？"两位局长深深了解搞升旗工程的职工已经几天几夜没睡觉了，一直战斗在工地，保卫干事汪宝钧天天在现场，没有发现任何异常情况，他们都是很负责任的好同志。曹言行郑重地说："这不是政治事件！这事由我负责，保证明天把国旗按时请毛主席升上去！"说罢，他请上级领导放心，天太晚了，赶紧回去休息。他又对工作人员安慰道："大家不要慌！沉住气，咱们一块研究，想办法。"一向被职工信赖识多谋广的赵鹏飞已将措施想出并立即行动起来了。只见他迅速与市消防队联系，借消防云梯拟登高修复，但消防车赶来后，因当时的云梯短，够不到旗杆顶。赵鹏飞又急中生智，他想起了北平城办红白喜事的棚彩匠（相当于现今建筑业的架子工），听人说他们是爬高杆的能手，便立即派人到崇文门外打磨场棚彩同业工会请来爬高能手马氏兄弟二人，他们到现场看后说："能干！我们也要为开国大典出点力。"只见弟弟像爬杆的杂技演员一样，手攀腿盘，瞬间就爬上杆了，由于一个人在杆上不好连续操作，哥哥也爬上去，兄弟二人很快就把绞进去的红布拿出来，并检修了旗杆顶端。林治远、梁昌寿这时更感到时间紧迫，虽已过午夜，仍迅速而谨慎地进行检查修理。经过反复试验，直到 10 月 1 日凌晨，确认国旗升降设施不会再发生问题后，才请局长向薛子正等领导同志一一电话汇报。之后，曹、赵、林、梁和负责升旗工程的同志们离开工作现场。

为了确保新中国的国旗能够准时、顺利地升起，经请示国庆工程指挥部同意，由梁昌寿在开国大典升旗时，守候在旗杆下面，观察电动控制系统运行动态，万一发生故障，由他及时采取应急措施。

林治远奉命在升旗时，临时站在毛主席身边协助工作。经工作人员指点，林治远将三脚架放在毛主席将要站立的地方，并向毛主席轻声禀报说："升国旗时，请您按一下这个电钮就行了。"

1949 年 10 月 1 日下午，风和日丽，全市各族人民和政府机关代表 30 万人，从四面八方向天安门集合，到处响起欢乐的歌声。在天安门广场和东、西长安街上，彩旗飞扬，天安门广场装饰得从来都没有这样雄伟壮丽。我们市政府机关参加了开国盛典，我有幸作为建设局职工代表，敬候在玉带河内侧，天安门城楼西南角红墙下，面对广场上欢呼的人群，昂首仰望我局为新中国成立而修建的旗杆和即将升起的第一面五星红旗，内心感到无比的喜悦，无比的幸福！

10 月 1 日下午 3 时，历史性的时刻到了，广场上响起了《东方红》乐曲，毛主席和新中国的国家领导人登上主席台，全场欢声雷动。随即开国大典开始，毛主席亲手按动电钮升旗，在雄壮的国歌乐曲中，新中国第一面国旗冉冉升起，高高地飘扬在天安门上空。

（本文选自《纵横》，1998 年第 11 期，标题为本书编者加。）